中國學術思想

研究輯刊

十七編

林慶彰 主編

第26冊

方以智三教會通思想研究

周鋒利 著

顧炎武與清初經世學風

黃秀政 著

花木蘭文化出版社

國家圖書館出版品預行編目資料

方以智三教會通思想研究　周鋒利　著／顧炎武與清初經世學
風　黃秀政　著 — 初版 — 新北市：花木蘭文化出版社，2013
〔民 102〕
目 2+150 面／序 2+ 目 2+102 面：19×26 公分
（中國學術思想研究輯刊 十七編；第 26 冊）
ISBN：978-986-322-416-7（精裝）
1.（清）方以智　2.（清）顧炎武　3. 清代哲學
030.8　　　　　　　　　　　　　　　　　102014773

ISBN-978-986-322-416-7

9 789863 224167

中國學術思想研究輯刊
十七編　第二六冊　　　　　　　ISBN：978-986-322-416-7

方以智三教會通思想研究
顧炎武與清初經世學風

作　　者　周鋒利／黃秀政
主　　編　林慶彰
總 編 輯　杜潔祥
出　　版　花木蘭文化出版社
發 行 所　花木蘭文化出版社
發 行 人　高小娟
聯絡地址　235 新北市中和區中安街七二號十三樓
　　　　　電話：02-2923-1455／傳真：02-2923-1452
網　　址　http://www.huamulan.tw 信箱 sut81518@gmail.com
印　　刷　普羅文化出版廣告事業
封面設計　劉開工作室
初　　版　2013 年 9 月
定　　價　十七編 34 冊（精裝）新台幣 60,000 元

方以智三教會通思想研究

周鋒利　著

作者簡介

周鋒利，湖北黃岡人。2004 年進入北京大學哲學系，師從龐樸教授，從事中國哲學研究。2008 年獲北京大學哲學博士學位。曾參與北京大學《儒藏》編纂工作。

提　要

　　方以智是明清之際重要的思想家，他早年致力於經史鑽研、物理考究，博涉多通，明亡之後潛心於會通儒釋道三教的哲學建構。本文以方氏晚年主要著作《東西均》和《藥地炮莊》為核心，參考其他相關著作，試圖比較全面地解析其三教會通思想的形成過程、方法架構和詮釋實踐，從而對其學術貢獻和理論局限作出適當的評價。

　　本文的緒論部分介紹了晚明時代的社會文化背景以及三教融合思潮的大致趨向，並對方以智思想研究的現狀作了評述，以彰顯三教會通這一問題意識。第一章以方以智的生平為線索，探討了他的生命轉折對晚年思想形成所帶來的重大影響。第二章以《東西均》為主要研究對象，抓住「公因反因」說這一思想靈魂，探討方以智融貫三教的方法模式。第三章以《藥地炮莊》為中心，分析了《炮莊》以儒釋莊、以禪解莊的詮釋特色，並指出《炮莊》的根本旨趣在於以儒家為依歸。第四章集中考察了方以智的三教觀及其價值立場。方氏是以儒家思想為主體來統合三教。第五章討論方以智的生死觀。儒家的生死之道是方以智的現實選擇。

　　方以智的三教會通是以易學為基礎，改鑄老莊、出入佛禪，最終以儒家為依歸的思想體系。它的形成，一方面是對晚明三教融合思潮的繼承與發展，另一方面是作為明遺民對於傳統學術思想的總結與反思，其中還包涵著對於個人安身立命之道的探索與定位。

目次

緒　論

　　如果以 1644 年甲申（明崇禎十七年，清順治元年）爲界，方以智（1611
～1671）生活的時代，大致上前半段屬明，後半段屬清，也即我們通常所說
的「明清之際」。這是一個可與「周秦之際」相媲美的中國學術思想發展的黃
金時代。與禮崩樂壞、山谷陵夷的周秦之際類似，面對世衰道微、明清鼎革
的歷史大變局，當日的士大夫發出了「天崩地解」（黃宗羲語）、「海徙山移」
（王夫之語）的沉痛感慨。然而，也就是在這樣一個時代，儒學與佛學相和，
西學與中學相交，實學與玄虛相抗，啓蒙與保守相遇，異端與正統共存，形
成了中國思想史上少有的千帆競發、百舸爭流之學說紛呈局面。身處其中的
方以智，其思想之形成和一生行事風格，都深受整個社會文化大背景的影響。
因此，深入瞭解晚明時代的社會文化背景，對研究方以智的思想有著十分重
要的意義。

一、晚明思潮的多元取向

　　晚明時代是中國思想發展史上的一個重大轉型期。這一歷史時段的劃
定，按照嵇文甫《晚明思想史論》的看法，「大體上斷自隆萬以後，約略相當
於西曆 16 世紀的下半期以及 17 世紀的上半期。」[註1]在這近百年的時間裏，
社會的動蕩，民族的危機，舊有思想的解體，外來觀念的刺激，矛盾衝突，
錯綜複雜，形成一幅斑駁陸離的時代畫卷。從晚明思潮發展的大趨勢來看，
這一時期至少有三條基本線索值得關注：一是陽明學的興起和分化（包括王

〔註 1〕嵇文甫：《晚明思想史論》，東方出版社，1996 年，頁 1。

學修正運動），二是晚明佛教的衰敗與復興，三是中西文化的接觸與碰撞。這
三個方面交織互動，使晚明思想界呈現出一種多元開放的文化態勢。

　　陽明學的興起、分化直至衰落，乃是晚明思想發展的一條主線。整個明
代社會，雖然仍以程朱理學作爲主導的官方意識形態，但陽明學在中晚明思
想界的影響已超過朱子學，確乎是無可否認的事實。《四庫全書總目提要》在
論及有明一代學術思想之變遷時說：「朱、陸二派，在宋已分。泊乎明代弘治
以前，則朱勝陸。久而患朱學之拘，正德以後則朱、陸爭詬，隆慶以後則陸
竟勝朱。又久而厭陸學之放，則仍申朱而絀陸。講學之士亦各隨風氣，以投
時好。」（《總目提要》卷九十七，《朱子聖學考略》條）陽明學上承陸學，「隆
慶（1567～1572）以後則陸竟勝朱」，更確切地說，應該是王學勝過朱學。陽
明致良知之學的風靡一時，打破了朱子理學一統天下的局面，對於明中葉以
後的學術思想及學風均產生了重要影響。

　　如同孔子之後「儒分爲八」的情形一樣，陽明之後，王學的分化自所難
免。《明儒學案》按地域將王門後學分爲浙中、江右、南中、楚中、北方、粵
閩和泰州七個學案（如果加上止修學案則爲八個），其中影響最大的當推浙
中、江右、泰州三派。黃宗羲嘗言：「陽明先生之學，有泰州、龍溪而風行天
下，亦因泰州、龍溪而漸失其傳。泰州、龍溪時時不滿其師說，益啓瞿曇之
秘而歸之師，蓋躋陽明而爲禪矣。」（《明儒學案・泰州學案一》）這段話一方
面表明王學的風行實有賴於王艮（號心齋，1483～1540）和王畿（號龍溪，
1498～1582）之力，足見二人在陽明后學中的極高地位；另一方面也指出二
人在發揚師說時屬雜釋氏之學，使得陽明學演變爲禪學，因此他們對於陽明
學的衰頹也難辭其咎。黃宗羲是站在正統儒學的立場批評陽明后學的「禪學
化」傾向，撇開學派門戶之見勿論，黃宗羲的評論表明，陽明后學與佛教禪
學之間有著千絲萬縷的聯繫，這一點是勿庸置疑的。據《明史》記載，王畿
「每講雜以禪機，亦不自諱」，王艮「本狂士，往往駕師說上之，持論益高遠，
出入於二氏」，顏鈞「詭怪猖狂，其學歸釋氏」，楊起元「清修姱節，然其學
不諱禪」，周海門「更欲合儒釋而會通之」〔註 2〕。泰州、龍溪及其傳人與禪
學之關聯，於此可見一斑。龍溪之學雖近禪，然終究不出儒者矩矱，而王艮
所創立的泰州學派傳至顏鈞（號山農，1504～1596）、何心隱（原名梁汝元，

〔註 2〕諸人傳記，見《明史》（北京：中華書局，1997 年），卷二八三，〈儒林列傳二〉，
　　　頁 7274～7276。

號夫山，1517～1579）等人，「遂復非名教之所能羈絡矣」（《明儒學案‧泰州學案一》），終於導引出所謂「狂禪」派。他們力倡良知的天機活潑，任運而為，蔑視權威，張揚自我。黃宗羲將其與「祖師禪」看作一路：「所謂祖師禪者，以作用見性。諸公掀翻天地，前不見有古人，後不見有來者。釋氏一棒一喝，當機橫行，放下柱杖，便如愚人一般。」（《明儒學案‧泰州學案一》）顏、何一派的影響畢竟有限，這種狂禪運動至李贄（號卓吾，1527～1602）算是發展到了極端。李贄狂放不羈、不受管束的狂者行徑，以及不以孔子之是非為是非的驚世言論，在當時的社會產生極大的震動，同時也遭到正統派的猛烈抨擊。

　　針對王學末流異端化、禪學化的傾向，即有起而糾彈者，形成所謂「王學修正運動」。「東林領袖顧涇陽（憲成）、高景逸（攀龍）提倡格物，以救空談之弊，算是第一次修正。劉蕺山（宗周）晚出，提倡慎獨，以救放縱之弊，算是第二次修正。」〔註3〕以東林健將顧憲成（1550～1612）為例，其學術淵源本在陽明學，但他不囿於陽明學，並能洞察其流弊而有以矯正之。對於朱子學與陽明學，顧氏曾有這樣的評論：「以考亭為宗，其弊也拘；以姚江為宗，其弊也蕩。拘者有所不為，蕩者無所不為。拘者人情所厭，順而決之為易；蕩者人情所便，逆而挽之為難。昔孔子論禮之弊，而曰：『與其奢也，寧儉。』然則論學之弊，亦應曰：與其蕩也，寧拘。此其所以遜於朱子也。」（《小心齋札記》卷三）陽明學重在良知本體的自覺，但致良知工夫卻顯得疏略，使得後學者無規矩可循，易流於縱恣。而朱子學務求工夫上著力，雖顯拘謹，但決不至於放浪。有鑒於當日政風、世風與學風的數重敗壞多因縱恣無忌憚而起，東林學者認識到陽明學已不足以引導社會，需挽朱子學來加以修正。這種變更與轉向，實際上形成了晚明學術思想中朱子學與陽明學並存兼行的格局。另一方面，東林學者之論學與其政治訴求是分不開的，他們的思想是直面於現實的產物，因此，對於陽明后學空談心性、既狂且蕩之學風的批判，其中也潛藏著道德經世、學以致用的思想能量。

　　晚明思想界的活躍，不僅表現在儒家方面，同樣亦表現在佛家方面。明季佛教，本處於衰微之中，至晚明時期，佛法式微、叢林雕敝的惡化程度幾乎達到了極限。對於晚明佛教敗落的諸多表現及其成因，江燦騰先生在其《晚明佛教改革史》一書中有相當詳盡地論述，並特別援引晚明禪僧湛然圓澄

〔註3〕梁啟超：《中國近三百年學術史》，天津古籍出版社，2003年，頁44。

（1561～1626）在《慨古錄》中所描述的晚明叢林諸問題，從明代佛教政策、寺院經濟結構、社會倫常的轉型、內外異教的爭奪和禪學思想的僵化等角度，較爲全面地分析了晚明佛教的現實處境及其思想難題〔註4〕，這裏不再贅論。

　　晚明佛教的危機處境，促使叢林中人全面反省佛教傳統，尤其是對影響最爲廣泛的中土禪宗佛教傳統作出深刻反思。萬曆年間（1573～1620），四大高僧——雲栖袾宏（1535～1615）、紫柏眞可（1543～1603）、憨山德清（1546～1623）、蕅益智旭（1599～1655）在幾十年的時間裏相繼出現，使得晚明叢林爲之一振。除此之外，在佛教各宗派中都涌現出不少有力的人物。如雪浪洪恩（1545～1608）盛弘華嚴於吳中，無明慧經（1548～1618）弘傳曹洞於壽昌。慧經門下又有無異元來（1575～1630）、永覺元賢（1578～1657）、晦臺元鏡（1577～1630）三位高足，分別開創博山、鼓山、東苑三系，由於三人的大力弘揚，使曹洞宗風在明末清初的江西、福建、廣東等地盛極一時，和江浙密雲圓悟（1566～1642）一系的臨濟禪形成對峙之勢〔註5〕。

　　一批高僧大德在萬曆年間的崛起，使宋代以降日益衰頹的佛教在明末煥發出異樣的光彩。聖嚴法師在評價明末佛教的歷史地位時指出：「明末佛教，在中國近代的佛教思想史上，有其重要的地位，上承宋元，下啓清民，由宗派分張，而彙爲全面的統一，不僅對教內主張『性相融會』、『禪教合一』以及禪淨律密的不可分割，也對教外的儒道二教，採取融通的疏導態度。諸家所傳的佛教本出同源，漸漸流佈而開出大小、性相、顯密、禪淨、宗教的局面，到了明末的諸大師，都有敞開胸襟，容受一切佛法，等視各宗各派的偉大心量，姑不論性相能否融會，顯密是否同源，臺賢可否合流，儒釋道三教宜否同解，而時代潮流之要求彼此容忍，相互尊重，乃是事實。是故明末諸大師在這一方面的努力，確有先驅思想的功勞。」〔註6〕聖嚴法師的評論揭示了明末佛教重視融通的思想特質，不僅教內如此，儒、釋、道三教之間亦復如此，這種「彼此容忍，相互尊重」的時代潮流，誠爲晚明思想界的眞實寫照。

　　晚明佛教復興的另一重要表現，即是居士佛教的空前活躍。清代彭際清

〔註4〕參見江燦騰：《晚明佛教改革史》第一篇〈明代佛教社會長期發展的歷史環境〉，廣西師範大學出版社，2006年。

〔註5〕關於晚明佛教各宗派人物及其基本情況，參見聖嚴法師：《明末佛教研究》，臺北：法鼓文化，2000年。

〔註6〕聖嚴法師：《明末佛教研究》自序，頁4。

（1740～1796）曾編《居士傳》一書，共計五十六卷，自三七至五三卷爲明代居士的傳記，其中只有四人是萬曆以前的人，其他有六十七人的正傳及三十六人的附傳，均屬於萬曆年間以至明朝亡國期間（1573～1661）的人物〔註7〕。明末的居士，就其社會地位而言，大多屬於士大夫階層，他們的思想背景亦多以儒家爲主，且大抵與陽明學派有關。如焦弱侯、李卓吾、管志道、周海門、楊復所、陶石簣等人，都是當時影響很大的陽明學者，同時又是有名的佛教居士，深受佛教思想的影響。在他們的思想當中，三教融合的色彩十分濃厚，因此，探討晚明「三教會通」思潮興起的背景，不能不考慮居士佛教這一重要因素。

　　除了傳統的儒、釋、道三教在晚明表現出一些新的特點之外，西學的傳入，對當時思想界的衝擊也不可小視。萬曆年間，西洋耶穌會士利瑪竇（Matteo Ricci，1552～1610）、龐迪我（Diego de Pantoja，1571～1618）、熊三拔（Sabatino de Ursis，1575～1620）、金尼閣（Nicolas Trigault，1577～1628）、艾儒略（Giulio Aleni，1582～1649）、畢方濟（Francesco Sambiasi，1582～1649）等人相繼來華，他們「大都聰明特達之士」（《明史·意大里亞傳》語），憑藉其特殊身份和學術專長，他們很快結交了明王朝的一大批士大夫和高層官吏〔註8〕，以擴大西學的影響。伴隨傳教士一起入華的西學，大致可分爲兩類：一爲基督教神學，這是他們來華的主要目的；二爲自然科學，包括天文曆算學、數學、地理學、物理學、機械學、語言學、火炮製造術、水利技術等。其中天文曆算學最能迎合明末曆法改革的需要，而地理學所提供的地圓說、五洲萬國、經緯度等全新的地理知識，則擴大了中國知識分子的視野，對於「中國即天下」的傳統觀念是一種很大的衝擊（惜乎西來地理學在當時並未得到普及，「天朝上國」的迷夢直到 19 世紀中葉鴉片戰爭之後才被漸次打破）。

　　西方自然科學的傳入，無疑促進了晚明中國傳統科學的發展，徐光啓（1562～1633）的《農政全書》與方以智的《物理小識》就是明顯的例子。而在宗教領域，外來天主教與中國本土儒家乃至中國化了的佛教之間的關

〔註7〕聖嚴法師：《明末佛教研究》，頁 262。

〔註8〕據現存資料統計，與利瑪竇交遊的明末士大夫達 140 多人，而長期在福建傳教的艾儒略曾得到 71 位明季朝野士人的贈詩。參見徐海松：《清初士人與西學》，北京：東方出版社，2000 年，頁 13。

係，就不是那麼一帆風順〔註9〕。對於其間的種種波折，這裏不擬深究。與本文論題相關而值得一提的，是號稱「教中三杰」之一的徐光啓所提出的「會通」說。徐氏在 1629 年上呈崇禎皇帝的《曆書總目表》中說：「臣等愚心認為：欲求超勝，必須會通；會通之前，先須翻譯。」〔註10〕「欲求超勝，必須會通」的呼聲，是明清之際面臨西方文化挑戰的中國知識界所能唱出的時代最強音。徐氏雖主要是從翻譯西洋曆書的角度提出這種看法，但在那個時代，這種虛心接受西方科學成果，博採眾長，以會通求超勝的宏大理想，是相當難能可貴的，我們在方以智身上也看到了類似的品質。

二、晚明三教融合論的大致趨向

在多元開放的時代氛圍中，晚明各個思想流派之間的交流與互動也就不難理解。具體來看，由於西學傳入未久，其影響僅限於少數開明士大夫和傳教士集團之間，西學東漸、中西會通的歷史序幕才剛剛拉開。而中國本土自生的儒、道二教與從印度傳入的佛教之間的衝突與融合，在明代以前已經歷了相當漫長的歲月〔註11〕。至明代，三教融合更是達到了空前的程度。明太祖朱元璋實開風氣之先。太祖早年入寺為僧、後又借宗教旗幟起義的經歷，使他洞悉佛、道二教陰翊王化的玄機和鼓動人心的力量。在《三教論》中，朱元璋提出了三教並用之說：「於斯三教，除仲尼之道祖堯舜，率三王，刪《詩》制典，萬世永賴，其佛仙之幽靈，暗助王綱，益世無窮，惟常是吉。嘗聞天下無二道，聖人無兩心。三教之立，雖持身榮儉之不同，其所濟給之理一。然於斯世之愚人，於斯三教，有不可缺者。」〔註12〕太祖的訓示，確立了有明一代以儒家學說為主導而儒、釋、道三教互補共存的意識形態格局，為晚明三教融合論的深入發展創造了有利的社會條件。

明代政府對三教合一觀念的提倡，所看重的是佛、道的善化功能，究其

〔註9〕關於明末「天學」與儒學之間的糾葛，可參見孫尚揚：《基督教與明末儒學》，北京：東方出版社，1994 年。

〔註10〕王重民輯：《徐光啓集》，上海古籍出版社，1984 年，頁 374。

〔註11〕「三教融合」的思想，最早可以追溯到東漢牟融的《理惑論》，其後倡此論者代不乏人。從廣義上說，佛教傳入之後的中國宗教史，也就是儒、釋、道三教的交涉史。

〔註12〕朱元璋：《三教論》，石峻等編：《中國佛教思想資料選編》第三卷第三冊，中華書局，1989 年，頁 230。

本質，不過是藉佛、道的威懾作用暗助王綱。在晚明思想界，對三教合一觀念的流行起關鍵作用的還是陽明學。陽明學術得益於佛、道二氏之處頗多，在對待二氏之學的態度上，他與以往的理學家不同，不是簡單的排斥和批判，而是秉持開放與吸收的態度。陽明對於三教關係的看法，歷來爲人們所稱道的是所謂「三間之喻」。《陽明年譜》「嘉靖二年十一月」條載：

> 張元沖在舟中問：「二氏與聖人之學所差毫釐，謂其皆有得於性命也。但二氏於性命中著些私利，便謬千里矣。今觀二氏作用，亦有功於吾身者，不知亦須兼取否？」先生曰：「說兼取，便不是。聖人盡性至命，何物不具？何待兼取？二氏之用，皆我之用：即吾盡性至命中完養此身謂之仙；即吾盡性至命中不染世累謂之佛。但後世儒者不見聖學之全，故與二氏成二見耳。譬之廳堂三間共爲一廳，儒者不知皆吾所用，見佛氏，則割左邊一間與之；見老氏，則割右邊一間與之；而己則自處中間，皆舉一而廢百也。聖人與天地民物同體，儒、佛、老、莊皆吾之用，是之謂大道。二氏自私其身，是之謂小道。」〔註13〕

陽明不認同「兼取」之說，認爲儒家的盡性至命之學已涵括二氏作用，不必再有所添加。他以「廳堂三間共爲一廳」的比喻說明，佛、道兩家的思想本來完全可以爲儒學所容納，只是後來儒者蔽於一曲，不見聖學之全，才將本來家當割捨與二氏。陽明的三教觀可以概括爲儒家本位的三教一源論〔註14〕。這種觀點爲晚明三教合一的發展指出了一條路向，從陽明開始，三教融合成爲中晚明陽明學的一個重要論題。王門後學中，主張三教合一的代表人物有王畿、羅汝芳（字惟德，號近溪，1515～1588）、趙貞吉（字孟靜，號大洲，1508～1576）、管志道（字登之，號東溟，1537～1608）、焦竑（字弱侯，號澹園，1540～1620）、周汝登（字繼元，號海門，1547～1629）、陶望齡（字周望，號石簣，1563～1609）等。在此，我們無法對他們的三教融合論作全

〔註13〕王守仁：《王陽明全集》，上海古籍出版社，1992年，頁1289。

〔註14〕彭國翔認爲，陽明「三間之喻」所蘊涵的三教融合思想，實質上就是三教歸儒，但這種思想在陽明晚年發生了微妙的變化。從《稽山承語》所謂「道大無外」、「其初只是一家，去其藩籬仍舊是一家，三教之分亦只似此」的話來看，其儒家本位的色彩轉淡，三教的本源與全體似乎不再是儒，而是宇宙間無外的大道。此說值得重視。參見彭國翔：《良知學的展開——王龍溪與中晚明的陽明學》，北京：三聯書店，2005年，頁440～441。

面的檢討，需要指出的是，所謂「三教融合」或者「三教合一」只是一種大致的理論趨向，實際上各派各人之間的差別甚大。日本學者岡田武彥在《王陽明與明末儒學》中已經指出：「所謂『合一』，卻有儒者提倡的以儒教爲中心的合一、道家提倡的以道教爲中心的合一及佛家提倡的以佛教爲中心的合一這三種傾向。」〔註15〕不僅如此，即便在同屬儒家的陽明后學內部，王龍溪與焦竑的三教觀仍然存在差異。簡單來說，龍溪在三教融合問題上始終沒有放棄儒家的自我認同，同時又表現出超越三教的傾向；焦竑則進一步淡化並超越儒家本位，將三教平等地視爲宇宙間根源性的「道」的不同表現〔註16〕。這一變化過程可以說正是晚明三教融合不斷加深的具體體現。

　　陽明學者所提倡的「三教合一」，主要是指儒、釋、道三家在內在義理上走向融合的一種趨勢。本文所探討的「三教合一」也是就這個層面而言。實際上，在晚明還出現了另一種形式的「三教合一」，即從信仰崇拜、外在形態上合一三教的民間宗教組織。林兆恩（1517～1598）創立的「三一教」即爲顯例。林氏宣稱要通過「煉心」、「崇禮」、「救濟」等手段，「以三教歸儒之說，三綱復古之旨，而思易天下後世」，甚至「立廟塑三教之像：釋迦居中，老子居左，以吾夫子爲儒童菩薩塑西像，而處其末座」〔註17〕，以實行三教在信仰崇拜體系上的合一。這種儀式化的方式，使其三教思想蒙上了一層神秘色彩。從社會倫理和通俗文化的觀點來看，「三一教」的影響的確不容忽視（尤其是在民間社會），但從學術思想史的觀點來看，對於主流的儒家知識分子而言，這種將三教混爲一體的宗教形式恐怕很難爲他們接受和認同。因此，我們在區分各種「三教合一」論時，需要把握這樣一條界限，即站在儒、釋、道各自的立場論說三家觀念可以融通，和把三家觀念統一到一種宗教形態之中是有著極大差異的，雖然後者也可以說是前者觀念發展的結果。

　　晚明的三教融合是多面向的，除了眾多陽明學者以儒學爲中心的融合之

〔註15〕岡田武彥著，吳光、錢明等譯：《王陽明與明末儒學》，上海古籍出版社，2000年，頁14。

〔註16〕參見彭國翔《儒家傳統：宗教與人文主義之間》（北京大學出版社，2007年）第七章〈儒家「理一分殊」的多元主義宗教觀〉。作者借用區隔化（compartmentalization）與非區隔化（noncompartmentalization）的概念，認爲從陽明到龍溪再到焦竑，中晚明陽明學三教融合思想的發展，體現出一種由區隔化到非區隔化的變化過程。

〔註17〕分見《林子全集》元集第四冊《煉心實義》、利集第七冊《續稿》卷一。轉引自馬西沙、韓秉方：《中國民間宗教史》，上海人民出版社，1992年，頁835、828。

外，晚明四大高僧紫柏眞可、雲栖袾宏、憨山德清、蕅益智旭以及著名禪僧永覺元賢等人都是三教合一說的有力倡導者，只不過他們的著眼點在於以佛教容納儒道二教，或援引儒道二家以挽救佛教之衰微。

袾宏大力主張三教「理無二致」、「三教一家」。他說：「三教……理無二致，而深淺歷然；深淺雖殊，而同歸一理。此所以爲三教一家也。」（《雲栖法彙・手著》第三冊，〈正訛集・三教一家〉）袾宏還特別強調儒、佛救世功能上的互補，他說：「和實而論，則儒與佛，不相病而相資。試舉其略：凡人爲惡，有逃憲典於生前，而恐墮地獄於身後，乃改惡修善，是陰助王化之所不及者，佛也。僧之不可以清規約束者，畏刑罰而弗敢肆，是顯助佛法之所不及者，儒也。」（《雲栖法彙・手著》第四冊，〈竹窗二筆・儒佛交非〉）明白這一點，則儒、佛「不當兩相非，而當交相贊」。

德清從禪宗的「習靜觀心」出發去洞徹三教之理，他說：「若以三界唯心、萬法唯識而觀，不獨三教本來一理，無有一事一法不從此心所建立。」「故治世語言、資生業等皆順正法。心外無法，故法法皆眞。」（《憨山老人夢遊集》卷三十九，〈學要〉）從本體之心來看，三教一理，都是心的建立；不僅如此，世上一切有利於社會、民生的言論、技藝也都是正法，都有其存在的合理性。三教雖然皆是一心之體現，但三教之間有層次上的差異。德清以佛教的五乘來判分儒、道、釋，認爲孔子是人乘之聖，故奉天以治人；老子乃天乘之聖，以上品十善及有漏禪九次第定爲本，故「清淨無欲，離人而入天」；釋迦爲最上之佛乘，超凡聖之聖，「故能聖能凡，在天而天，在人而人，乃至異類分形，無往而不入」。孔、老皆是佛的應化之身，所以憨山說：「據實而觀，則一切無非佛法，三教無非聖人。十界森然，又何有彼此之分辨哉！」（《觀老莊影響論》）這樣，儒、道統一於佛，卻又有其各自不同的職能。

智旭亦以「自心」爲三教之源，認爲「心足以陶鑄三教」，他說：「自心者，三教之源，三教皆從此心施設。苟無自心，三教俱無；苟昧自心，三教俱昧。」（《靈峰宗論》卷七之四，〈金陵三教祠重勸施棺疏〉）在他看來，所謂「三教聖人」，亦不過是「不昧本心而已」。「本心不昧，儒、老、釋皆可也；若昧此心，儒非眞儒，老非眞老，釋非眞釋矣。」（《靈峰宗論》卷二之三，〈示潘拱宸〉）以人心的本來面目作爲三教共同的源頭，是晚明佛教三教一致論的顯著特點。

根據三教一致、三教互補的觀點，晚明佛教高僧不僅精研佛理，而且博通儒、道，撰寫了大量會通三教的著作。如德清有《大學綱目決疑》、《大學

中庸直解》、《春秋左氏心法》、《老子道德經注》、《莊子內篇注》、《觀老莊影響論》等等。智旭曾著《周易禪解》，以禪解《易》，自述「吾所由解《易》者無他，以禪入儒，務誘儒以知禪耳」（《周易禪解》自序）。又作《四書蕅益解》，以佛理解說儒家《四書》，「借《四書》助顯第一義諦」，「助發聖賢心印」（《四書蕅益解》自序）。

與大多數宋儒早年出入佛教的爲學經歷一樣，晚明佛教界的不少高僧早年也曾有究心儒家性命之學的經歷。如智旭自幼以傳千古聖學爲己任，嘗稱「予年十二就外傳，粗知書義，便以道學自任，於居敬愼獨之功，致知格物之要，深究之」（《靈峰宗論》卷七之一，〈性學開蒙自跋〉）。著名禪僧永覺元賢更是宋代大儒蔡元定之後，少即「嗜周程張朱之學」，半生業儒，年至四十方從無明慧經落髮修行。元賢出家之後，仍對儒學念念不忘，甚至要以挽救儒、禪之弊作爲畢生追求。《鼓山永覺老人傳》說他「得道之後，經世說法，力救儒禪之弊」（《永覺元賢禪師廣錄》卷三十）。這些名僧由儒入釋的經歷，一方面使他們於儒家學術具有相當的造詣，可以無礙地進行思想交流，另一方面，他們出家之後大都與儒家學者保持著不同程度的互參交往，晚明儒釋之間的溝通與對話即是在這樣一種氛圍中展開。

晚明儒、釋、道三教融合，是以儒家學者爲中心，並由眾多名僧、方士參與其間，互相交遊，互爲影響而形成的一種時代思潮。從文化史的角度來看，儒、釋、道三教處於較對立兩端的，主要是儒與釋。入世與出世的緊張，導致正統儒家的批評指向佛教的機會總是多一些，故三教融合首先要消除的是這兩家的矛盾。另一方面，晚明儒、釋兩家所談論的三教融合，其中的道教，實際上多指老莊道家之學，而不包括後來的金丹道教〔註18〕。本文所說的「三教會通」，也是著重義理層面的探討，不涉及各種宗教修持和宗教儀軌方面的內容。因此，對於晚明道教的三教合一論，這裏略而不論〔註19〕。

〔註18〕彭國翔認爲，在思想理論上與中晚明陽明學形成互動與交涉的主要是佛教，尤其是禪佛教；道家老莊思想也更多的是關聯於佛教「空」、「無」的觀念而被納入到儒學境界論的向度之中。這是平情的觀察。參見氏著《良知學的展開——王龍溪與中晚明的陽明學》，頁25～26。

〔註19〕發端於道教的勸善書在明末社會的廣泛流行是一值得注意的現象。實際上，明末的勸善書已不再是道教的專利，而是儒、釋、道三教融合的產物。儒家的綱常倫理和佛道二教的宗教倫理思想在這些通俗的勸善書裏得到了很好的結合。關於晚明道教的三教合一論，可參見唐大潮《明清之際道教「三教合一」思想論》，北京：宗教文化出版社，2000年。

　　以上通過對晚明學風的多元化傾向及三教融合思潮的簡要回顧，我們試圖勾勒出方以智所處時代的大致輪廓。在正式進入方以智思想研究之前，有必要回顧一下當前的研究現狀。

三、方以智思想研究的現狀及啟示

　　《清史稿》謂方以智「博涉多通，自天文、輿地、禮樂、律數、聲音、文字、書畫、醫藥、技勇之屬，皆能考其源流，析其旨趣」。然而，由於各種原因，這位「百科全書派大哲學家」（侯外廬語）的著作和思想，在近三百年的時間裏卻一直湮沒無聞，直到 20 世紀以後才逐漸被人們認識和發現。

　　20 世紀以來注意到方以智學術價值的第一人當推梁啟超。在梁氏名著《中國近三百年學術史》（創作於 1923 年冬至 1925 年春）中，方以智於〈清初學海波瀾餘錄〉總算有了一席之地。梁啟超所見方氏著作，僅限於收入《四庫全書》的《通雅》和《物理小識》。他評價《通雅》是「近代聲音訓詁學第一流作品」，《物理小識》所言「頗多妙悟，與今世科學言暗合」，「此等書在三百年前，不得謂非一奇著也」〔註20〕。其後，嵇文甫在 1944 年出版的《晚明思想史論》中專闢〈古學復興的曙光〉一章，介紹晚明以讀書稽古著稱的楊慎、焦竑、陳第、方以智等人的思想。他特別推重方以智《物理小識》提出的「質測」方法，認爲「可算是卓絕千古」；而方氏對西學的態度，注重方言辯護俗字，主張拼音文字等，「處處表現出他的歷史眼光，表現出他尊重近代的精神」，「我們讀方氏書，眞覺得元氣淋漓，處處透露出新時代的曙光」〔註21〕。要之，20 世紀上半葉對方以智的研究仍停留在其早年的文字音義考證及其「質測」之學所具有的近代科學精神方面，而對其晚年思想和「通幾」之學則未遑論及。

　　解放後大陸對方以智思想的研究和提倡肇始於侯外廬先生。1957 年，他在《歷史研究》發表《方以智——中國的百科全書派大哲學家》一文，隨後於 1960 年出版的《中國思想史》第四卷中專設方以智一章，引起學術界對方以智思想研究的重視。1962 年，李學勤先生校點的《東西均》一書由中華書局出版，侯外廬先生在爲該書寫的序言中對方以智的哲學思想作了很高的評

〔註20〕梁啟超：《中國近三百年學術史》，天津古籍出版社，2003 年，頁 172、392。

〔註21〕嵇文甫：《晚明思想史》，東方出版社，1996 年，頁 155。

價：「他在明清之際的學術思潮中，也是一個以自然科學與哲學聯盟爲特徵的學派的中堅。他的哲學和王船山的哲學是同時代的大旗，是中國十七世紀時代精神的重要的側面。」〔註22〕

就在方以智哲學思想研究起步後不久，1964 至 1965 年間，大陸哲學界展開了一場關於「一分爲二」與「合二而一」的大論戰，「合二而一」觀點遭到猛烈批判。因爲「合二而一」命題是在方以智的《東西均》中提出的，所以這場大批判把方以智也牽連進來。其基本觀點無非是認爲方以智的「合二而一」是主張和宣揚矛盾融合論、折衷主義、循環論和相對論。此時的研究大多牽強附會，乏善可陳。

20 世紀 80 年代以後，方以智思想研究有了新的進展。80 年代有兩部專著值得重視：一是任道斌的《方以智年譜》（安徽教育出版社，1983），此書搜羅甚廣，考證精詳，對於方以智各個時期的活動、交往及著述等情況都有比較詳盡的介紹，是瞭解方以智生平的重要資料；二是蔣國保的《方以智哲學思想研究》（安徽人民出版社，1987），該書深入分析了方以智哲學的範疇體系，對方氏生平和著作進行了詳細的考證，對方氏哲學的思想來源、方法架構和演變軌迹等都有精闢的闡述。

易學在方以智的整個學術思想體系中佔有特殊重要的地位。朱伯昆先生在《易學哲學史》（華夏出版社，1995）第三卷中用較大篇幅對方孔炤、方以智父子的易學哲學思想進行了全面、系統的揭示，開創了從易學史的角度對方氏家學進行研究和定位的新局面。該書以《周易時論合編》爲中心，旁及方以智的其他哲學著作，對方氏象數之學和易學中的哲學問題作了深入探討，認爲方氏易學以象數之學爲骨幹，分別吸收理學派和氣學派兩家的觀點，在易學哲學史上建立起一套本體論的體系。方氏易學是對北宋以來象數之學發展成果的總結，也標誌著宋易中象數流派的終結。

此外，張學智先生於《明代哲學史》（北京大學出版社，2000）中有專章論述方以智的哲學思想，指出他的哲學體系以一二三、交輪幾、統泯隨爲中心，以隨說隨掃、不落一地爲歸結；他的哲學是中國傳統的辯證思維和實證思維的混合物。羅熾先生《方以智評傳》（南京大學出版社，2001）除了考證方以智的家世生平之外，對方以智的學術觀與治學精神、質測之學與通幾之論、史學與西學、禪學與道學、考據學與語言學以及文學與藝術等方面都有

〔註22〕侯外廬：《東西均》序言，中華書局，1962 年，頁 15。

評介。2001 年，龐樸先生《東西均注釋》由中華書局出版，爲我們進一步理解和研究方以智思想提供了很大的幫助。

海外方以智研究以余英時先生《方以智晚節考》發其端〔註 23〕。該書分青原駐錫考、俗緣考、晚年思想管窺和死節考四章，詳細追溯了方以智晚年的活動和他最後自沉於惶恐灘的獨特心態，作者「希望通過他在明亡後的生活與思想，試圖揭開當時遺民士大夫精神世界的一角」〔註 24〕。隨後陸續修訂和補充的《方以智晚節考新證》、《方以智死節新考》和《方以智自沉惶恐灘考》三文，進一步證實其「自沉說」，在學界引起不小的反響。

此後，臺灣學者張永堂以方以智研究爲主題，完成了其碩士及博士論文〔註 25〕。在博士論文《方以智的生平與思想》中，張永堂從思想淵源、均的哲學、知識主義、物理研究、三教合一五個方面來研究方以智的思想，對於方氏思想的前後變化有比較深入的分析。他指出，方以智逃禪之前偏重在以朱子務實之學爲基礎以建立陽明致虛之學，逃禪以後卻以陽明致虛之學統貫朱子務實之學；務實而不離致虛，致虛而不離務實。

在方以智專書研究方面，臺灣有李素娓《方以智〈藥地炮莊〉中的儒道思想研究》（臺大中文研究所 1978 年碩士論文）及劉浩洋《方以智〈東西均〉思想研究》（國立政治大學中國文學系 1997 年碩士論文）兩篇學位論文。前者從自然觀與自得說、絕待與相待觀、心性情及其修養工夫等方面，論述了《藥地炮莊》中所反映出的方以智的儒道思想。後者則從「無始兩間皆氣」的氣類思想、「反因輪起公因」的象數思想、「無所不學則無所不能」的心性工夫、「代明錯行無一不可」的全均思想等角度對《東西均》作了全面深入的研究。

此外，謝仁眞的《方以智哲學方法學研究》（臺大哲學研究所 1995 年博士論文）則從方法學角度切入，認爲方以智哲學思想並非從本體論的課題上展開，而是從哲學方法的角度進行反省與建立的工作，再談到存有價值的展開與實現。方以智哲學理論的特色是一種對待關係式的思想方法，這種對待關係透過其「圓∴」圖式的形式得到最清楚的表達。

〔註 23〕該書初版於 1972 年，由香港新亞書院發行，北京三聯書店 2004 年增訂版增加了不少內容，尤其是附錄《方以智晚年詩文輯佚》、方中通《陪詩》選抄等材料對於瞭解方氏晚年思想有重要的史料價值。

〔註 24〕余英時：《方以智晚節考》增訂版總序，北京：三聯書店，2004 年，頁 1。

〔註 25〕張永堂：《方以智研究初編》，臺大歷史研究所碩士論文，1973 年 6 月；《方以智的生平與思想》，臺大歷史研究所博士論文，1977 年 6 月。

　　以上從不同角度對方以智生平及思想的研究，為我們進一步探討提供了很好的借鑒。具體到本文的論題，即方以智的「三教會通」思想，大陸學者的研究相對薄弱，海外及港臺學者論述較多。余英時在《方以智晚節考》中論及方氏晚年思想之特色，其一即為會通三教。余英時認為，方以智於思想不喜立門戶，不僅禪宗之內不應有門戶，即所謂儒、釋、道之界限亦當「泯」而「統」之；又謂方氏論學雖上下古今，出入三教，而胸中自有主宰，絕非一味炫奇逞博者之比。余英時以「有宗主而無門戶」評價方氏為學之特色，洵為的論。

　　張永堂在其博士論文《方以智的生平與思想》中從「逃禪本質」、「三教歸實」、「三教歸《易》」三個方面具體闡述了方以智的三教合一思想。他認為方氏是站在儒家立場提出三教合一的主張，一方面批判三教末流之弊，一方面發揚三教的原始精神，最後把三教會通於儒，以達到重建儒學的目的。蔣國保在《方以智哲學思想研究》中也指出，「就哲學思想而論，方以智是以易學為核心，改鑄老莊、援引佛道，從而構成了一個以儒學為重心的儒佛道『三教合一』的哲學體系。」〔註 26〕他們都認為方以智的三教合一是以儒學為核心，這是符合實際的論斷。

　　以上簡單介紹了目前方以智研究所取得的一些成果，其他相關研究著作和論文，詳見本文參考文獻，此不具論。這裏值得一提的是，中外學者關於明代（尤其是晚明）三教合一思想的研究，為我們探討方以智的三教會通思想提供了重要的參照系。如日本學者荒木見悟的《佛教與儒教》、《明末清初的思想與佛教》等著作〔註 27〕，對於中國思想史上的儒佛交涉問題，特別是陽明學與佛教的關係問題有十分精到的見解。荒木先生指出，儒佛的交流，不論是思想上或是體驗上達到最高潮的時期是在明代王陽明出現以後。但是，在黃宗羲的《明儒學案》中也可略見傾向於佛教的思想家受種種輕視，甚或無視其存在，這是歷來學界的風潮。他總結自己的學術研究特色是，「隨時注意不要受這種以儒教為中心的教條主義所拘束，而盡可能公正地發掘被埋沒的思想家」〔註 28〕。

〔註 26〕蔣國保：《方以智哲學思想研究》，安徽人民出版社，1987 年，頁 123。
〔註 27〕荒木見悟：《佛教與儒教》，杜勤、舒志田等譯，鄭州：中州古籍出版社，2005 年；《明末清初的思想與佛教》，廖肇亨譯，臺北：聯經出版事業股份有限公司，2006 年。此外，荒木先生還有《明代思想研究》、《明末宗教思想研究》，以管志道、林兆恩、屠隆等人為個案，考察明末的三教融合思想；又有《憂國烈火禪》討論覺浪道盛的思想，惜未有中譯本，尚不及見。
〔註 28〕荒木見悟：〈我的學問觀〉，《明末清初的思想與佛教》，頁 277。

　　荒木先生的看法對方以智思想研究很有啓發意義。儒佛交涉、三教會通是方以智晚年思想的核心，而目前的研究在這方面著墨甚少，這固然與方氏晚年著作多未出版有關，但在價值評判上的誤區也是不容忽視的因素。即歷來受正統思想的影響，對於持三教合一觀點的學者評價不高，甚或認爲講三教合一多屬雜糅附會，而對明末這一派學者缺乏同情的理解。從目前的研究現狀來看，大陸學者對於方以智早年從事的物理質測之學頗多肯定，而對於他晚年力圖統合三教的努力要麼避而不談，要麼簡單歸之於唯心主義，基本上持否定的態度〔註29〕。對此，實有重新加以討論的必要。

　　事實上，方以智自己晚年念茲在茲者即其三教合一之旨，而對於早年所著之《通雅》，「已故紙視之矣」（《通雅》錢澄之序）。他曾經對其子方中履說：「《時論》以秩序變化、寂歷同時爲宗，方圓同時，奇恒之府，即多是一，皆統類於此矣。……《炮莊》是遣放之書，消心最妙者，不執也，不計也，妙於藏鋒，無所不具，可細心看之。」〔註30〕可見方以智晚年所重視的著作乃是《周易時論》及《藥地炮莊》，這兩部著作都與其三教合一思想有關。對於方以智晚年思想的轉變，應該作何解釋？從晚明三教合一思潮的發展來看，方以智的思想特色何在？他是怎樣建構其折衷古今、會通三教的思想體系的？這種建構取得了怎樣的成績？還存在哪些局限？諸如此類的問題，只有通過深入分析方以智晚年的幾部重要著作，才有可能獲得比較滿意的解答。

　　在此還要交代一點，即本文不用「三教合一」而以「三教會通」作爲標題，是因爲我們覺得「會通」更能準確地傳達方以智對三教關係的看法。《繫辭》云：「聖人有以見天下之動，而觀其會通。」會通者，會合變通之義也。方以智曾這樣表達他的學術志向：「生今之世，承諸聖之表章，經群英之辯難，我得以坐集千古之智，折中其間，豈不幸乎！」〔註31〕施閏章《無可大師六

〔註29〕如朱伯昆先生在其《易學哲學史》中充分肯定了方氏易學的成就，但對方以智晚年會通三教的努力，則認爲「此種混儒釋道三家觀念而爲一的三教合一說，不能不說是對其家學的一種背叛」。見《易學哲學史》第三卷，北京：崑崙出版社，2005 年，頁 494。

〔註30〕方以智：《青原愚者智禪師語錄》，卷三，〈示侍子中履〉，《禪宗全書》第 65 冊，頁 650。

〔註31〕方以智：《通雅》卷首一，〈考古通說〉，《方以智全書》第一冊（上海古籍出版社，1988 年），頁 2。

十序》稱「其學務窮差別，觀其會通」〔註32〕。集智折中，觀其會通，可以說正是方以智晚年爲學的根本宗旨。

四、研究範圍與方法

據今人統計，方以智一生著述「約達四百萬字以上」（侯外廬主編《方以智全書》前言）。在清代，惟有《通雅》、《物理小識》二書因收入《四庫全書》子部雜家類而流傳較廣，《藥地炮莊》有康熙刻本，並著錄於四庫道家類存目，但流傳不廣。除此之外，他的大部分著作或遭禁燬，或僅憑抄本流傳，遺佚甚多，殊爲可惜〔註33〕。

就其現存的晚期著作來看，屬於哲學類的主要有《東西均》、《易餘》和《藥地炮莊》，其他還包括易學著作《周易時論合編》，禪學語錄《冬灰錄》和《青原愚者智禪師語錄》。此外，還有《象環寤記》、《一貫問答》和《性故》三篇專論。《東西均》先有李學勤先生校點本，後又經龐樸先生詳加注釋，爲進一步研究提供了極佳的入門之階。《藥地炮莊》、《周易時論合編》及《青原愚者智禪師語錄》均有康熙刻本，《易餘》和《冬灰錄》則僅有抄本。在這些著作當中，本文以《東西均》和《藥地炮莊》爲核心，參考其他相關著作，試圖比較全面地解析方以智三教會通思想的形成過程、方法架構及其詮釋實踐，從而對其學術貢獻和理論局限有一個恰當的定位。

在研究方法方面，對於方以智這樣一位經歷坎坷、學問龐雜的思想家來說，哲學的概念辨析與史學的歷史重構不可或缺。而在我看來，後者的意義可能更爲重要。這裏的「歷史」既包括明清鼎革的社會大變局，也包括方以智個人的生命處境和心路歷程。張學智先生說：「他的思想充滿了哲學智慧的瑰麗，但也充滿了經亡國慘禍而不得已墮入空門的悲涼。」〔註34〕的確如此，只要我們把方以智出家之前與出家之後的文字稍作比較，就會發現它們的風格是何其不同。這種變化不是單純的哲學分析所能解釋的。

中國的學問是一種生命的學問，如果完全脫離個人的生命歷程而孤立地看某個人的哲學思想，那麼所有的讚賞或批評都只能是隔靴搔癢。對方以智

〔註32〕施閏章：《無可大師六十序》，轉引自余英時《方以智晚節考》附錄，頁248。
〔註33〕有關方以智著作的刊行情況，可參蔣國保：《方以智哲學思想研究》第四章〈方以智著作索考〉。
〔註34〕張學智：《明代哲學史》，北京大學出版社，2000年，頁551。

來說，尤其如此。方以智晚年思想之形成，涉及個人的性情、生平的交往、社會環境的變遷、儒佛思想交融的盛行等諸多因素，必須把這些方面結合起來，我們才能庶幾得其全貌。他的三教會通不止是一種認識論式的理論建構工作，而且還是一種價值理性的選擇與貞定，牽涉到個人具體的生命遭際與存在處境。因此，我們要充分領會方以智的晚年思想，首先必須深入瞭解其曲折經歷和求道生涯，才有可能避免無根據的臆斷和不相干的批評。

第一章　方以智的生平與思想分期

　　方以智，字密之，號曼公，又號浮山愚者，一生別號甚多，其著者有無可、藥地、墨歷、極丸老人等〔註1〕，安徽桐城人。生於明萬曆三十九年辛亥（1611），卒於清康熙十年辛亥（1671）。關於方以智的傳奇一生，已有諸多學者的研究成果，如張永堂《方以智的生平與思想》、任道斌《方以智年譜》、羅熾《方以智評傳》等。但是，緊扣方氏晚年三教會通思想的形成過程這一問題意識，在研究側重點上當有所區別。我們關注的焦點，在於方以智一生思想發展演變的脈絡，尤其是他出家前後的心路歷程。筆者試圖以方以智坎坷的人生經歷為線索，探討他的生命轉折對晚年思想形成所帶來的重大影響。

一、生平轉折

　　冒懷辛先生在《方以智全書》前言中，將方以智的一生分為三個時期：早期從 1611 到 1644 年甲申明亡以前，除致力讀書外，徵歌載酒，意氣風發，參加東林、復社所開創的政治活動。中期自 1644（順治元年）至 1652（順治九年）流離兩廣，這一階段艱難坎坷，見南明永曆朝廷之不可為，乃隱居猺峒，後又避清師逼降，削髮為僧，最後回歸桐城。晚期從 1652（順治九年）至 1671（康熙十年），曾在桐城、金陵、江西等地，後主持吉安府廬陵縣之青

〔註 1〕任道斌《方以智年譜》卷首〈傳略〉徵引方氏別號甚詳，惟其中有「閒翁曼」者，當係誤識。按《藥地炮莊》拈提有署名「閒翁曼衍」者，「閒翁」為方氏自稱，「曼衍」者，散漫流衍、變化無端之辭也。

原山淨居寺，因「粵案」牽連，赴質時病歿於萬安縣西贛江之惶恐灘〔註2〕。這種分期突出了明亡事件的重大影響以及方以智流離嶺南八年的特殊經歷，基本上是可取的，但其中尤有可加分疏之處。就方氏思想演變的歷程來看，順治七年庚寅（1650）的出家是一個關節點，由儒入釋的行跡變化對於方以智的晚年思想影響甚大。有見於此，我們把方以智的一生作如下分期：甲申（1644）之前爲早期，甲申至庚寅（1650）爲中期；庚寅至辛亥（1671）爲晚期。

（一）狂生之志

方以智出生於一個書香官宦世家，曾祖方學漸（字達卿，號本庵，1540～1615）、祖父方大鎮（字君靜，號魯岳，1560～1630）、父親方孔炤（字仁植，號潛夫，1591～1655），皆是名重一時的碩儒公卿。因此，他自幼便受到良好的家庭教育。方以智在流離嶺南時曾自述其早年爲學經歷及平生志向：

> 總角時，祖父之訓，誦經閱史，不呫嗶制舉義。年十五，十三經略能背諷，班史之書，略能粗舉。長益博覽百家，然性好爲詩歌，悼挽鍾譚，追復騷雅，殊自任也。弱冠慕子長出遊，遊見天下人如是而已，遂益狂放，自行至性而不踰大閑。以爲從此以往，以五年畢詞賦之壇坫，以十年建事功於朝，再以十五年窮經論史，考究古今。年五十，則專心學《易》。少所受王虛舟先生河洛象數，當推明之，以終天年，人生足矣。（《浮山文集前編》卷八，〈又寄爾公書〉）

以智少承家訓，窮經究史，不以舉業爲務，「年九歲能賦詩屬文，十二誦六經，長益博學，徧覽史傳」（《浮山文集前編》卷三，〈七解〉）。年二十慕司馬遷汗漫九垓，載籍出遊，遍訪東南諸藏書家，博覽群書，同時交友結社，砥礪文詞，一時名噪吳會間。他早年的興趣主要在詩賦文辭之學，在藝術風格上追慕秦漢古風，而不滿競陵一派（鍾惺、譚元春）。其詩名甚顯揚於當時，文震孟序《博依集》稱讚以智「古樂府歌行，直追漢魏，筆陣縱橫，亦在晉唐間。其人復翩翩俊異，洵一時之軼材也」。以智亦顧盼自雄，躊躇滿志，從他的自述可以看出早年追求「立功」（建事功於朝）與「立言」（詞賦、經史、易學）的理想抱負。惟世事多變，他的理想屢屢受挫。

〔註 2〕冒懷辛：〈方以智的生平與學術貢獻〉，《方以智全書》第一冊，上海古籍出版社，1988 年，頁 9。

少年時代的方以智每以「狂生」自許。他在《孫武公集序》中說：

余往與農父、克咸處澤園，好悲歌，蓋數年所，無不得歌至夜半也。農父長余，克咸少余，皆同少年，所志同，言之又同，往往酒酣，夜入深山，或歌市中，旁若無人。人人以我等狂生，我等亦相謂天下狂生也。（《浮山文集前編》卷二）

又《東農父及子遠舅氏》詩中亦有「海內只今信寥落，龍眠山下有狂生」之句（《博依集》卷八）。對於「狂生」的「曠達」，以智有自己的一番解釋。他自謂「天性不愛利祿，時以曠達玩世」（《浮山文集前編》卷八，〈又寄爾公書〉），還專門寫過一篇《曠達論》。他說：「世以曠達爲動越禮法者，淺之言曠達矣。夫至人之曠達，正所以成其謹介也。」又說：「聖人之教，以謹介致其淡然；至人之道，以曠達致其淡然，其致一也。」（《浮山文集前編》卷七）在其出家之後所寫的《象環寤記》中亦有「曠達行吾曲謹」的說法。可見他並不認爲道家（以莊子爲代表）的「曠達」與儒家的「謹介」相衝突，這種儒道互補的處世態度貫穿他的一生，爲他晚年三教會通思想的形成埋下了伏筆。

崇禎七年（1634），桐城「民變」，方以智被迫移居金陵，卜宅城西，名曰「膝寓」，取「容膝」之意。以智在金陵度過了近六年時光，其間隨筆結集爲《膝寓信筆》，詩集名爲《流寓草》。此時的方以智正是「盛年多才負氣，又當亂世，不能爲人主建一奇、立一策」[註3]，常有生不逢時、懷才不遇之感，又爲當日秦淮之流風所被，過著一種縱情聲色、放浪形骸的生活。伯姑方孟式自山左寄書規勸：「吾侄讀書，講求實學，何徒苦吟痛飲耶？天分無限，正當塵務經心。」（《膝寓信筆》）以智並沒有沉迷酒色而不能自拔，儒家經世之志在他的性格中仍然占主導地位。《膝寓信筆》中有這樣兩則記載，頗能反映彼時的心態：

讀我祖廷尉公書，四體肅然。外祖吳觀我宮諭精於西乾，與廷尉公辯證二十年。然小子未嘗深入其藏，未敢剖也。門庭各別，入主出奴，惟心則本同耳。蒿目天下之故，猶欲功名一展，何容自欺？

讀吾祖所刻《陽明錄纂》，語皆切近，不可以舉業爲學，亦不礙其爲舉業也。小子未敢談道，每事但行其心之所安，率眞毋欺，切忌僞

〔註3〕陳子龍：《安雅堂稿》卷十七，〈答方密之〉，遼寧教育出版社，2003 年，頁335。

飾高曠之語，且以遣放焉耳。津津以排突聖賢爲新奇、爲豪雄，是
將誰謾？

以智外祖吳應賓（號觀我）精於佛學，與以智祖父方大鎭長期辯難。從以智
的態度來看，他在青年時代對佛學未曾深究，認爲儒、佛「門庭各別，入主
出奴」，而他自然是站在儒家立場。崇禎十年（1637），以智曾在南京聽陳丹
衷（字旻昭，號涉江）講禪，《流寓草》卷六〈聽陳旻昭談禪賦贈〉詩中有「莫
道講經人不信，西來今日亦談兵」之句，可見他此時憂心國事，對於禪學未
有會心。眼看天下大亂，「猶欲功名一展」，故而與早年「不咕嗶制舉義」不
同，此時認爲舉業亦不可廢，其汲汲用世之心甚明。以智爲學，主張率眞毋
欺，反對故作高深、非毀聖賢之論，這一點至老不變。在流寓金陵期間（1634
～1639），《通雅》已大致成書，《物理小識》已開始撰寫〔註4〕，以智自謂「以
考究之事沉潛其飛揚跋扈之氣」（《膝寓信筆》），其崇實的學風由此逐步建立。

總的來看，青年時代的方以智，其精神氣質乃是接近於文人詩酒的貴公
子形象。他積極參與黨社活動，「與陳臥子（子龍）、吳次尾（應箕）、侯朝宗
（方域）諸公，接武東林，主盟復社」〔註5〕，評議朝政，切磋學問，名列「明
季四公子」之一。就其學問而言，「海內之言智者，或以爲詞客，或以爲狂生」
（《浮山文集前編》卷八，〈又寄爾公書〉），此時爲人所稱道的主要是其文章
詞藻之學。周亮工亦盛稱以智：「自詩文詞曲、聲歌書畫、雙鉤塡白、五木六
博，以及吹蕭撾鼓、優俳平話之技，無不極其精妙；三十歲前，極備繁華。」
〔註6〕可見其早年風華。

崇禎十三年（1640）春，方以智會試京師，得中二甲進士，後授翰林院
檢討。而在此之前，其父方孔炤卻因撫楚失利，遭陷逮下詔獄。以智伏闕訟
冤，請代父罪，不獲准。父冤不得申，以智食不肉、衣不帛，卻宴飲聲歌之
樂，出入圜扉省親不倦，並懷血疏號泣朝門外，求百官代爲上達，如是者一

〔註4〕《通雅》康熙刻本姚文燮〈發凡〉稱：「是書成於先生己卯（1639）以前，大
抵咕嗶之餘，旁搜雜採，間出己意，佐以辯論，誠博物之要典也。」《物理小
識》成書稍晚，其主要部分完成於方以智遁迹兩廣時期，而流寓金陵時已開
始撰寫。參見蔣國保：《方以智哲學思想研究》附錄一，《物理小識》著作考）。

〔註5〕王士禎著、盧見曾補傳：《漁洋山人感舊集》卷三，〈釋弘智〉引，清代傳記
叢刊本（臺北：明文書局，1986年），頁145。

〔註6〕周亮工：《讀畫錄》卷二，清代傳記叢刊本（臺北：明文書局，1986年），頁
31。按：周亮工（1612～1672）字符亮，號櫟園，與方以智爲明崇禎庚辰（1640）
同榜進士。

年八閱月。其執著孝行終於感動崇禎帝，方孔炤遂於次年（1641）秋免死得釋並重新起用，方以智也由此開始他一生中短暫的仕宦生涯。基於對朝廷恩寵的感激和對國勢危殆的憂心，方以智的經世思想在此時達到了高峰。他積極建言獻策，上《請纓疏》懇求從軍報國，後又被崇禎帝召對德政殿，力陳救國四策，深得上意，卻爲時相所阻，未及施行而大廈已傾，他的經世之志遭受重大挫折，而他的人生道路也由此完全改變。

（二）退隱之道

甲申難作，方以智被農民軍所俘，備受拷掠，後乘隙逃脫，間關奔抵南京。不料弘光朝馬士英、阮大鋮交相亂政，閹黨阮大鋮挾其私怨，誣加方以智以「從逆」罪名，迫使他倉皇間再次亡命南奔，由此開始了六年（1645～1650）流離嶺南的艱難歲月。

順治三年（1646）十月，桂王朱由榔即位於肇慶，改明年爲永曆元年。方以智在瞿式耜的鼓動下，參與擁立活動，並以擁戴之功再度出仕，但不出一個月即因與司禮太監王坤不合，掛冠求去，從此不入班行。其後，永曆帝又屢次下詔，超拜方以智爲禮部尚書、東閣大學士，他連上十疏，堅辭不就，「至是放情山水，觸咏自適，與客語，不及時事」〔註7〕。此時的方以智已無仕宦之情，「洗心退藏」成爲他的現實選擇〔註8〕。當然，決心退隱並不意味著他完全拋卻對家國的責任。就在方以智上疏堅辭相位的同時，還向永曆帝進《芻蕘妄言》（《浮山文集前編》卷十），力陳五條復明大計。在他展轉湘黔深山之時，仍與朝中諸公書信往還，勸勉他們戮力同心、臥薪嘗膽、「練兵愛民、勤於政事、選用賢才」〔註9〕，以圖光復大業。依違於出處去就之間，方

〔註7〕 王夫之：《永曆實錄》卷五，〈方以智傳〉，北京古籍出版社，2002年，頁51。
〔註8〕 《浮山後集》卷一〈無生寱・齋戒〉序云：「以此齋戒，洗心退藏，《易傳》之所叮嚀也。心齋大戒，人間世何所逃乎？丁亥（1647）轉側天雷苗中，設三世位，燒三一老人香，以此自遁。」詩中有「大廈忽如此，一木何以支」句，表明他對南明朝政的失望。此外，他之所以「十召堅隱，不肯一日班行」的一個更直接的原因乃是擔心禍延老親。方以智日後回憶說：「翠華溯桂林，過武岡，入直之命，屢使敦促，而終未一立班行；家鄉傳聞，遂令大人有子相南海之嫌，迫令索歸，受盡委迤，洗罍幸免，罪一也。」（《浮山文集後編》卷一，〈靈前告哀文〉）當時桐城已在清廷統治之下，方以智若奉永曆詔出仕，家禍在所難免。
〔註9〕 方以智：《浮山文集前編》卷八，〈寄朝中諸公書〉。同卷還有方以智與瞿式耜、何騰蛟、金堡、朱天麟等永曆朝大臣的書信。

以智的思想常常處於激烈的矛盾衝突狀態。但在流離嶺南時期，對政治和社會的理想與抱負已無從實現，於是著書立說的學術生活成爲他主要的精神寄託。

方以智早年曾有遁入深山，「大奮其力，合古今俯仰著爲一書」的打算，但因時局動蕩，未能如願。在崇禎十年（1637）所寫的《七解》中，他重新肯定了「溫古昔，考當世」、「覃精經史」、從事著述的人生道路。崇禎十四年（1641），他又在祭母詩中寫道：「自背萱堂十九年，圓壺綵帕淚痕穿。夢中生我當齋戒，世上藏身託簡編。外祖書言心是鏡，浮山石待筆如椽。何時得遂藏軒意，歸種丹丘墓下田？」〔註10〕再次表達了歸隱著書的願望。可以說，隱居著述的念頭一直蟄伏在方以智的靈魂深處，越往後，這種想法就越強烈，直至流離嶺南，見永曆朝中黨派紛爭，國事已不可爲，他更加堅定了這一信念。

順治四年（1647），方以智在沅州天雷山作《俟命論》，表明了他對退隱的看法：

> 夫畏死者，人之常情。而害仁則名教所惡。聖人峻其防，則曰忠臣不事二君，有死無二；論其學，則曰修身俟之，所以立命。生寄也，死歸也，不動心而已。其保身之道，則曰既明且哲，守死善道，無道則隱，此與老氏身退，其指一也。向平不仕莽而遊五嶽，曰已知貴不如賤，富不如貧，尚未知死何如生。夫人能富貴貧賤不動心，即已知生死矣。曰未知何如者，聽其自然，俟之之道也。（《浮山文集前編》卷七，〈俟命論上〉）

> 可以見，可以隱，聖人之論也；無何有之鄉，廣漠之野，以樗櫟全其天年，此老莊之指也。（《浮山文集前編》卷七，〈俟命論下〉）

《中庸》有「君子居易以俟命」之說，意思是君子素位而行，聽天任命。這是儒家處世之道的一個重要方面。在方以智看來，全生遠害之論並非老莊的專利，聖人亦有明哲保身、無道則隱之說，其前提是不「害仁」。聖人之論與老莊之旨是相通的，「俟命」就是「聽其自然」。他說：「史有變易名姓，不知所終，蓋眞俟命者，吾甚慕之。此既爲至人之所貴，而又聖人之所許也。」以老莊退隱之道牽合聖人立身之旨，其中的現實考量不言而喻。以智很欣賞

〔註10〕《方以智密之詩抄·癢訊·九月十一日吳太君忌日》，自注曰：「先祖題浮山丹丘崖，下爲此藏軒，先母墓在岩後。」

漢末高士向子平「不仕莽而遊五嶽」的邁世之風，他說：「後世得向平之意，而隱不違親、貞不絕俗者，其陶潛之居栗里、韋夐之號逍遙公乎？」〔註11〕陶潛和韋夐這樣的隱士是方以智所認同的人格典型，這裏的「隱不違親、貞不絕俗」正可謂夫子自道，即他力圖在儒與道、仕與隱之間找到一條「無入而不自得」的人生道路。他之所以激賞莊子，乃在於「莊以絕世之才，自知其忍俊不禁，而別路以爲善刀，不犯鋒芒，使人莫爭，不墮暗痴，留其高風，故爲貴耳」（《浮山文集前編》卷九，〈書莊子後〉）。莊子生戰國而全其天，又能留芳於後世，這是方以智所嚮往的人格境界。

　　既然無意仕進，經世之志漸消，於是貴公子故態復萌。王夫之《搔首問》記載：「方密之閣學之在粵，恣意浪遊，節吳歈，鬥葉子，謔笑不立崖岸，人皆以通脫短之。」〔註12〕這種佯狂放浪的行爲，實際上反映出方以智彼時因內心衝突所產生的消極虛無之感。在亂離之中，他念念不忘的是自己的著述事業尚未完成。在順治五年（1648）寫給友人張自烈（字爾公）的書信中，以智感歎道：「少年溺於雕蟲，中年荒於禍亂，父師所授，平生所得，皆未成編。」（《浮山文集前編》卷八，〈又寄爾公書〉）此時的興趣不再是辭章之學，他自述「生平雅志在經史」，而在顛沛流離之中，求書甚難，著書更爲不易，只能「從刀箭之隙，伏窮谷之中，偷朝不及夕之蔭，以誓一旦之鼎鑊，隨筆雜記，作掛一漏萬之小說家言，豈不悲哉！」（《浮山文集前編》卷七，〈書通雅綴集後〉）在險惡的環境中，方以智仍留心嶺南地方的方言土音與風俗藥性，爲《通雅》和《物理小識》二書注入了更爲充實的內容。但由於外在條件的限制，尋常書冊都不易獲得，這對於方以智所從事的博物考究之學而言，顯然極爲不利。又由於遭逢國變，從一個崇尚經世的儒者，變成一個退身避世的隱者，個人如何安身立命成爲困擾方以智的一個重大問題，這也使得他更多的關注身心性命之學。因此，考察方以智晚年思想路向的轉變，是不能不考慮因明清鼎革所造成的外在環境的變化與身心安頓的困境等諸多因素的。

　　順治七年（1650）是方以智一生的重大轉折點。是年十月，他在平樂平西山度過了四十生辰。十一月，清兵攻陷桂林，瞿式耜殉難，平樂等地相繼

〔註11〕《周書》卷三十一〈韋夐傳〉：「韋夐，字敬遠。志尚夷簡，淡於榮利。弱冠，被召拜雍州中從事，非其好也，遂謝疾去職。前後十見徵辟，皆不應命。」
〔註12〕王夫之：《搔首問》，《船山全書》第十二冊，嶽麓書社，1996 年，頁 635。

失陷。時方以智因送好友錢澄之南返而得以暫避刀鋒，錢澄之在《所知錄》中記載：

> 蓋曼公送予自昭江返，未及平樂，聞平樂已破，其家人被執，問公所在，則以與予同往仙回洞嚴伯玉家對。隨發二十餘騎往仙回，而公亦適奔仙回。騎縛伯玉，拷掠備至，公乃自薙髮僧裝出，以免伯玉。遂至平樂，見蛟麟，蛟麟諭之降，不屈；脅之以刃，誘之以袍帽，皆不答。蛟麟乃延之上坐，禮之甚恭。因請出家，許之，故隨之至梧。〔註13〕

從這段記載可以看出，方以智在仙回山「剃髮僧裝出」，原本只是一時的權宜之計，並非真心皈依佛教。明末士大夫在國變之後，不願以身事清而削髮出家的例子比比皆是，清廷政府在俘虜南明大臣時，也往往勸其出家以全性命〔註14〕。方以智如此，與其相交甚深的永曆朝大臣瞿式耜亦有相同的遭遇〔註15〕。瞿式耜為清將孔有德所獲，有德遣官往勸諭之，「令剃髮，不可；令自請為僧，亦不可，曰：『為僧，剃髮之漸也。髮短命長，我不為也。』」〔註16〕後慷慨赴義。瞿式耜時為永曆朝兵部尚書、桂林留守，有守土之責，當桂林陷落，自當身赴國難，故不肯出家。方以智雖名為「閣學」，但並未赴任，出家未為不可，但在當時的情況下，未能殉節盡忠而被迫出家，終究難免予人以口實，即在其內心，亦多有不足為外人道之隱痛。

在癸巳（1653）入關時所寫的《象環寱記》中，方以智對他的出家行為有這樣的解釋：

> 不肖少讀明善先生之訓，子孫不得事苾芻，然中丞公白髮在堂，眦為之枯，十年轉側苗峒，不敢一日班行，正以此故。知必不免，以

〔註13〕錢澄之：《所知錄》卷四，黃山書社，2006 年，頁 127。按：錢澄之（1612～1693），初名秉鐙，字飲光，一字幼光，晚號田間老人、西頑道人。桐城人。

〔註14〕在清政府「剃髮令」頒布之後，剃髮與否成為鑒別敵我的重要標誌。很多明遺民在起義失敗後不願剃髮失節，索性落盡鬚髮，披緇為僧，以全性命。清政府對遺民逃禪之行為亦採取默許，甚至鼓勵的態度。廖肇亨《明末清初遺民逃禪之風研究》（臺大中國文學研究所碩士論文，1994 年）對此有專章論述，可參看。

〔註15〕方以智《浮山文集前編》卷九〈稼軒瞿相公傳〉：「余父與公同年友……余二十遊吳，公開東皋飯之，忽忽二十年。同在天末，悉公甚深，今亦見執，誓死而未死，故痛哭灑地而為之傳。」

〔註16〕錢澄之《所知錄》卷四，黃山書社，2006 年，頁 119。

祇支為避路，即為歸路。苟得所歸，正所以奉明善先生之訓也。家
訓嘗提「善世、盡心、知命」六字，貴得其神，勿泥其迹。〔註17〕
「子孫不得事苾芻」是以智曾祖方學漸訂立的家規，桐城方氏向以忠孝傳家，
後世子孫無敢違者。方以智的妹妹方子耀於其遺命中猶諄諄告誡子孫「薄斂、
遵家禮、毋作佛事」，謂此「吾曾祖明善先生之訓，五世未之有改，不可以俗
故，致吾違背」〔註18〕。方氏一門篤守家訓之嚴謹，由此可見一斑。方以智
披緇為僧，在心理上首先就要面臨違背祖訓的考驗。他的解釋是，只因老父
白髮在堂，為保全性命以盡孝道，不得已而為之。但是，在出家之後如何安
頓身心，這是方以智晚年不得不始終面對的現實問題。我們在他出家之前的
詩文著作中，較少看到佛學思想的痕跡；即便在流離嶺表的艱難歲月，他的
思想更多的是受老莊之學的影響。然而在覆巢之下，全身退隱已不可能，出
家是他唯一得以仗節完名、屈身盡孝的兩全之道。於是，在儒釋之間究竟該
如何抉擇與定位，成為擺在方以智面前的重大課題。

（三）出入之間

在清廷懷柔政策的默許下，方以智在梧州雲蓋寺度過了近兩年（1651～
1652）禮佛頌經的歲月。錢澄之有詩略記當日情形：「五更起坐自溫經，還似
書聲靜夜聽。梵唱自矜能彷彿，老僧本色是優伶。」〔註19〕可見以智此時雖
託身禪門，仍不失儒者本色。順治九年（1652），施閏章（字尚白，號愚山，
1618～1683）奉使粵西，與方以智定交於雲蓋寺。七月，經時任蒼梧兵憲的
同鄉彭廣具文出保，方以智得脫雲蓋寺，隨施閏章北返。其《過梧州卡》詩
中有「兩載牢籠裏，枯魚幸過河」之句（《浮山後集卷一・無生寱》），將出家
為僧比作關入「牢籠」，可見出家非其本願。八月，偕同施閏章至匡廬，遍遊
名勝，在五老峰撰成《東西均記》（其書大致完成於此時），至暮冬方離廬山
而返桐城。順治十年（1653）元旦，歸省父親方孔炤於桐城白鹿山莊，一家
三代始得團聚。時隔不久，清廷官吏即兩度勸他效力新朝，均遭堅拒。為表

〔註17〕李學勤校點本《東西均》附錄，頁156。按「苾芻」即「比丘」，指佛教徒。「祇
　　　　支」即覆腋衣，指僧服。
〔註18〕馬其昶：《桐城耆舊傳・孫恭人傳》。
〔註19〕錢澄之：《藏山閣集・藏山閣詩存》卷十三，〈失路吟・行路難〉，黃山書社，
　　　　2004年，頁327。自注云：「愚道人既為僧，習梵唱，予笑其是劇場中老僧腔
　　　　也。」

明心迹，以智乃決意爲僧，遂至金陵天界寺禮名僧覺浪道盛爲師，受大法戒，隨即閉關高座寺看竹軒。

這一階段行迹屢遷，在方以智的生命歷程中意義重大。他在竹關（即看竹軒）對侍子中德回顧自己一生的學術轉向時說：

> 我自少好詩書，嘗云「曠達行其謹曲」，寔自便耳。通籍後，侍西庫者二年，始自猛醒刻厲，然好與升菴、元瑞辨考務博，專窮物理。忽當崩裂，甄蘇矢死，又爲仇螫，祖父命我遠遊。患難之中，乃以少所受之河洛深研精入。數蹈白刃，以氣勝之，其甘荼苦如飴，則生平好學自遣已耳。既以覆掖爲大逢，便嘗其味，微於宗一先生有入處。匡廬歸省見逼，遂以煴火爲鐵門，痛錐濺血，於轟雷閃電中過身，此蓋日日在刀頭感天地之鉗錘也。忽然孄破黃葉，重歷千差，乃歎巧於鍛鍊。……伊、周、夷、惠、三仁、泰伯，其迹不同，其道則一。蠱之高尚，孔子曰：志可則也。豈非萬世治蠱之清涼藥乎？……我豈慕白椎哉？古人餧虎之願，等於嬰杵，萬世旦暮，又何所望！（《周易時論合編》方中德跋）

這段歷經患難之後的自我剖白值得重視，可以說，方氏一生的幾次重大轉折皆呈現於此。其文字頗爲曲折幽隱，以下我們結合方氏生平略加疏釋：

首先，以智對自己少年時代的狂放有所反省，認爲所謂「曠達行其謹曲」實是一種自便的說法。他人生的第一個轉折點在三十歲中進士之後，父親下詔獄（「西庫」即刑部大牢），經以智多方奔走始得脫。這次患難使他告別早年詩酒繁華的生活，開始刻苦自勵。此時的學術興趣在物理考據之學。楊愼（號升菴）、胡應麟（字元瑞）在明代以博學稽古著稱，方以智撰《通雅》、《物理小識》曾受他們的影響。

其次，甲申（1644）之變，天崩地裂，以智備受拷掠而堅決不受大順政權之職。「甄蘇矢死」指自己有如唐代的甄濟、蘇源明，在安史之亂中寧死不受安祿山之官職。及至逃回南京，以智又爲阮大鋮所陷，方孔炤令其遠游避亂。「祖父」在此爲方中德對方孔炤的稱呼。流離嶺南之時，屢遭劫難，以好學自遣，精研河洛象數之學。此時的學術興趣轉向家傳易學。

再次，庚寅（1650）出家之後，開始究心於佛學，對於外祖吳應賓的「宗一」之旨有所領悟。所謂「宗一」之旨，即主張儒、釋、道三教不僅可以「各

一其一」，也可以「共一其一」〔註20〕。這種三教一致的通達看法，有助於緩解方以智由儒入釋的精神焦慮，自然引起他強烈的心靈共鳴；而方以智三教會通的思想，亦由此逐漸形成。

最後，癸巳（1653）歸省桐城，被逼出仕，「遂以熅火爲鐵門」。「熅火」典出《漢書‧蘇武傳》，蘇武引刀自裁，匈奴敬其節義，將其置於悶火之上，導引淤血，以全其命。此處借喻清廷的懷柔勸降，而自己亦與蘇武一樣，堅守氣節；「鐵門」指方以智閉關南京之事。「黃葉」爲佛家所謂錯將黃葉認作黃金的「黃葉止啼」之喻，故「熅破黃葉」乃指頓悟破執。在屢經生死考驗之後，方以智彷彿「熅破黃葉」一般，全然勘破了行迹的猶疑。所以他說，伊尹、周公、伯夷、柳下惠、微子、箕子、比干、泰伯「其迹不同，其道則一」，言下之意是我雖託身禪門，但絲毫不礙儒者本色。蠱卦上九爻辭曰：「不事王侯，高尚其事。」《象傳》曰：「不事王侯，志可則也。」以智引此表明其不臣事新朝的決心。「白椎」爲宗門儀式，住持開堂弘法時，必先由執事鳴椎以示眾，《祖庭事苑》卷八：「今宗門白槌，必命知法尊宿以當其任。」此處意喻高僧所享有的尊榮待遇，方以智自表其出家絕非爲此。「餧虎之願」出自「捨身餧虎」的佛典，象徵奉獻己身、成就眾生的淑世精神；「嬰杵」指爲趙氏存孤的程嬰與公孫杵臼；「萬世旦暮」語出《莊子‧齊物論》，意謂苟遇知己，則萬世猶旦暮然。這段話的大意是，以智甘願割捨清白純儒之名而託身佛門，別路旁行，此番苦心，有如嬰、杵，實爲堯、孔託孤；雖忍辱含垢，知音者稀，然「萬世旦暮，又何所望」！至此，方以智始眞正找到一條三教無礙的精神之路。

關於方以智晚年悟道的經過，施閏章在《無可大師六十序》中說：「無可大師，儒者也。嘗官翰林，顯名公卿間。去而學佛，始自粵西。遭亂棄官，白刃交頸，有託而逃者也。後歸事天界浪公，閉關高座數年，剖心濯骨，渙然冰釋於性命之旨，歎曰：『吾不罹九死，幾負一生！』古之聞道者，或由惡疾，或以患難，類如此矣！」〔註21〕此序作於康熙九年（1670），作爲方以智的知交，施閏章十分肯定地指出方以智的儒者本色，並認爲其入禪是「有託

〔註20〕馬其昶《桐城耆舊傳》卷四〈吳觀我先生傳〉載吳氏之言：「儒與釋之無我，老之無身，惟一之訓於書，旨矣哉。不知者，知聖不知一也；其知者，知聖之各一其一，不知共一其一也。」其意謂三教的工夫法門不妨各別，然其最終精神則必當一致，此即「圜三宗一」之學。

〔註21〕施閏章：《無可大師六十序》，轉引自余英時《方以智晚節考》附錄，頁248。

而逃」；其後又在南京受覺浪道盛的淬礪，才了然於「性命之旨」，此種徹悟，乃從生死患難中得來。施閏章的這段說明可與前引方以智的自述相印證，足見庚寅出家至閉關高座（1650～1655）這一時期在方以智思想轉變歷程中的特殊重要性。

順治十二年（1655）秋，方孔炤病故，方以智時在南京閉關已近三年，訃音傳至，隨即破關奔喪，並依儒家禮節盧墓守孝三年。期間，他率中德、中通、中履三子，完成了集方氏易學之大成的著作《周易時論合編》。服喪期滿之後，他並未返回南京，而是選擇在江西一帶遊歷，講學於四方名刹，廣結十方善緣。康熙三年（1664）冬，爲了完成覺浪道盛振興曹洞宗風的未竟志業，方以智乃應吉安士人于藻、倪震等人之請，正式入主青原山淨居寺法席。此後六年，除有數次出遊之外，他一直在青原授徒講學。在主持青原這段時間，方以智廣交僧俗宦儒、遺民隱逸，又大力興修佛堂，復興書院，宣揚其「三教一家」的學術主張。他出世不忘救世、避世卻又深深涉世的作風，在當時造成了廣泛的社會效應，士大夫之過吉州者，鮮不問道青原。

康熙九年（1670）冬，方以智以「老病」辭去青原主持，退處泰和陶庵將養。康熙十年（1671），「粵難」作，方以智被捕，在由盧陵押赴嶺南途中，卒於萬安縣境之惶恐灘。關於方以智的確切死因，學界向有二說：一、自沉惶恐灘，慷慨盡節；二、實爲背上疽病發作而歿〔註22〕。近日發現一則材料，可以作爲方以智病逝說的重要證據。這則材料見於方中通所輯《心學宗續編》卷四〔註23〕，是郭林爲方以智所撰的小傳，其文曰：

> 先生諱以智，字密之，號愚者，貞述先生子也。崇禎庚辰進士，筮
> 仕翰林簡討，後屢遷至宰相，十詔不受，高才博學，著有《通雅》、
> 《詩風》、《物理》、《聲原》諸書。世變遁迹，志在繼千聖之心傳，
> 闡三世之家學，更著有《易餘》、《炮莊》、《鼎薪》、《會宜編》、《浮
> 山日祿》、《中旁通》、《太平鐸》及詩文集、語錄，合前後共百餘種。

〔註22〕余英時《方以智晚節考》力主「自沉」說，港臺學者多從之。冒懷辛、任道斌力主「病死」說，參見（一）冒懷辛：〈方以智死難事迹續考〉，載《江淮論壇》1981年第3期；（二）任道斌：〈關於方以智的晚年活動——美國余英時教授〈方以智晚節考〉、〈新證〉、〈新考〉讀後〉，載《清史論叢》第3期。

〔註23〕《心學宗》四卷原爲方學漸輯，後來方中通續輯四卷，清康熙繼聲堂刻本，方中通弟子何廷璧《心學宗續編跋》有「甲戌（康熙三十三年，1694）之冬出《心學宗續編》見示」語，可知此書刊刻時間。該書現已收入《四庫全書存目叢書》子部第12冊。

世出世間，備萬貫一。以病終於惶恐灘頭，三子德、通、履扶歸葬
於桐城之浮山，門人諡爲文忠先生。弟子郭林識。

按：郭林，字入岡，泰和人，是方以智在青原時的弟子，方以智曾爲他撰《隨
寓說》（見《青原志略》卷五），他也是《青原志略》的編撰者之一。由於這
種密切關係，郭林對於方以智死難事應知之甚悉，他明確說方氏「以病終於
惶恐灘頭」，當非虛語。《心學宗續編》刊刻之時，上距方以智之死已有二十
餘年，「粵難」早已時過境遷，似無故意曲爲之說的必要。因此，這裏的「病
終」說應該可以採信。前賢在討論方以智死因時都沒有注意到這則材料，實
在是一個遺憾。

方以智逝世後，「議定爪髮付法嗣，肉身歸血子，此儒釋兩盡之道也」〔註
24〕，這一極具象徵意義的「儒釋兩盡」實是方以智晚年致思方向的眞實寫照。
二十年的緇衣生涯，在「世出世間」掙扎與堅持，「異類中行，原非獲已，行
者固難，知者亦不易」〔註 25〕。方中通對其父的晚年思想有如下的「蓋棺論
定」：

> 孔子集堯、舜、禹、湯、文、周之大成，藥地老人集諸佛祖師之大
> 成。時也，非人也。孔子時，無諸佛祖師之教，故集堯、舜、禹、
> 湯、文、周之大成，而諸佛祖師之教寓其中。老人本傳堯、舜、禹、
> 湯、文、周之道，轉而集諸佛祖師之大成，而堯、舜、禹、湯、文、
> 周之道寓其中。時也，非人也。教以時起，道以時行。何莫非異類
> 中行乎？何莫非因法救法乎？何莫非乘午會、葉兼中乎？杖人翁於
> 刀兵水火求天下大傷心人爲之託孤，……老人爲杖人託孤，即爲諸
> 佛祖師託孤，即爲堯、舜、禹、湯、文、周託孤，實爲孔子託孤也。
>
> 〔註 26〕

集儒、佛之大成，爲佛祖、聖賢託孤，這是中通對父親的最高評價。然而「識
法者懼，知音者稀」，在一聲聲「時也！非人也」的悲歎中，方以智「實爲孔

〔註 24〕 方中通《陪詩》卷四〈惶恐集・先大人歸窆浮山，遵遺命也〉：「末世尚能留
爪髮，名山猶許葬衣冠」，自注云：「議定爪髮付法嗣，肉身歸血子，此儒釋
兩盡之道也。青原建衣鉢塔，邵村叔題爲留青二字。首山、華嚴俱是爪髮塔。」
轉引自余英時：《方以智晚節考》附錄，頁 271。

〔註 25〕 方中通：《陪詩》卷四，〈惶恐集・哀述〉注語，轉引自余英時：《方以智晚節
考》附錄，頁 265。

〔註 26〕 方以智：《青原愚者智禪師語錄》，方中通跋，藍吉富主編：《禪宗全書》第 65
冊，北京圖書館出版社，2004 年，頁 663～664。

子託孤」的志業直至今日仍未得到多少人的理解，而凝聚他一生心血的著作或散佚、或禁燬，其抄本流傳者，三百年來，孤懸一線，至今尤多置之高閣，可浩歎歟！

二、學術淵源

在介紹方以智生平的過程中，我們已經涉及對他的思想轉變產生過影響的幾位重要人物，如吳應賓、覺浪道盛等。這裏之所以要將學術淵源問題單獨提出來，是因爲方以智一生以傳承家學和弘揚師說爲己任，他廣博的學術涵養固然有賴於個人的好學不倦，也與其深厚的家學淵源和本人的生平際遇息息相關。余颺《鼎薪》敘言將方以智的學術淵源交代得十分清楚：

> 桐城方氏伯通盡逭國之難，其後本庵先生講學，野同廷尉公、潛夫中丞公繼世傳易，而愚者承之；愚者之外祖爲吳觀我宮諭，圓三宗一，與廷尉公辯證二十年，而愚者因之；金溪王虛舟先生生於桐，最精河洛，而愚者得之；庚辰石齋、潛夫兩先生同獄論易，研極理數，晚歸鹿湖，合邵、朱諸家，互闡其故，而愚者暢之。通籍後，即當中丞受武陵陷，誠孝格天，少負才士之名，患難相成始此矣。北變瀕死，全韓洎之節，南遊辭相堅隱，親過昭州法場。凡轉側西寧、大埔猺、天雷苗、平西獞者六年，縶出居冰舍二年，歸省閉關三年，廬墓三年，草鞋又四年，天下鍛鍊厚矣，而愚者受之。竭逢杖門，雙選託孤，而愚者集之。毋欺燒火，剝煉會通，平恕飲人，以學問爲薪水，藏密同患，苦心乎！不耻衣食，不忘溝壑，其操履也；秩序變化，寂歷同時，其統宗也；代明錯行，排三竭兩，其藏用也；誰得而測其涯涘也哉？誰得而逃其範圍也哉？[註27]

這段話從六個方面（承之、因之、得之、暢之、受之、集之）揭示了方以智的思想淵源，以下據此略作分疏。

方氏先祖方法，字伯通，出方孝孺門，不降靖難，殉節望江。桐城方氏累世以忠孝傳家，受此影響甚大。及至明末，「方氏門才之盛，甲於皖口，明

[註27] 轉引自蔣國保：《方以智哲學思想研究》，頁106。按：余颺，字庚之，爲方以智己卯（1639）鄉試座師；《鼎薪》爲方以智晚年著作，已佚。

善先生實濬其源；東南學者，推爲職志焉」〔註 28〕。方以智曾祖方學漸，字達卿，號本庵，學者私謚曰明善先生。方學漸曾受學於張甑山、耿定理，《明儒學案》將他列入《泰州學案》。方學漸晚年在家鄉構築桐川會館講學，以「布衣振風教」，而桐城方氏之學亦自此發迹。方學漸的思想主要表現在理學方面，葉燦曾經盛贊他：「先生潛心學問，揭性善以明宗，究良知而歸實，掊擊一切空幻之說，使近世說無礙禪而肆無忌憚者無所開其口，信可謂紫陽之肖子，新建之忠臣。」〔註 29〕方學漸力挽王畿偏提「無善無惡心之體」而流於空虛之弊，在心性論上主張「性善」，在工夫論上主張「崇實」，而在治學路徑上則主張「藏陸於朱」。這三項主張，成爲桐城方氏在理學論述上的三個基本原則〔註 30〕。

除理學外，方學漸亦精於易學，其所著《易蠡》一書，是方氏易學的開山之作。方以智祖父方大鎮，字君靜，號魯岳，學者私謚曰文孝先生。方大鎮曾官居大理寺少卿，一生力倡理學，並講學於首善書院。他的易學著作有《易意》。《易蠡》與《易意》今皆失傳，只在《周易時論合編》中有所引述。方以智父親方孔炤，字潛夫，號仁植，門人私謚曰貞述先生。他的易學著作《周易時論》，在其死後由方以智整理彙編爲《周易時論合編》，這是方氏易學的集大成之作。方氏易學自方學漸《易蠡》至方大鎮《易意》，原本以義理易學爲主，但並不排斥象數易學〔註 31〕，至方孔炤的《周易時論》，轉而以象數易學爲核心，並爲方以智進一步暢發。這一演變，實是受到王宣與黃道周的極大影響，上文所說「愚者得之」和「愚者暢之」即是指此〔註 32〕。

王宣，字化卿，號虛舟，爲方學漸的門生，著有《風姬易溯》、《孔易衍》、《物理所》等。王宣之學，主要表現在象數易學與物理考究兩方面。方以智

〔註 28〕朱彝尊：《靜志居詩話》卷十四，人民文學出版社，1998 年，頁 425。

〔註 29〕葉燦：〈方明善先生行狀〉，《桐城方氏七代遺書》卷首，清光緒十四年（1888）刻本（以下簡稱七代遺書本）。

〔註 30〕參見張永堂：《方以智》，臺北：臺灣商務印書館，1987 年，頁 41～46。

〔註 31〕《周易時論合編》卷首收黃道周〈方仁植先生每覓易象，詩以謝之〉，其詩謂方孔炤曾「自言詮經家三世，義理象數向雜纏」。又方以智在〈時論後跋〉中亦曾自言「余小子少受河洛於王虛舟先生，符我家學」，足證方氏易學本有義理象數兼取的傳統。

〔註 32〕方以智在《通雅・凡例》中曾自言：「少受河、洛於王虛舟先生，又侍中丞於法司，聞黃石齋先生之易，別有折中論說。」一語道出對方氏易學影響甚大的兩位重要人物。

少時曾從王宣問學，謂「虛舟師授河、洛，爲詳約之綱宗，而乃歎圖學之妙也；秩敘變化，頓時全舉，使人會通，多即一矣」〔註33〕。以圖書象數之學作爲會通諸家思想的理論平臺，這是方以智晚年論學的重要特色，而其河、洛之學則主要受自王宣。在物理考究方面，方以智也曾自言《物理小識》一書實乃「因虛舟師《物理所》，隨聞隨決，隨時錄之，以俟後日之會通云耳」〔註34〕。由此可知，方以智在象數易學及物理考究兩方面，均受到王宣的影響。

黃道周（1585～1646），號石齋，爲明末大儒，亦是易學名家，他的易學著作《易象正》、《三易洞璣》均以象數爲主。崇禎十三年庚辰（1640），方孔炤遭陷被逮，時黃道周亦拜杖下理，二人同處西庫，朝夕論《易》，方以智亦曾恭逢其教。方孔炤後來追憶說：「黃石齋曰：『學者動卑象數，故天道不著。……曆律象數，聖人所以剛柔損益之具也。』余同西庫而信之，歸學邵學，彈力不及，以命子孫。」〔註35〕他對黃道周的象數之學甚爲服膺，晚年歸隱桐城，精研邵雍之學，方以智承繼乃父之志，使方氏易學得以發揚光大，淵源所自，實與「西庫論《易》」這一段經歷有關。

理學和易學，均屬儒學範圍，方氏家學本以儒學爲主。馬其昶《桐城耆舊傳》稱：「方氏自先生（方以智）曾祖明善爲純儒，其後廷尉（方大鎮）、中丞（方孔炤）篤守前矩，至先生乃一變爲宏通賅博。」〔註36〕方氏自學漸至孔炤，皆爲儒門中人，至方以智乃一變爲「宏通賅博」，已非傳統儒學所能範圍。在他的思想體系中，釋道之學佔有重要地位。就其學術淵源來看，方以智的佛學思想主要來自於其外祖吳應賓的薰陶。

吳應賓（1565～1634），字尚之，一字客卿，號觀我，門人私諡曰宗一先生。其學通儒釋，貫天人，宗一以爲歸，著作有《學易齋集》、《宗一聖論》等。吳應賓以儒者而精通佛典，不但與當時佛教界大師如蓮池祩宏、憨山德清、無異元來等有往來，而且曾師事三教先生林兆恩，故主儒、釋、道三教合一。吳應賓曾以其「圓三宗一」之學與方大鎮「辯證二十年」，儒釋之間的長期辯難，成爲方以智會通三教的重要思想資源。

〔註33〕方以智：《通雅》卷首二，〈雜學考究類略〉，上海古籍出版社，1988 年，頁37。
〔註34〕方以智：《物理小識・自序》，萬有文庫本，頁1。
〔註35〕方孔炤：《周易時論合編・圖象幾表》卷八，〈極數概〉序言。
〔註36〕馬其昶：《桐城耆舊傳》卷六，〈方密之先生傳〉。

關於方以智與佛教的因緣，另外值得一提的是他的自號——浮山愚者。浮山（今屬安徽省樅陽縣），又名浮渡山，爲佛教勝地。北宋慶曆六年（1046），法遠禪師住持浮山，爲浮山華嚴寺開山祖師，浮山從此聲名遠播。明萬曆年間，吳應賓漫遊浮山，見遠公道場荒廢多年，即起興復之志。吳應賓募資重修華嚴古刹，並疏請朝廷賜《藏》，「慈聖太后遣中官頒《大藏》，賜紫袈裟、繡幡，金輝錦爛，華嚴之規模一盛，而浮山之名騰海內矣」〔註37〕。方以智十六歲時曾從華嚴寺主持清隱法師遊浮山〔註38〕，當時佛法盛行的風氣對其早年思想不無影響。

至於方以智與覺浪道盛禪師佛道思想的聯繫，這一點在後文還要詳細論及，此處暫置勿論。而對於道家《莊子》的情有獨鍾，可以說貫穿於方以智的一生〔註39〕。此外，方以智通籍之後所經歷的種種患難，對他後期思想轉向的重大影響，前面已經談及，這也是余颺《〈鼎薪〉敘言》所謂「天下鍛鍊厚矣，而愚者受之」的具體內容，不再贅述。

總之，淵源於家學、師承上多位親師的大力薰陶，再加上一生患難相成，方以智的思想因而顯現出多元調和的色彩。其理論構成，大體說來，可以歸納爲以下四者：

（一）理學。方以智的理學思想，主要來自於家學的傳承。自方學漸確立「性善」、「崇實」與「藏陸於朱」這三項基本主張之後，方氏理學大致不出此範圍。

（二）易學。易學是方以智思想的核心，也是方氏四世相傳的家學。方氏易學始以義理爲主，至方孔炤因受王宣與黃道周的影響，兼取義理與象數，而尤以象數爲主，這一風格爲方以智所繼承並發揚光大。

（三）物理之學。方以智的物理之學至少有三個學術淵源：一是方氏家學本有重視物理考究的傳統，二是受到王宣所著《物理所》的直

〔註37〕吳道新：《重修〈浮山志〉緣起》，《浮山志》（黃山書社，2007年），頁1。按：吳道新，字湯日，明萬曆舉人，係方以智堂舅父。

〔註38〕參見任道斌：《方以智年譜》，頁37。

〔註39〕方以智在《象環寤記》中曾憶其外祖吳應賓對己之言曰：「汝卅時，汝祖督汝小學，汝曰：『曠達行吾曲謹。』吾呼汝彌陀，汝曰：『逍遙是吾樂國。』全以《莊子》爲護身符。」方以智的逍遙曠達之性，實與莊子相契合。此外，他晚年所著之《藥地炮莊》更可見其對《莊子》別有會心。

接影響，三是對當時西方傳教士所傳入的自然科學知識的吸收。

（四）釋道之學。方以智的佛學思想主要源自吳應賓，道家思想則以《莊子》爲主。

總而言之，理學、易學、物理、釋道這四個理論成分共同構成了方以智龐雜的學術體系。在不同的時期，他的學術興趣各有側重。如對於物理考究的興趣主要在中年以前，至其晚年，方以智則力圖以象數易學爲根基，全均東西，通貫心物，建構一個總持三教，烹炮古今的集大成思想體系。

三、思想分期

《易·繫辭上》有所謂「著之德圓而神，卦之德方以知」之說〔註 40〕，韓康伯注曰：「圓者運而不窮，方者止而有分。言著以圓象神，卦以方象知也。唯變所適，無數不周，故曰圓。卦列爻分，各有其體，故曰方也。」「圓而神」和「方以知」本義是指著和卦的不同性質，圓神，謂變化無方；方知，謂事有定理；圓者動而方者靜。有意味的是，這兩個詞語恰可用來表徵方以智前後期學術思想的不同特色。

以出家爲標誌，方以智的思想大致可分爲前後兩期。出家之前，博學多聞，考據精覈，窮理極物，《通雅》、《物理小識》是此一階段的代表作；出家之後，吞吐百家，融會三教，玄思幽邈，《東西均》、《易餘》、《藥地炮莊》是此一階段的代表作。前期的思想特色可以「方以知」來概括，後期的思想特色則可以「圓而神」來形容。「方以知」是知性的特色，它是確定的、清晰的、實證的，西方科學即屬此類。近代以來，方以智的《通雅》、《物理小識》之所以受到重視，就是因爲其中具備了中國傳統學術所少有的實證主義色彩。「圓而神」是智慧的特性，「陰陽不測之謂神」，東方智慧重視「圓融」的觀念，它是靈動的，活潑的，內斂的，甚至有些神秘色彩。方以智的晚年著作因其難以捉摸而少人問津，然而這種「圓而神」的智慧正是其獨特價值之所在，值得我們深入探究。

儘管我們可以用「方以知」和「圓而神」來分別概括方以智思想前後期的不同特色，但必須指出，這兩個方面在他那裏實際上是統一的，用他自己

〔註40〕方以智的名字即出於此，《物理小識·總論》方中通按語曰：「先曾祖廷尉野同公命老父之名曰：『著，圓而神；卦，方以知。藏密同患，變易不易。』」

的話說，可以稱之爲「方圓同時」、「寂歷同時」。如果以其「質測」與「通幾」的區分而論，方以智前期主要致力於「質測」之學，後期主要致力於「通幾」之學。但在他看來，「質測即藏通幾」，而「通幾」又可以「護質測之窮」〔註41〕，二者是二而一的關係。

以上將方以智的思想大致分爲前後兩期，只是就其學術思想發展的基本路向而言，不免過於簡略。若就其學術思想的具體形態來看，則至少可以劃分爲少年時期的經史鑽研、青年時期的物理考究與中年以後會通三教的哲學心志等三個階段〔註42〕。本文的研究重點在第三階段，也就是方以智出家之後的三教會通思想。而追溯這一思想形成的起點，則首先要把目光投向「方以智最早完整地論述其哲學思想的主要著作」〔註43〕——《東西均》。

〔註41〕「質測即藏通幾」見於《物理小識·自序》，「以通幾護質測之窮」見於《青原愚者智禪師語錄》卷三〈示侍子中履〉。

〔註42〕方以智在《易餘·三子記》中曾自述：「角 ^卯 鼓篋，即好曠覽而湛思之。長博學治文辭，已好考究，已好物理，已乃讀《易》。」其學術興趣一生數變，三階段之說亦是概而言之，比如方以智早年對文章詞賦之學的究心，因與其思想發展關係不大，故未包括在內。

〔註43〕冒懷辛：《方以智全書·前言》，頁27。

第二章 《東西均》：三教會通的方法模式

　　《東西均》是方以智出家初期的著作，根據《東西均記》「歲陽玄默，執除支連，嗚嗚子識，五老峰顛」〔註1〕的記載，可以確定此書大致成於順治九年（1652）前後。是年方以智自梧州雲蓋寺返鄉北歸，途經廬山，在此駐留數月，故有「五老峰顛」之語。在經歷生死、出處、忠孝等人生抉擇的重大考驗之後，就如同「懸崖重甦」一般〔註2〕，方以智豁然參透「貴得其神，勿泥其迹」的精神眞諦，並爲自己找到了一條出入無礙的人生進路。他在《東西均‧神迹》中不禁發出這樣的慨歎：「今而後，儒之、釋之、老之，皆不任受也，皆不閡受也。」在他看來，三教門戶雖異，但精神相通，不必拘泥門庭之迹，貴在體悟三教之神。因此，今後若有人呼我爲儒、爲釋、爲老，皆不接受，皆不拒受。此語不可等閒視之，實可看作方以智悟道之後的心靈自白。陽明當日被貶貴州龍場，在艱難困苦的環境中，日夜默坐，動心忍性，才有爲後人所稱道的「龍場悟道」。方以智的遭際亦可作如是觀，在經歷百死千難、刀兵禍患的鉗錘之後，這種思想上的徹悟與圓融才有可能出現。因此，我們可以把《東西均》看成是方以智在「跳北跰南，數履磑磑之刃」後的悟道之作。

　　關於《東西均》一書的主旨思想，在書名上就有所體現。方以智在《東

〔註1〕 方以智：《東西均‧東西均記》，龐樸：《東西均注釋》，中華書局，2001 年，頁 24。以下所引《東西均》原文，皆據此本，不再一一說明。

〔註2〕 《東西均‧盡心》：「上者解悟，其次證悟；不能，必大困而後徹。不至縣崖，又安有重甦之事哉？」所謂「懸崖重甦」，應該暗含著方以智自己的人生感悟。

西均開章》中說：「代而錯者，莫均於東西赤白二丸。……東起而西收，東生而西殺。東西之分，相合而交至；東西一氣，尾銜而無首。」此處「東西」是借相反的方位指代日月（陽陰）的交輪代錯。他在《象環寤記》中又說：「老氏之道，無首迷之；佛之道，震、艮、蒙、困迷之，要以一太極圓相迷之矣，吾故呼爲『東西』。佛生西，孔生東，老生東而遊西，而三姓爲一人。」這裏的「東西」是作爲三教的代稱。可見，「東西」至少包涵兩層意思：一是泛指一切對立統一的現象，二是隱喻東土的儒學與西傳的佛學。「均」的本義是指製作陶器所用的旋轉的陶鈞，也指調節樂器的器具均鍾木，「均固合形、聲兩端之物也」，引申爲旋轉、和合之義。因此，書名「東西均」本身即具有全均兩端而通貫三教的意思。可以說，《東西均》是方以智三教會通思想的哲學綱領。他的三教會通的思想體系雖然要到《藥地炮莊》完成之後才算比較完備，但若就其內在理路的發展來看，其基本主張在《東西均》一書中已大致建立。

本章不是對《東西均》思想的全面探討，而是著重抓住幾個核心範疇來展現方以智融貫三教的方法模式。「公因反因」說是《東西均》思想的靈魂，「公因」和「反因」本是方氏易學特有的思想術語，這一說法在方孔炤的《周易時論》中已有明確的表達，方以智對它作了更爲全面深入的闡發。圓∴（音伊）原本是佛教的一個文字符號，方以智把它與象數學的「河洛中五」說聯繫在一起，並以之作爲公因反因說的表法，隨泯統、交輪幾等範疇都可以統合在其中。《東西均》的落腳點在其「全均」思想，以全容偏，以神化迹，最終的理論目標是建立一個融貫三教的「集大成」思想體系。

一、公因反因說

方中通曾追述方以智畢生的爲學大要曰：「固有性命之學，有象數之學，有考究之學，有經濟之學，有三才物理之學，有五行醫卜之學，有聲音之學，有六書之學；老父窮盡一切，而一徵之於河、洛，破千年之天荒，傳三聖之心法，準不亂而享神無方，必有事而歸行無事。」〔註3〕這裏指出，方以智龐雜的思想體系有一個基本的出發點，即河洛象數之學；而所謂「破千年之天荒」，指的正是作爲方氏易學核心理論的「公因反因」說。

〔註3〕方中通：《陪詩》卷四，〈惶恐集・哀述〉序，轉引自余英時：《方以智晚節考》附錄，頁264。

　　什麼是「公因反因」？方中通曾說：「公因，一也；反因，二也。此方氏之易學，真破天荒，一切皆然。」〔註4〕方以智明白指出：

　　　　夫為物不二、至誠無息者，公因也；宇宙、上下、動靜、內外、晝
　　　　夜、生死、頓漸、有無，凡兩端無不代明錯行，相反而相因者也。
〔註5〕

所謂「公因」，指作為宇宙萬物最高根源的至理，方以智以《中庸》用來描述天道的「為物不二」、「至誠無息」形容之；所謂「反因」，則指天地間一切相互對立又相互依存的現象，如宇宙、上下、動靜、內外等等，方以智以《中庸》用來描述聖德的「日月之代明」、「四時之錯行」形容之〔註6〕。我們通常把「公因反因」說作為方以智的核心思想，但作為方氏易學的一對重要範疇，它是方孔炤在《周易時論》中首先提出來的。因此，我們首先要考察一下在方氏易學的集大成之作——《周易時論合編》中〔註7〕，「公因反因」是怎樣提出來的？它的具體涵義是什麼？方以智又對它作了怎樣的詮釋與發揮？在此基礎上，再來分析「公因反因」說對於方以智三教會通的方法論意義。

（一）「公因反因」的提出

　　方以智在《藥地炮莊・齊物論》卷終記曰：「老父在鹿湖環中堂十年，《周易時論》凡三成矣。甲午之冬，寄示竹關，窮子展而讀之，公因反因，真發千古所未發。」甲午為順治十一年（1654），方孔炤《周易時論》第三次修訂完成，並將全稿寄付時在南京閉關的方以智。次年，孔炤即世，以智破關奔喪，廬墓三年，此間遵遺命進行《時論》的整理修訂，編成《周易時論合編》

〔註4〕方以智：《物理小識》卷五，「何往非藥」條方中通按語，臺北：臺灣商務印書館，1978年，頁108。

〔註5〕笑峰大然等編：《青原志略》卷三，〈仁樹樓別錄〉，江西人民出版社，1998年，頁83。

〔註6〕藏一（左銳）曰：「環中堂公因反因，誠破天荒、應午會矣。願請從《中庸》指之，以引諸士信證。可乎？敢問如何是公因？」老人（方以智）曰：「不二無息。」問：「如何是反因？」曰：「代明錯行。」（《青原志略》卷十三，〈公因反因話〉）按「環中堂」為方孔炤隱居的處所，這裏借指方孔炤。

〔註7〕《周易時論合編》包括〈圖象幾表〉八卷，〈上下經、繫辭、說卦、序卦、雜卦〉十五卷，為方孔炤、方以智父子合著，中德、中通、中履亦曾參與編撰，因此，該書實可看作方氏自方學漸以下五代易學的集大成之作。本文所引原文據北京大學圖書館藏清順治十七年（1660）刻本，已收入《續修四庫全書》經部第15冊。

〔註8〕。這裏必須指出，《周易時論合編》的最終完成雖在《東西均》之後，但其開始撰寫的時間甚早，方以智在崇禎末年即已參與《時論》的編撰，對其父的「公因反因」說爛熟於心，因而在《東西均》等著作中時有徵引，不能誤認爲「公因反因」是方以智在《東西均》中率先提出的。

方孔炤在解釋《繫辭下》第八章「《易》之爲書也不可遠」一節時說：「象山句句翻之，舉反因耳；新建謂是良知，指公因也。」（《時論合編》卷十二，頁六）這是以「反因」和「公因」概括陸象山與王陽明心學的特點。所謂「句句翻之」，似指象山往往提出相反的意見，如朱陸之辨之類，故稱之爲「反因」。良知貫穿於陽明的全部學說，故稱之爲「公因」。這是一種比喻的說法，並不能揭示「公因反因」的眞正內涵。從易學的視角來看，反因說是方氏通過對《序卦》和《雜卦》的解釋而提出的。

在解釋《序卦》的編排體例時，方孔炤引蘇軾《東坡易傳》曰：「《雜卦》皆相反，《序卦》皆相因。」（《時論合編》卷十四，頁三）「反因」即是相反與相因的合稱。對於《周易》六十四卦的編排次序，《序卦》主要是從前後相承的關係來分析的。如「需者，飲食之道也。飲食必有訟，故受之以訟。訟必有眾起，故受之以師。師者，眾也。眾必有所比，故受之以比」，這是說需卦是講飲食之道的，飲食之需必然會引起爭訟，所以需卦之後是訟卦；爭訟又會牽涉到眾人，所以訟卦之後是師卦，師就是眾的意思；物以類聚，人以群分，眾人自有親比，所以師卦之後是比卦。其他各卦依此類推。《序卦》是從相因的方面來說明各卦的順序。《雜卦》則不然，所謂「乾剛坤柔，比樂師憂；臨觀之義，或與或求」，乾與坤、比與師、臨與觀，卦皆反對；剛柔、憂樂、與求，義亦反對，此即「相反」。《序卦》主相因，《雜卦》主相反，這是一般通行的看法〔註9〕，方氏易學對此別有折衷論說。

對於《雜卦》的編排體例，方孔炤吸收了王宣《孔易衍》的觀點，其錄盧舟子曰：「文王合義易爲貞悔，既序之矣。尼父重爲孔易，號曰《雜卦》，

〔註8〕《時論》的撰寫始於崇禎三年（1630），至順治十七年（1660）刊行，前後歷經三十年。有關《時論》的寫作整理過程，可參見彭迎喜：《方以智與〈周易時論合編〉考》，中山大學出版社，2007年。

〔註9〕實際上《序卦》亦取相反義，如「泰者，通也；物不可以終通，故受之以否」，否泰即相反。蔡清《易經蒙引》曰：「序卦之義，有相反者，有相因者。相反者，極而變者也。相因者，其未至於極者也。亦老變而少不變之義也，總不出此二例。」其說較精。

豈得已哉！始乾終訟者，體對待也。知大過終夬者，用流行也。合之則始乾終夬，而以訟大過爲轉關。」（《時論合編》卷十五，頁十一）王宣認爲，《序卦》是文王合伏羲八卦爲六十四卦而次序之，《雜卦》則是孔子重新排列的次序，其基本結構是，從乾到訟，共五十六卦，講對待之體；從大過到夬，共八卦，講流行之用。此六十四卦以訟和大過爲轉折點。所謂對待，如「乾剛坤柔，比樂師憂」之類，其卦義皆相反；所謂流行，是指對立面的相互轉化，王宣進一步解釋說：「蓋日人具乾體，本來無過，而乾體晦蝕，乃有大過；有大過以復於無過，則訟實開之，而夬實竟之。故提大過以承訟，而留夬以結乾，益昭然矣。」由大過到夬，是一個陽決陰而向乾體復歸的過程，這就是流行。流行就包涵有「相因」的意思，即對立面的相互依存和相互轉化。這樣看來，《雜卦》不僅講相反，而且講相因，二者構成一個統一體。

如前所引，以相反和相因來解釋《周易》卦序排列的秩序，並非始於方氏。方氏易學的創新之處在於他們將相反和相因聯結爲一條原則，並在此基礎上提出了「公因」說。《時論合編》引方學漸語曰：「蔡介夫謂《序》爲流行之易，《雜》爲對待之易。吾謂有雜而不雜者存，一貫以決，決於君子之道而已。」（《時論合編》卷十五，頁一）蔡介夫即蔡清（1453～1508），明代著名易學家。他所說的「流行」與「對待」，大致相當於上面所說的「相因」與「相反」。方學漸認爲雜中有不雜者存焉，《雜卦》末句謂「夬，決也，剛決柔也；君子道長，小人道憂也」，這裏的君子之道就是不雜的一貫者，或者說君子之道貫穿於《雜卦》始終。方學漸雖然還沒有明確提出「公因」的概念，但此處「一貫以決」的「君子之道」就相當於貫反因的「公因」。

實際上，從《周易時論合編》的引述來看，方孔炤雖然提出了「公因」和「反因」的概念，但他直接運用這兩個思想術語的情況並不多見。正如方中通所言，在方氏易學中，「公因」和「反因」大多數時候都是以象數名詞「一」和「二」來指代。

（二）「公因反因」的涵義

在象數易學中，往往是以「一言體，兩言用」〔註 10〕，這裏的「一」和「二」（兩）並非簡單的數字符號，而是用以表徵「公因」本體的絕對不二與

〔註10〕《周易時論合編·圖象幾表》卷五，〈邵約〉注語，頁十九。

「反因」現象的相對爲用，是故「一」乃稱之爲「大一」，「二」則稱之爲「大二」。我們可以從「一在二中」的本體論與「因二貞一」的認識論兩個方面來把握「公因反因」的具體涵義。需要說明的是，使用本體論和認識論這樣的現代術語來界定方以智的思想，並不是一種理想的分析模式。在方以智那裏，自然沒有這麼明確的區分，他反對非此即彼的二元論，而堅持一種既 A 又 B、不落 AB 的圓融觀。因此，在他看來，「一在二中」與「因二貞一」是一體兩面，不能分開。但爲了便於我們理解，適當的區分也是有必要的。

1、一在二中

在世界各個文化傳統中，一些數字被賦予某種特殊意義，這種情況並不罕見。比如古希臘的畢達哥拉斯學派，就認爲數是萬物的本原，而智慧（Sophia）則是對數的本性的把握。在中國，利用數來表達思想的歷史更是源遠流長，如《老子》就有「道生一，一生二，二生三，三生萬物」的說法。而在中國古代，對數最爲重視、講得最爲系統的，大概要數易學中的象數之學。《易傳》中提出了「大衍之數」、「天地之數」、「萬物之數」等等，《繫辭上》所謂「易有太極，是生兩儀，兩儀生四象，四象生八卦，八卦定吉凶，吉凶生大業」的說法，更是以象數形式表達的易學綱領，成爲後代學者反覆詮釋的對象。在方氏易學中，「大一」和「大二」（或大兩）首先就是對太極和兩儀的指稱。

方以智在《周易時論合編・圖象幾表》卷一〈諸家冒示〉中說：

> 《禮運》曰：「禮本於大一，分爲天地。」即太極、兩儀也。自此兩儀爲太極，而四象爲兩儀；四象爲太極，而八卦爲兩儀；雖至四千九十六，亦兩儀也。故自一至萬謂之大兩；而太極者，大一也。大兩即大一，而不妨分之以爲用。

「大一」的說法出自《禮記・禮運》，方以智用它來表示宇宙萬物的最高本原「太極」。方氏認爲，從太極、兩儀、四象、八卦直到六十四卦，乃至四千九十六卦（六十四卦每一卦皆變爲六十四卦，共四千九十六卦），每一層次皆爲太極和兩儀的關係。此說本於《易學啓蒙》，朱熹解釋「易有太極」章曰：「自太極而分兩儀，則太極固太極也，兩儀固兩儀也；自兩儀而分四象，則兩儀又爲太極，而四象又爲兩儀矣；自是而推之，由四而八，由八而十六，由十六而三十二，由三十二而六十四，以至於百千萬億之無窮。」在太極與儀象的關係上，方氏繼承了朱子的觀點，方孔炤說：「自太極而兩儀，儀爲極，則四象爲儀；四象爲極，則八卦爲儀；……一陰一陽之謂道，皆儀即皆極也。」

（《圖象幾表》卷二，〈八卦橫圖〉，頁二）認爲自太極到六十四卦，經過六層，每一層次都是極與儀的關係，也就是體與用的關係。如以兩儀爲體，四象則爲用；四象爲體，八卦則爲用。但是，在體用關係上，方氏更加強調體在用中，如方大鎭《易意》說：「太極既生儀象，則止有儀象，即太極矣。」（《時論合編》卷十四，〈序卦傳〉，頁一）這是說，太極生出兩儀，太極即在兩儀中，捨儀象別無太極；儀象即太極，也就是「大兩即大一」。

方以智又說：「十六卦互相攝入，萬理具備，謂之大二；其彌之者謂之大一。然捨大二豈有大一哉？」（《時論合編》卷十三，〈說卦傳〉，頁十七）意謂先後天八卦之卦象互相包涵，皆出於陰陽交錯，此即大二；而太極之一，即彌滿於大二之中。「大兩即大一」或「捨大二豈有大一」的說法，其實正是「一在二中」的命題。如果使用「公因反因」的術語，則可稱之爲「公因貫反因」、「公因藏反因」或「公因即在反因中」〔註11〕。此「一在二中」的觀點，實可視爲「公因反因」說的理論總綱。刊刻《周易時論合編》一書的白華堂書坊在其板識題記上開首即明言道：「桐山方氏，四世精《易》。潛夫先生研極數十年，明此一在二中、寂歷同時之旨。」「寂」指無形象、無聲臭的隱微本體，「歷」指歷歷分明、清楚可見的顯著現象。所謂「一在二中、寂歷同時」，從哲學本體論上說，亦即本體在現象中，本體與現象同時存在。

依據「一在二中、寂歷同時」的理論，方氏提出了「有極」、「無極」和「太極」的三極說，並在吸取周敦頤、邵雍、程朱太極學說的基礎上，論證了「太極即在無極有極中」的本體論命題。方孔炤在《圖象幾表》卷一〈太極圖說〉中，以一「○」圖，表示太極之象，並解說道：

> 不得不形之卦畫，號曰有極。而推其未始有形，號曰無極。因貫一不落有無者，號曰太極。易教潔靜精微，使人深窮反本，逆溯而順理之。不至此，豈信所以然之大無外，細無間乎！

這裏對「三極」的表述並不十分明朗，方以智進一步闡發說：「太極者，先天地萬物，後天地萬物，終之始之，而實泯天地萬物，不分先後終始者也。……太極者，猶言太無也。太無者，言不落有無也。後天卦爻已布，是曰有極；

〔註11〕左銳〈中五說〉：「環中堂（方潛夫中丞公）表公因貫反因，而至誠無息於代錯矣。」見《青原志略》卷五。方孔炤〈寄懷笑峰大師西江〉一詩中有句云：「晚徑披《易》圖，破鏡可以鑄；公因藏反因，引觸知其故。」見《青原志略》卷十。方以智《東西均‧所以》：「學者能知天地間相反者相因、而公因即在反因中者，幾人哉！」。

先天卦爻未闢，是曰無極。二極相待，而絕待之太極，是曰中天。中天即在先後天中，而先天即在後天中，則三而一矣。」（《東西均·三徵》）方氏易學中的先後天雖然主要源自邵雍的伏羲先天圖式與文王後天圖式之說，但他們對先後天的理解並不完全相同，方氏賦予先後天很多新的涵義〔註12〕。就上面的引述而言，「先天」是指天地萬物產生以前的宇宙，此時未始有形，卦爻未闢，謂之「無極」；「後天」是指天地萬物產生以後，一切不得不形之於卦畫，卦爻已布，謂之「有極」。這裏顯然是從形而上學的角度立論，嚴格說來，不存在天地萬物產生以前的宇宙，「先天」是由「後天」向上推論的結果。與先後天相對，還有一個「中天」。干寶注《周禮》「太卜掌三易之法」句曰：「伏羲之易小成，爲先天；神農之易中成，爲中天；黃帝之易大成，爲後天。」方以智並不是在這個意義上使用「中天」，而是表示太極不落有無、貫先後天的一種狀態。「有極與無極相待，輪浸而貫其中者，謂之落有不可也，謂之落無不可也，故號之曰太極。」（《易餘·太極不落有無說》）作爲貫穿於有極與無極之中的本體，太極既非絕對的虛無，也不是具體的實有，所以謂之「不落有無」。

方氏的「三極」說，是對前人太極觀的一種理論總結。方孔炤在《圖象幾表·太極圖說》中引述了周敦頤的「合無極與陰陽而明太極」，邵雍的「合無極與有象而明道極」，程頤的「體用一源，顯微無間」以及朱熹的「太極不雜乎陰陽、不離乎陰陽」等說法，並由此得出自己的結論：

> 自有而推之於無，自無而歸之於有，此不得不然之示也。然必表寂歷同時之故，始免頭上安頭之病；必表即歷是寂之故，始免主僕不分之病。於是決之曰：不落有無之太極，即在無極有極中，而無極即在有極中。

「寂歷同時」前已言及，「寂」指太極之體，「歷」指太極之用。「寂歷同時」，謂體用無時間先後之別，同時具有。「即歷是寂」，謂本體並非獨立的存在，體即在用中。所謂「頭上安頭」，是指過度強調「體」的主宰地位，從而使「體」彷彿成爲一種先於「用」的存在。所謂「主僕不分」，是指混淆太極與無極有極的體用關係。這是說，從有極推出無極，又從無極歸於有極，都是用來揭示太極本體的表法。但不能據此以爲太極先於無極有極而存在，也不能混淆

<hr>

〔註12〕方氏對先後天的理解，可參見朱伯崑：《易學哲學史》第三卷，北京：崑崙出版社，2005年，頁416～417。

太極與無極有極的體用關係。總之，太極作為有無之統一體，即存在於無極和有極中，而無極即寓於有極之中。歸根到底，也就是說，太極即在有極中，太極本體不能脫離有形之現象而獨立存在。

方氏的太極觀，雖然吸收了程朱「體用一源，顯微無間」的思想，但其側重點又有所不同。朱子認為，體用雖為一源，但二者卻有精粗先後之別，總是「先體而後用」、「體立而後用行」〔註13〕，強調有體方有用，有太極之理，方有陰陽卦畫，所謂「言其次序，須有這實理，方始有陰陽」、「推其本，則太極生陰陽」〔註14〕，這是一種邏輯在先說。而方氏的太極觀則堅持有極即卦爻象乃太極和無極存在的基地，將「一源」和「無間」理解為體只能存在於用中，微只能寓於顯中，強調捨用無體，用即是體。如方大鎮說：「易貴時用，用即是體，而用時專守一體，坐斷寒岩，有何利乎？」（《時論合編》卷五，〈寒〉，頁七十三）極力反對離用而言體。方以智說：「聖人隨處表法，因形知影，而隱用於費，知體在用中乎！知至體大用在質體質用中乎！」（《圖象幾表・序》按語）即是說，聖人立表法，以費顯隱，正是表明體在用中，而太極之體用即在有形質的體用之中的道理。此種體用觀，將程朱理學的「體立而用行」說，引向了離用而無體說，是對程朱「體用一源」說的一種改造。正是在這一理論思維指導下，方氏得出了「太極即在有極中」的結論，它肯定現象世界是惟一客觀存在的世界，此外並無獨立自存的本體世界。

方氏易學之所以反覆強調「宜民日用，謂之當然，當然即所以然，然不聳之於對待之上，而泯之於對待之中」〔註15〕的「一在二中」之說，其關注焦點原不在本體的詮釋，而是將重心放在如何「前用」上面。方氏重視象數、主張「上達藏於下學」〔註16〕的治學路向，是對明末以來普遍流行於知識界

〔註13〕 朱熹解釋程頤「體用一源，顯微無間」曰：「其曰『體用一源』者，以至微之理言之，則沖漠無朕，而萬象昭然已具也。其曰『顯微無間』者，以至著之象言之，則即事即物，而此理無乎不在也。言理則先體而後用，蓋舉體而用之理已具，是所以為一源也。言事則先顯而後微，蓋即事而理之體可見，是所以為無間也。然則所謂一源者，是豈漫無精粗先後之可言哉？況既曰體立而後用行，則亦不嫌於先有此而後有彼矣。」見《周敦頤集》卷一，〈太極圖說解〉附辯。

〔註14〕 《朱子語類》卷七十五，中華書局，2004 年，頁 1929。

〔註15〕 《時論合編・圖象幾表》卷一，〈太極圖說〉引方大鎮《野同錄》，頁三。

〔註16〕 方大鎮《易意》曰：「《易》以乾剛反覆往來上下於坤之柔中耳，故以上達藏於下學。」見《時論合編》卷三，〈謙〉，頁二。方孔炤曰：「無妄表體，大畜表用，止有下學，即藏上達。」見《時論合編》卷四，〈大畜〉，頁三十四。

的意念內守、直窮本體傾向的一種反動。方以智說：「寂歷同時之體，即在歷然之用中。今欲執寂壞歷，是竊偏權以莽蕩招殃者矣。開眼未全，盲引眾盲，宜其痛也。」（《時論合編》卷一，〈坤〉，頁五十二）。這是有感而發的傷時之論。清人在評述《周易時論合編》時，曾提及此書乃「有所憂患，而發於言，類多證據史事，感慨激烈」〔註17〕，此言大抵不差。方氏論《易》之憂患，實源於對當日士大夫虛談誤國的衰世之懼，而期盼能以「一在二中、寂歷同時」的崇實精神來補救明末以來瀰漫於世局中的逃空掠虛之弊，這是它的時代意義。從理論上看，「一在二中」之說，其實是一種在本體論上避免「頭上安頭」之病，在認識論上反對「掃二見一」之弊的崇實之說。在認識論上，方氏主張由用達體，即費知隱，即器求道，因物明理，如果用象數學的術語，可以稱之為「因二貞一」。

2、因二貞一

「因而貞一」一詞在《周易時論合編》中多次出現，我們先引用幾則材料，再來分析其涵義：

> 全禾全種，而日用灌芸，此因二貞一之二即一也。……執一字名，便疑矛盾，自難信貞一在反對中，有代明錯行之妙。（《時論合編‧凡例》，頁四～五）

> 《易》因吉凶之二，乃貞太極之一。（《時論合編》卷十一，〈繫辭下〉，頁十四）

> 《易》合理、象、數為費隱一貫之書，善全民用，適中於時。神也，準也，變也，度也，皆因二貞一之幾，隨物徵驗者也。（《時論合編》卷十二，〈繫辭下〉，頁二十二，以上皆方孔炤語）

「因二」出自《繫辭下》「因貳以濟民行」，方學漸解釋說：「篆取文茂，故貳即二，以為副貳，亦二意也。」所以，「因貳」即「因二」。《時論》又引夏彝仲曰：「相持相濟，相反相因，妙於執兩，歸於用中。」（《時論合編》卷十一，頁三十二）相持與相濟，相反與相因，皆為「二」；「因二」就是「執其兩端」，就是把握形下事物的反因之用。

「貞一」本於《繫辭下》「天下之動貞夫一者也」，方孔炤解釋說：「神二即以貞一，非執於穆為常不變也。貞觀貞明，以可見藏不見者，常不變也。」

〔註17〕《四庫全書總目提要》卷八，經部易類存目二，〈周易時論合編〉提要。

（《時論合編》卷十一，頁三）貞，正也，常也。「貞一」即常不變之體；「貞一在反對中」，也就是一在二中，體在用中。「貞」也可作動詞用，「貞一」即「正一」，就是通達即用見體的公因至理。「因吉凶之二，乃貞太極之一」，也就是即用見體，從吉凶變化之中貞定不變的太極。方氏認為，不要執著於深遠不可見之天為常不變，天地常示，日月常明，形而上之道即寓於形而下之器中，這才是永恒不變的。「陰陽不測之謂神」，從現象界的千變萬化中認識不變的公理，這就是「神二即以貞一」。事物的變化及其節度，皆是「因二貞一」的端幾和徵象。

　　因此，在變化無常的往來現象中，通過把握其代明錯行的反因之用，「知其所以然之公理，而適用於中節當然之理」〔註18〕，這就是「因二貞一」的認識論。若是用「公因反因」的術語來說，則正是「反因輪起公因」而知「反因即公因」〔註19〕，這也是前引「因二貞一之二即一」的意思。至於「因二貞一」認識論的具體內容，我們可以從「交輪幾」和「隨泯統」兩個方面加以分析。

　　「交輪幾」是方氏易學的重要範疇〔註20〕，方以智在《東西均・三徵》中對其進行了集中的闡發。所謂「三徵」，意即世界本相的三種表徵，或者說是對事物運動變化規律的三個基本認識。方以智曾說：「元會呼吸，律曆聲音，無非一在二中之交輪幾也。」〔註21〕這就是說，現象界的一切，大到天地的成壞，小到聲韻的抑揚，其中莫不存在著「交輪幾」的內在規律。

　　關於「交輪幾」，方以智概括地指出：

　　交以虛實；輪續前後；而通虛實前後者曰貫，貫難狀而言其幾。

　　交也者，合二而一也；輪也者，首尾相銜也。凡有動靜往來，無不交輪，則真常貫合於幾，可徵矣。（《東西均・三徵》）

所謂「交」，是指空間概念上一切虛實反因的合二而一。方以智解釋說：「一不可量，量則言二，曰有曰無，兩端是也。虛實也，動靜也，陰陽也，形氣

〔註18〕《時論合編・圖象幾表》卷一，〈五行尊火為宗說〉方孔炤語，頁四十六。

〔註19〕「反因輪起公因」見《東西均・茲燚黈》，「反因即公因」見《時論合編》卷十四〈序卦傳〉方以智語。

〔註20〕方孔炤於《圖象幾表・序》中說：「題曰幾表，謂費隱交輪之幾，難以指示，不得不於時位旁羅之象數表其端耳。」按此序作於崇禎癸未（1643），可知「交輪幾」之說亦出自方孔炤。

〔註21〕方以智：《通雅》，卷五十，〈切韻聲原・旋韻圖說〉，頁1508。

也，道器也，晝夜也，幽明也，生死也，盡天地古今皆二也。兩間無不交，則無不二而一者，相反相因，因二以濟，而實無二無一也。」(《三徵》)這是說，對於世界的認知，不可以混沌待之，必然加以分別，因而生出種種對立的兩端，如有無、虛實、動靜等等。於是對事物的一切認識，無不呈現出兩端對立的狀態，而天地間的一切對立無不交錯，無不雖相反卻相因，因此又貫而爲一。現象界的一切存在，在空間概念上具有一組全然相反卻又交相爲用的性質，這就是「合二而一」的「交」。

所謂「輪」，是指時間概念上一切前後反因的首尾相銜。方以智解釋說：「推見在之前際，即過去之後際；推見在之後際，即未來之前際；此一天地未生前，即前一天地已死後；此一念未生前，即前一念已死後；今日之子時前，即昨日之亥時後；而天地之大生死，即一日之十二時也。佛闢天荒則創名曰『輪』，邵子闢天荒創元會運世之限，以注成住壞空之輪，豈非振古希有者哉？」(《三徵》)佛教有成住壞空的輪迴說，邵雍有元會運世的歷史觀，都是表示時間前後相續的「輪」。大到宇宙之輪迴，小到一念之起滅，在時間概念上無不形成一種過去、現在、未來的循環不息，這就是「首尾相銜」的「輪」。

在時空統一的宇宙運化過程中，存在一種由虛到實、自前至後的微妙貫通狀態；這種狀態難以描述，方以智用「幾」來表徵。《易‧繫辭下》說：「幾者，動之微，吉之先見者也。」「幾」是指事物變化的端倪和吉凶的預兆。周敦頤說：「動而未形、有無之間者，幾也。」(《通書‧聖第四》)以動靜有無之間釋「幾」，最能反映方以智所說「幾」的涵義。他說：「幾者，微也，危也，權之始也，變之端也。」又說：「凡有動靜往來，無不交輪，則眞常貫合於幾，可徵矣。」以「幾」作爲宇宙本相(眞常)的瞬息體現之處。不僅如此，「幾」還是宇宙萬有動靜往來交輪代錯的主宰和根源。他說：「生死、呼吸、往來、動靜，無不相即，並不相壞，皆貫者主之，此所以代也、錯也；所以代錯者，無息之至一也。」(《三徵》)一切對立相反相因、交輪代錯，皆因有貫者即「幾」主之。「交」是「錯行」，「輪」是「代明」，而「幾」則是代明錯行之理，是「所以代錯者」。「交輪」是時空現象的運化規律，「幾」則是宇宙本體的微妙體現；「交輪」是反因，「幾」則是公因；「交輪」是二，「幾」則是一。

在方氏看來，天地萬物的生化與運行莫不遵循「交輪幾」的內在規律。從這個觀點出發，形上至理爲物不二、生生不息，故稱之爲「公因」；形下事

物無不代錯交輪、相反相成，故稱之為「反因」。藉由「反因」之交輪，進而掌握「公因」之幾微，這就是「反因輪起公因」的思想意旨，也是「因二貞一」認識論的第一層涵義。

對應於「交輪幾」的內在規律，方以智在《東西均‧三徵》中提出了「隨泯統」三因說。它們係依順因應世界的本相而得，故名「三因」〔註22〕，也就是認識世界的三種方法，或者說認識過程的三個階段。方以智說：

> 明天地而立一切法，貴使人隨；暗天地而泯一切法，貴使人深；合明暗之天地而統一切法，貴使人貫。……暗隨明泯，暗偶明奇，究竟統在泯、隨中，泯在隨中。三即一，一即三，非一非三，恒三恒一。

「隨泯統」三因之說來源於佛教天台宗的「三諦」說。「三諦」指真理的三種境界，包括因名設教，權立是非的「俗諦」；洞覺性空，破執世相的「真諦」；以及非有非空，真俗雙超的「中諦」。湛然（711～782，天台宗九祖）《始終心要》曰：「夫三諦者，天然之性德也。中諦者，統一切法；真諦者，泯一切法；俗諦者，立一切法。舉一即三，非前後也；含生本具，非造作得也。」三諦於一心之內同時具有，舉一即三，全三即一，圓融無礙，這就是天台宗的「三諦圓融」說。

方以智的「隨泯統」三因之說即脫胎於此。所謂「隨」就是順應天地萬物的本來面貌，承認一切現象為實存；「泯」就是透過現象看本質，消解萬有的現象性存在；「統」則是把萬有之現象與本質以及一切對立統合或貫穿起來看，從而悟出有通貫於二者的「一」存在。經由這種明、暗、合明暗的過程，才能達到比較完全的認識。「統」雖然是「三因」中認識的最高階段，但並不意味著認識過程的終結。方以智在《時論合編》中說：

> 費天地人而立一切法，所以安之也；隱天地人而泯一切法，所以深之也；合費隱之天地人而統一切法，所以貫之也。非三而三，豈得已哉？一用於二，二必代明錯行，以不息此貞觀貞明之一。故掩立見泯、掩立與泯而見統者，權也；統在泯與立中，而泯在立中者，

〔註22〕　按：佛教有所謂「三因」說，指成佛的三個種因，包含肯定一切因緣分別，助緣成善的「緣因」；泯滅一切因緣分別，了悟真如的「了因」；以及超越一切分別、無分別，法性具足的「正因」。方以智稱「隨泯統」為「三因」亦有取於此。

實也。偏立者拘循，偏泯者頑石，偏統者顢頇。聖人前民，民之視聽即天，故以立寓泯，而即爲善用費隱之統法矣。(《時論合編》卷十三，〈說卦傳〉，頁七)

這裏的「立」，即三因中的「隨」。值得注意的是，方以智在此揭示了「隨泯統」三因說的兩層涵義：從認識論的意義上看，由「隨」經「泯」而漸次提升到「統」的階段，這是認識不斷深化的過程，也即「三因」之「權」的涵義；從存有論的意義上看，「究竟統、泯無逃於隨」(《東西均‧三徵》)，亦即「統在泯與立中，而泯在立中」，換言之，「隨」爲一實，「統」與「泯」爲二虛，二虛在一實中，這就是「三因」之「實」的涵義〔註23〕。從認識意義上看，偏於「三因」的任何一個方面，認識都不完整，都會產生弊病。偏於立法，其病拘循，即停留在表面現象上；偏於泯法，其病頑固不化，即把道變成了僵化的教條；偏於統法，脫離實際，則「統」只是個渾淪和空洞的抽象。聖人立三才之道，是爲了前民之用，民之視聽即天之視聽，所以「以立寓泯」、即費知隱而「統」在其中，即以一「隨」統合三因，三因歸於一實。

由此可見，方以智的「隨泯統」三因說雖脫胎於佛教，但其根本旨趣卻與佛教大相徑庭。天台的「三諦」說以非眞非俗的中諦爲最高境界，其論說是建立在世間萬法皆因緣所生，虛妄不眞的基礎之上的。而方以智的三因說以承認萬有實存的「隨」爲出發點，最終又歸結到「大隨」之中〔註24〕。存有論上的「有」與「無」是二者的根本界限，佛教的諸多理論皆以「緣起性空」的「無」爲其前提，而在方以智那裏，強調實有、突出致用是他一貫的立場。這是儒、釋兩家在存有論立場上的根本區別，不容忽視。

方以智在《東西均‧全偏》中還曾以「隨泯統」三因說來定位儒、釋、道三教，他說：「佛好言統，老好言泯，大成攝泯於隨，貫而統自覆之，何惢惢爲？」佛家好言「統」，偏於向上一路；道家好言「泯」，偏於虛無一邊；唯有儒家上達天理，還諸下學，才是體用兼備、三因通貫的大成之學。這是三因說的實際運用，從中亦可見方氏以儒爲歸的價值取向。

如果以方氏習用的「一」與「二」的概念來表示三因說，那麼「隨」

〔註23〕《易餘‧二虛一實》：「止有一實，餘二非眞。然不立三者，無以明生二貫二之一；不圓三者，無以盡虛實變化之故；不掀三者，無以明直下一際之用。」

〔註24〕《東西均‧三徵》：「由泯知統，乃許大隨。」即主張對事物的認識由「隨」出發，經過「泯」和「統」，最後達到「大隨」。這裏的「大隨」是統合了三因的「隨」，而非最初的「隨」。

就是肯定反因之「二」，「泯」就是體悟公因之「一」，而「統」則是通達「公因貫反因」的「一在二中」〔註25〕。由「隨」經「泯」到「統」的過程就是「因二貞一」而知「一在二中」的認識深化過程。但是，從「隨泯統」說所具有的「權」與「實」兩種涵義來看，在「因二貞一」的認識活動中，「貞一」見體並非認識的最終結果，「因二」致用才是根本的目的。方以智嘗謂「一不住一，故用因二之一，以濟民行」（《東西均·反因》），此種「體必貴用」的徵實精神，正是「因二貞一」的思想準則。由此觀之，從「一在二中」到「因二貞一」，「公因反因」說在本體論和認識論上是前後一貫的。

（三）「公因反因」的表法

　　《易·繫辭上》有所謂「言不盡意」、「聖人立象以盡意」之說，精通象數之學的方以智想到利用一個圖象來涵攝其公因反因說的理論架構，似乎是順理成章的事情。這個圖象就是∴，讀作「伊」。

　　梵文五十字門中有一「伊」字，爲十二母韵之一，字形乃從三點而成，後據此成立一個專門術語「伊字三點」，表達不縱不橫，而有三角之關係者，以喻物之不一不異，或非前非後。據《大般涅槃經》所載，摩醯首羅面上之三目，其狀如伊字三點。同書並以伊字三點譬喻法身、般若、解脫三德。後或於∴象外圍更加圓圈，形如☺，讀爲圓伊，亦稱新伊、眞伊，以喻圓教的圓融相即之理〔註26〕。

　　圖象∴雖然來自佛教，但方以智對它作了新的詮釋。《周易時論合編·圖象幾表》卷一〈諸家冒示〉載有一圖如下：

　　方以智注曰：「古四聲通，一即有依音。西乾帝目，讀之爲依。蓋三因即一之表法也。畾、焱、淼、森、蟲之類，皆以三狀多，可悟三爲約法。」「帝目」即伊帝目，梵語 Itivrttaka 之略音，本指佛教十二部經分類中的一種，意

〔註25〕　《東西均·全偏》：「俗諦立一切法之二，即眞諦泯一切法之一，即中諦統一切法之一即二、二即一也。」

〔註26〕　「伊」字解釋參見丁福保：《佛學大辭典》，上海書店，1991年。

為「本事」。《東西均・所以》篇有「合頂、背、面三目以為伊帝目」句，方以智似以「伊帝目」為摩醯首羅之三目〔註27〕，故謂「讀之為依」。∴字有三點，又讀作「依」，聲通「一」，故而可以作為「三因即一之表法」。所謂「表法」，如乾為天、坤為地之類，即形象的表示方法。方以智曾說：「天地為混沌之表法，卦爻為太極之表法，人物為圖書之表法，日夜為先後天之表法，言語為千聖之表法。」（《易餘・必餘》）據此，我們也可以說，圓∴為公因反因之表法。

方以智曾寫過一篇《∴說》〔註28〕，今已佚。我們從《東西均》、《易餘》等著作的相關引述中，可以瞭解∴說的大致內容。《東西均開章》即說：「貫、泯、隨之徵乎交、輪、幾也，所以反覆圓∴圖書也，是全均所露泄之本。」認為貫、泯、隨三因和交、輪、幾三徵都可以用∴表示，並說「大尊囑此以作均徵而救眾均」，即以∴作為「全均」的表徵，並以此救「眾均」之偏弊。可以說，這樣一種「反覆圓∴」的象數圖式，是方以智整個思想體系的理論模型，也是他的三教會通論在方法學上的設計。

我們先來看方以智對「圓∴」所作的理論說明：

> 大一分為天地，奇生偶而兩中參，蓋一不住一而二即一者也。圓∴
> 之上統左右而交輪之，旋四無四，中五無五矣。（《東西均・三徵》）

「大一」即太極，「大一分為天地」即太極生兩儀，一奇生二偶，大一分為大二。從圓∴來看，上一點代表公因大一，左右兩點代表相反相因的大二。大一不能懸絕於大二之外而必然寓於大二之中，這就是「一在二中」的「參兩」；「兩中參」即「二生三」。於是，自然形成了「一與二為三，此教父也」的圓∴圖式。由於大二無不交輪代錯，而此交輪運動實由大一之幾主宰之，表現在∴圖中，即由上一點統率下二點，並推動下二點相交而輪轉，是故若以∴圖的上一點為中心，將下二點輪轉到上方，則會得到∷的圖象。在這個圖象中，上兩點與下兩點共同組成四點，但它們實際上是由旋轉而來，因此叫「旋四無四」；∷就是河圖洛書的「中五」之象，而這個圖象又是通過翻轉∴而成，所以說「中五無五」。方以智又說：「中五即大一也。一也，五止有四，四止

〔註27〕 按：《續傳燈錄・浮山法遠圓鑒禪師》載：「摩醯首羅天有三眼，其中一眼豎生額頭，稱頂門眼。高低一顧，萬類齊瞻，徹底明瞭，最超常眼。」摩醯首羅，意譯大自在，天神名，有三目、八臂，統攝大千世界。

〔註28〕 《東西均・三徵》篇末云：「別詳《∴說》。」現存的方以智資料中已不見此文。

有三，三止有二，二止有一，此琉璃圖書也。」〔註 29〕在方氏易學中，河洛「中五」代表太極本體，是爲「大一」。「中五」居於圖書的中央，統率四方之數，又不離四方之數。在∴圖五點中，中心一點即代表大一，一切法中都有這個虛的大一，所以五、四、三、二中只剩四、三、二、一之實。

在《東西均・三徵》的結尾，方以智進一步解釋說：

> 圓∴三點，舉一明三，即是兩端用中，一以貫之。蓋千萬不出於奇偶之二者，而奇一偶二即參兩之原也。上一點爲無對待、不落四句之太極，下二點爲相對待、交輪太極之兩儀。三身、三智、三諦、三句，皆不外此。總來中統內外、平統高卑、不息統艮震、無著統理事，即真天統天地、真陽統陰陽、太無統有無、至善統善惡之故。無對待在對待中。設象如此，而上一點實貫二者而如環，非縱非橫而可縱可橫。

這段話既是對全文的總結，也是對《東西均》全書哲學思想的高度概括。其要點如下：

第一，「千萬不出於奇偶之二者，而奇一偶二即參兩之原」，這是易學中數的觀念，也是「公因反因」說的理論出發點。所謂「千萬不出於奇偶」，即根據《易傳》「太極生兩儀」之說，將太極的存在地位或意義以「一」概括之，將兩儀的存在及其所象徵的意義以「二」或「兩」概括之；如同太極陰陽爲世間萬象之原，奇一偶二亦爲千萬數字之原。奇一偶二以及由此形成的三，便成爲整個世界的數字圖式。這是方以智從易學中數的觀念出發而形成的一個基本思考模式。

第二，「上一點爲無對待、不落四句之太極，下兩點爲相對待、交輪太極之兩儀」，說明∴圖中每一點所代表的象徵意義。我們可以從兩個層面來加以分析。首先，從∴的下兩點看，左右對峙，它代表陰陽的相對反因；從∴的上一點看，獨一無二，它代表太極不落有、不落無、不落亦有亦無、不落非有非無（不落四句）的絕對超然。這是分言之。其次，從∴的整體來看，陰陽交輪代錯，而太極實貫其中，此即「上一點實貫二者而如環，非縱非橫而可縱可橫」。這是合言之。前者是靜態的看，後者是動態的看。

〔註29〕 按：琉璃晶瑩剔透，可現五色，故可喻中五，可喻大一。方以智說：「未有天地，先有琉璃；人，一琉璃也；物物，一琉璃也。」即以太極爲萬物本原而又在萬物之中之意。

此外，∴圖中存在兩種對待關係，即左右兩點的對待和上下兩層的對待。這是需要加以區分的。方以智說：

> 因對待謂之反因，無對待謂之大因。然今所謂無對待之法，與所謂一切對待之法，亦相對反因者也，但進一層耳——實以統並，便爲進也。有天地對待之天，有不可對待之天；有陰陽對待之陽，有不落陰陽之陽；有善惡對待之善，有不落善惡之善。故曰：眞天統天地，眞陽統陰陽，眞一統萬一，太無統有無，至善統善惡。（《東西均·反因》）

結合∴圖來看，左右兩點處於同一層次，它們相反相因，地位平等，這種對待可稱之爲「平待」；若從上一點與下兩點的關係來看，上一點爲無對待之「大因」（公因），下兩點爲相對待之反因，它們之間亦形成一種對待，只不過這種對待更進了一層，可稱之爲「統待」，即它們不是平等關係，而是有統屬和主次之分〔註30〕。接下來，方氏舉例說明，天地的對待是「平待」，而「眞天」與天地的對待則是「統待」；善惡的對待是「平待」，而「至善」與善惡的對待則是「統待」。其他依此類推，故有「眞天統天地、眞陽統陰陽、太無統有無、至善統善惡」之說。

這種「統待」關係實際上揭示了對待雙方存在主次之分，如陰陽兩端以陽爲尊，善惡兩端以善爲重。在《東西均》中，方以智認爲尊陽重善是上天明白示人的「公符」。他說：「凡天地間皆兩端，而聖人合爲一端。蓋兩端而知無先後之先以統後也，扶陽抑陰以尊天也。……陽統陰，猶天統地、夫統妻、君統臣也。」（《東西均·公符》）又說：「聖人尊陽尊善，故一以陽爲主。……陰者，陽之臣、陽之餘、陽之用也；惡者，善之臣、善之餘、善之用也。」（《東西均·顚倒》）抛開其中的倫理色彩不論，從哲學上看，這種以陽統陰、善統惡的說法，表明對立的兩端在地位上並不平等，而是有主次尊卑之別（類似於矛盾的主要方面和次要方面）。這是一個非常重要的觀念，結合三教會通的論題，它提示我們在三教之中也存在以何者爲主的問題，這一點在後文還要詳細論及。

第三，對於可以用圓∴表示的實例，方以智列舉了佛教的三身（法身、

〔註30〕 參見《易餘·絕待並待貫待》：「有化待，有平待，有統待。何謂化待？顯密、有無之相汁液是也。何謂平待？左右、往來是也。何謂統待？君民、貞邪是也；統之屬下爲所統矣，雖對而不可謂之對也。」

報身、化身）、三智（眞智、內智、外智）、三諦（中諦、眞諦、世諦）、三句（函蓋乾坤，截斷眾流，隨波逐浪）之說。除此之外，他在《一貫問答》中還說：「《論語》終以知命、知禮、知言，此尼山∴字也。始於志、立，終於順、從，乃所以爲知命，此是三一一三弄丸一際。孟子之知天、踐形、知言，亦此三昧；荀子之雲、蠶、針，亦此三昧也。」由此可見，儒釋兩家的很多思想都符合圓∴兩端用中、一以貫之、舉一明三的關係，因此，以之作爲範圍三教的通符是具有合理性的。

總而言之，作爲公因反因說的表法，∴圖可以形象地說明「公因在反因中」（一在二中）的本體論和「反因輪起公因」（因二貞一）的認識論，它是方以智眼中的世界圖景。不僅交、輪、幾和隨、泯、統可以通過∴圖表示，東、西、均同樣如此，東方的儒學（包括道家）與西來的佛學融合，形成一種「全均」的集大成之學，這是「東西均」要表達的意旨，也是「公因反因」說的落腳點。

二、全均與集大成

在《東西均開章》，方以智表達了「劈眾均以爲薪，以毋自欺爲空中之火，逢場烹飪，煮材適用，應供而化出，東西互濟，反因對治，而坐收無爲之治」的學術宏願，並以「全均」作爲他折衷千古之智的最高理想。「全均」之對象即「眾均」，何謂「眾均」？方以智說：

> 開闢七萬七千年而有達巷之大成均，同時有混成均。後有鄒均尊大成；蒙均尊混成，而實以尊大成爲天宗也。其退虛而乘物，託不得已以養中者，東收之；堅忍而外之者，西專之；長生者，黃冠私祖之矣。千年而有乾毒之空均來，又千年而有壁雪之別均來。至宋而有濂、洛、關、閩之獨均。獨均與別均，號爲專門性命均，而經論均猶之傳注均。惟大成明備，集允中之心均，而苦心善世，以學爲旋甄和聲之門，彌綸乎大一而用萬即一之一，知之樂之，眞天不息，而容天下。後分專門性命、專門事業、專門象數、專門考辨、專門文章，皆小均，而非全均也。（《東西均開章》）

所謂「大成均」指孔子之學，「混成均」指老子之學，「鄒均」指孟子之學，「蒙均」指莊子之學，「乾毒之空均」指從印度傳入之佛學，「壁雪之別均」指教

外別傳之禪宗〔註31〕，「獨均」指周敦頤、二程、張載、朱熹之理學，「經論均」指佛教中的經論之學，「傳注均」指儒學中章句訓詁之學。方以智對道家思想的看法是，莊子雖然尊崇老子，但實際上以孔子爲歸宗，其「乘物以游心，託不得已以養中」〔註32〕之論爲儒學所吸收，其外生死、外天下之論爲佛學所專奉；至於後世道教中有託名莊子的長生之術，則已背離莊子思想的原始精神。對於佛學思想，方以智認爲，佛學演變爲禪學，正如儒學演變爲宋代理學，理學與禪學都只是專談心性方面的學問；另外，佛學中的經論之學也與儒學中的傳注之學一樣，偏重於經書文字的專門考究。在歷數古往今來三教的學術流變之後，方以智認爲，惟有孔子會集「允執厥中」的心性之學以及「苦心善世」的經世之學，是兼賅百家眾技、包容天下學術的「全均」；其他各種專門之學（性命、事業、象數、考辨、文章等）皆是偏精一隅、未得至理之全的「小均」。

這段話集中反映了方以智對儒、釋、道三教的基本看法，以孔子之學爲「全均」，而其他專門之學皆爲「小均」，足見方以智對於原始儒學精神的絕對肯定。他形容全均之學爲「大全」，而小均之學爲「小全」。大全博大，小全偏精，二者相反相因，如何處理它們的關係，是「全均」題中應有之義。方以智提出「全乃能偏」、「迹以神化」的命題，對這個問題有所解答。

（一）全乃能偏

方以智在《東西均開章》即表明了「惟全者能容偏，惟大全者能容小全」的看法，在《東西均・全偏》中，他稱「大全」爲「公全」，稱「小全」爲「偏精」。他說：

> 凡學非專門不精，而專必偏，然不偏即不專。惟全乃能偏。偏而精者，小亦自全；然不可暱小之足全，而害大之周於全也。容專門之自精，而合併統之，是曰公全。公全能容偏精，而偏精必厭公全，

〔註31〕按：「壁」指禪宗初祖達摩面壁事，「雪」指禪宗二祖惠可立雪斷臂事，故以之指代禪宗。

〔註32〕見《莊子・人間世》。郭象注：「任理之必然者，中庸之符全矣，斯接物之至者也。」成玄英疏：「不得已者，理之必然也。寄必然之事，養中和之心，斯眞理之造極，應物之至妙者乎！」依此解釋，莊子「託不得已以養中」之說與儒家的中庸思想有相近處。郭注、成疏見郭慶藩《莊子集釋》，中華書局，1961年，頁163。

> 必駕公全之上。蓋公全者，知而安於無知；致無知之知，而不自諉
> 於「不知爲不知」。人之於世也，憤以樂之而已矣，故其充實不可以
> 已。充實者，所以空虛者也。其立法也，因萬物之自爲法，極高深
> 而無高深可見，無中邊而中道立，平爲表而備縱橫，一切容之，一
> 切集之，一切化之，厭我亦聽，駕我亦聽，天之用日月也，土之用
> 五行也。世遂以公全不如偏精，井蛙耳！（《東西均·全偏》）

凡專門之學皆是片面的深刻，片面即偏，深刻即精，是故小全強調「專門之
偏，以求精也」，本是無可厚非的。但在方以智看來，當日學術之流弊在於「不
精而偏」〔註33〕，即以晚明風行的心學爲例，直窮本心、先立其大的易簡工
夫原本是要令人擺脫支離學問，破除知見葛藟，但過度強調用心於內的結果，
反而導致「必執黑路勝白路」的尊悟廢學之弊。對此病症，方以智開出的藥
方是「容專門之自精，而合併統之」的「公全」。

「公全」可以容納不同類型的思想學說，如天之以日月爲用、土之以五
行爲用。「偏精」謀求某一專門思想體系內的精深，以一技自矜而「不容一法
在己之上」，甚至「摧人以自尊」〔註34〕，是故「必厭公全，必駕公全之上」。
公全者能夠安於對專門知識的無知，並且通過好學不倦努力變這種無知爲
知，而不自我推脫於「不知爲不知」。這是方氏激賞的爲學態度。一般人抱著
急功近利的心態，以爲公全不如偏精，實在是一種「井蛙」之見。

「以全容偏」是一個比較籠統的說法，方以智提出君子、至人、聖人三
種人格典型來加以說明：

> 或曰：猶有至人，聖人遂爲全乎？曰：至人所以爲至人，正以讓聖
> 人之所爲耳。聖人至至人而不住至人，暇計至於獨爲至人，何至之
> 有！至者，高飛而至地也；聖者，口之而使人聽之者也。大概至人
> 明獨，君子明教，聖人明貫，恒三而一，恒一而三，全矣。（《東西
> 均·全偏》）

聖人、至人是儒道兩家所標舉的兩種理想人格，君子則是儒家的現實人格。
至人大抵獨善其身，聖人志在淑世拯民，故不止於獨爲完人。如果僅止於個

〔註33〕 《東西均開章》曰：「有大全，有小全。專門之偏，以求精也，精偏者小全。
今不精而偏，必執黑路勝白路，而曾知黑白之因於大白乎？」

〔註34〕 《東西均開章》：「大全隨人之不見是，而專者摧人以自尊。……專者必自露
得法，而不容一法在己之上。」

人的成人，還稱不上「至」。至人不能自我高懸於空中，也應該下地而為眾人謀。「聖」字從口從耳，所以會誨人不倦。至人僅限於個人的自我完善，君子只知道教化眾人，他們各明一端；唯有聖人貫而統之，三者圓融，可謂之「全」。由此可見方以智在儒道之間的價值取向。

聖人是「公全」的人格化身，他能夠「集古今之迅利，而代錯以為激揚」（《東西均開章》），一方面使各種「偏精」之學深造自得而達其精，一方面令其代錯互救而忘其專，從而達到融「公全」之「全」與「偏精」之「精」於一爐的最高理想。這是方以智全均思想的第一要義。

（二）迹以神化

與「全偏」相關的另一對範疇是「神迹」，方以智在《象環寓記》中說：「惟迹則偏，惟神則全。」又說：「吾所謂神，神不離迹；迹以神化，其迹亦神。既有全神，何惜補不全之迹乎？」〔註35〕那麼，到底何謂「神迹」？方以智說：

> 神而明之，不可迹也。迹迹者泥，不泥則迹亦神矣。偏言迹，其神失；偏言神，其神亦塵。以不生滅之神寓生滅之迹，以增減之迹存不增減之神。以不迹迹，以不神神；迹仍可以救迹，神祗貴於傳神。知此者，知聖人真有大不得已者乎？六經傳注，諸子奔馳，三藏、五燈，皆迹也；各食其教而門庭重——門庭，迹之迹也。名教寓神於迹，迹之固非，猶可以循；真宗者，欲忘其神迹，迹之則毫釐千萬里矣。（《東西均・神迹》）

《易・說卦》曰：「神也者，妙萬物而為言者也。」周敦頤《通書》有「物則不通，神妙萬物」之說。方以智關於「神」與「迹」的區分亦有取於此。所謂「神」是指世間諸法殊途同歸的根本精神，而所謂「迹」則是三教百家各自專門的教義門派。偏言迹，其病拘泥；偏言神，其病虛玄。「全」者欲會百家之「神」而兼容百家之「迹」，神在迹中，寓神於迹，此即「以不生滅之神寓生滅之迹，以增減之迹存不增減之神」。「偏」者則專守一家之「迹」而凌駕百家之「神」，蔽於一曲，不識大體，其末流甚至惟我獨尊，交相詬病，其弊不可勝言。當然，這並不是說「迹」皆無足取，方以智指出「迹仍可以救迹」，他舉例說：

〔註35〕方以智：《象環寓記》，見李學勤校點本《東西均》附錄，頁158、161。

> 自五帝以前，道術止貴知足，而安於相忘。老子之言，先出於《管
> 子‧內業》篇，而《藝文志》又別載《內業》之書，則上古久相傳
> 者，明矣。醇醇悶悶之生民，防其嗜欲，則知足爲急，而易以相忘。
> 其後智巧漸出，聖人不得不繁爲節文以勞之，使樂費其智巧以養生，
> 而他亂不作；此以鑿救鑿之道也。（《東西均‧神迹》）

這是說老子之學由來已久，它適用於五帝以前知足、相忘狀態的淳樸生民。
其後智巧日增，老子之學已不足以治世，於是儒家之學應運而生，聖人繁爲
節文，乃不得已的救鑿之道。「以鑿救鑿」即以迹救迹。

　　方以智在《東西均‧神迹》篇列舉了不少「迹」與「迹」互激互救的例
子，如「以禪激理學」、「以理學激禪」、「以老救釋」、「以釋救老」等等。他
認爲儒、禪、老、釋可以代明錯行，並存互補，但如果它們「各便一察，各
神其迹，必不肯虛心以全矣」。與此相對的是，「聖人惟立中道而懸其高者，
以學傳神，迹偏於下而達於上，神遊於下而上無上，究竟難言何上何下」，也
就是說，聖人建立了下學而上達的治學途徑，使人通過按部就班的學習逐步
體會神而明之的道理，寓神於迹，迹以神化，其迹亦神，以致難言何上何下。

　　「迹以神化」的關鍵在於切實掌握三教百家殊途同歸之「全神」，以此來
統御百家眾技之「偏迹」，使之互補互救，代明錯行，從而達到「全均」天下
學術的極境。至此，不論何種治學途徑或出處行迹，終將無入而不自得。這
是方以智在《東西均‧神迹》篇末發出「今而後，儒之、釋之、老之，皆不
任受也，皆不閣受也」之慨歎的原因，也是全均思想的第二層重要涵義。

（三）集大成

　　無論是「公全」還是「全神」，方以智均以「聖人」——集大成的孔子作
爲這一最高理想的實踐者。孟子曰：「伯夷，聖之清者也；伊尹，聖之任者也；
柳下惠，聖之和者也；孔子，聖之時者也。孔子之謂集大成。」（《孟子‧萬
章下》）以孔子集伯夷、伊尹、柳下惠三聖之道，是爲大成。方以智對孔子的
「集大成」作了新的詮釋，他說：

> 所謂集大成者，能收古今之利器，以集成一大棘栗蓬也；而使萬劫
> 高者時時化而用之，卑者時時畏而奉之，黠者時時竊而假之，賢者
> 時時以死守之，盡天下人時時衣而食之，故萬劫爲其所毒，而人不
> 知也。羲皇鑿破陰陽，成三百八十四利器，而孔子收之；軒轅創干

支、文字之利器，而孔子收之；堯舜奪其子之天下，以成揖讓之利
器，而孔子收之；湯武奪其人之天下，以成征誅之利器，而孔子收
之；殷三人爲亡國之利器，而孔子收之；周公蒙殺弟之名，權侵沖
主，成周禮之利器，而孔子收之；簫韶以來之樂，爲誘人歌舞、迷
人魂魄之利器，而孔子收之；彙五帝以後之條例簿書，成奔走天下
之利器，而孔子收之；抄三皇以來之俚謠巷嘆、士大夫之怨訕諛祝，
成泄忿放情之利器，而孔子收之；伯夷壁立萬仞，秉吹毛劍，使人
不敢注視，此立清極之利器也，孔子收之；伊尹五就失節，貪功放
主，不惜爲後世奸權藉口，而立此任極之利器，孔子收之；柳下以
盜爲弟，而苟且卑污，立一和極之利器，孔子收之。志在《春秋》
者，煎烹魂魄之火城鎔鐵而焅膽鼠毛之利器也；行在《孝經》者，礪
磨千古之高奇熏赫、逼人歸本之利器也。當其身，在家出家，干時
君而不遇，一官即罷；送死顏淵而好學今亡，則門人中無一肯者。
其轍如環，以筆爲鐸。死後墓出壁而堂作聲，略弄神通，是其小技，
而大棘栗蓬之在此天地，無外無間，時時光明。即後有西方之教來，
正其化身，而《蒙》《困》《震》《艮》，微危習險，一唯何言，早以
示此第一機矣。（《東西均·茲燚黈》）

孟子稱孔子爲「集大成」，主要是說孔子集清、任、和三種聖德於一身而以時行
之，不偏於一隅。方以智所說的「集大成」除了這層意思之外，還包涵有更爲
豐富的內容。如果以古人「三不朽」的說法爲標準〔註36〕，那麼孟子主要是從
立德的角度而言，而在方以智那裏，所謂「集大成」則包括德、功、言三個部
分，尤其以立言爲主。具體來說，堯舜揖讓、湯武征誅、周公制禮，這是「功」；
伯夷立清極、伊尹立任極、柳下惠立和極，這是「德」；其他如《周易》（羲皇
鑿破陰陽）、干支、文字、《尚書》（條例簿書）、《詩經》（俚謠巷嘆）、《春秋》、
《孝經》等等，都是「言」。可見「集大成」實是一套涵蓋面極廣的具有開放性
的完整體系，它不帶偏見地吸收了古今各種人文精華，從而成就一「大棘栗蓬」。
棘栗蓬，本指帶刺的栗苞，引申爲棘手的利器或難以把捉之物。集大成體系即
一「大棘栗蓬」，人類的一切認識與實踐皆不出此範圍，高者、卑者、黠者、賢
者從不同的方面利用它，百姓日用而不知，它無處不在，又無時不在，所以「無

〔註36〕 《左傳·襄公二十四年》記載魯大夫叔孫豹之言：「大上有立德，其次有立功，
其次有立言；雖久不廢，此之謂不朽。」

外無間，時時光明」。只是孔子集成的這一「大棘栗蓬」在顏淵死後並不爲其他門人所理解，因此孔子「以筆爲鐸」，立言以傳之後世。在方以智看來，孔子的集大成體系具有時代的超越性與價值的永恆性。日後從印度傳來的佛教，乃是孔子的化身。佛教的精義，在孔子的言論中早已昭示了。可以看出，方以智是在託古喻今，借孔子的「集大成」表明自己的學術理想。

如果按照方以智以上對於「集大成」的詮釋，則除了立言之外，還應包括立德與立功兩個方向，然而明亡的現實使明遺民在後兩個方面已難有作爲（隱居不仕亦是立德的表現），因此他們只得把全副的精神都投入到著書立說的學術事業中去（學術事業當中也寄託著他們嘗試扭轉世局的救國心志，此自不待言），這也是明清之際學術文化空前繁榮的一個重要原因。

另外，方以智強調「集大成」與他對自己所處時代的定位有很大關係。孔子能成爲集大成的聖人，亦不能脫離他的時代。方以智在《藥地炮莊》中引劉概曰：

> 道至於孔子而後集大成，蓋幾千百年而一出。孔子之上，聖人之因時者，有不得已也；孔子之下，諸子之立教者，各是其是也。道德仁義，裂於楊墨；無爲清淨，墜於田彭。莊子欲復仲尼之道而非其時，遂高言以矯卑，復樸以絕華，沉濁不可莊語，故荒唐而曼衍。蓋謂道非集大成之時，則雖博大眞人，猶在一曲。（《炮莊》卷九，〈天下〉，頁二十四）

孔子之前和孔子之後的聖賢因爲未逢其時，故即使是博大眞人，亦不免終成一曲之士。在方以智看來，明末正是一個需要也能夠集大成的時代。這是一個道術日裂的時代，「言道術者，不失之淺，則失之深；不失之遠，則失之近。遠則遁六合以外，近則遁於臆；淺則遁於己所易知，深則遁於人所難知」；也是一個是非淆亂的時代，諸家「各護其所畏難而自遁於所便，以故是其非、非其是而是非亂」（《東西均・容遁》）。有感於明末學術的種種弊病，方以智認爲唯有通過集大成才能改變這種局面。另一方面，他對自己所處的時代又充滿信心。方孔炤在《周易時論合編・凡例》中曾說：「一元堯當巳末，周、孔當午初，今當正午，萬法咸章，雖邁陰至，而陽必用陰。」〔註37〕按照邵

〔註37〕方氏易學特重「時」的觀念，《周易時論合編・凡例》云：「時之爲言也，孔子題之，子思畫之，孟子潢之。」方以智〈時論後跋〉云：「名曰《時論》，以六虛之歸環中者，時也。」以明代爲正午，亦是《時論》之「時」的涵義。

雍「元會運世」的歷史觀推算，堯處於巳會之末，周公、孔子處於午會之初，明代適逢「正午」，此時世間萬法皆得彰顯。方以智也表達了同樣的看法，他說：「邵子一元觀人起巳，堯當巳會之末，周、孔當午會之初，今當午會之中，乾離繼明，人法全彰。」（《易餘目錄》）又說：「生當此時，即統前後代錯變化，以正收餘。諸所翻譯，皆此土之方言也。何所忌而不集之，顧自隘其大成之疇哉？」（《易餘・知言發凡》）方以智認為，處在人法全彰的午會，就應該像孔子那樣，集古今學術之大成；不僅如此，西來之佛學（甚至包括明末傳教士傳入的西學），猶如中國之方言，也應該兼收並蓄。生當明末衰世，在他們卻無絲毫末法意識，堅信「雖邁陰至，而陽必用陰」，從而致力於「以正收餘」、全均東西的集大成事業，這是很可感佩的。方以智晚年花費極大的心力撰著《藥地炮莊》一書，就是試圖通過對《莊子》的詮釋實現其「集大成」的學術理想，這也是他的三教會通思想體系的重要組成部分。

第三章 《藥地炮莊》：三教會通的經典詮釋

　　《藥地炮莊》是方以智晚年用力最多的一部著作，從癸巳（1653）受覺浪道盛之託到甲辰（1664）完稿，其成書前後歷經十餘年〔註1〕。通過經典詮釋來闡發自己的思想主張，這是中國傳統學者慣用的方式，《藥地炮莊》即是方以智借《莊子》詮釋以會通儒、釋、道三教的重要著作。此書著錄於《四庫全書》子部道家類存目，《總目提要》對它的評價是：「大旨詮以佛理，借混洋恣肆之談，以自擴其意。蓋有託而言，非《莊子》當如是解，亦非以智所見眞謂《莊子》當如是解也。」稱其「詮以佛理」，揭示了《炮莊》以禪解莊的詮釋特色，但這只是一個方面。方以智撰《炮莊》的根本旨趣在於以儒家爲依歸，《提要》未能揭示此點，是有失偏頗的。又其所謂「自擴其意」、「有託而言」，若揆諸方以智的遺民心態，此言倒不失爲確論；而其究竟所擴何意、所託何事，則是本章需要澄清的。此外，追溯《炮莊》撰著之緣起，實與方以智在南京閉關時受覺浪道盛之託有莫大關聯，道盛援莊入儒的「託孤」說對《炮莊》思想的影響尤深。從當前的研究現狀來看，這一點並未得到充分的討論。因此，本章先以道盛的莊學觀作爲切入點，然後再來分析《炮莊》的詮釋特色，最後揭示方以智借《莊子》詮釋會通三教的眞正意旨。

一、道盛的莊學觀

　　道盛（1592～1659），號覺浪，別號杖人，福建浦城人，俗姓張氏。少習

〔註1〕以下所引《炮莊》原文，皆據康熙浮山此藏軒刻本，已收入《續修四庫全書》子部第957冊，上海古籍出版社，2002年。

舉業，十九歲出家，閉關於福建夢筆山，因讀到壽昌無明慧經禪師頌語而有所悟，於是先後求教於慧經兩大弟子博山無異元來與東苑晦臺元鏡。後得元鏡嘉許及慧經認可，遂擔荷壽昌衣鉢大法，爲曹洞宗第二十八世〔註2〕。道盛之學「雖嗣法洞宗，五宗並舉；主盟佛教，三教並弘」〔註3〕，可見他也是一位主張儒、釋、道三教會通的佛學家。道盛雖爲宗門中人，但卻具有極強的入世性格，在當日即「以忠孝名天下」〔註4〕，不少以氣節自礪的明遺民拜入他的門下。作爲明末一個特異的禪者，道盛的思想包含十分複雜的面向〔註5〕。這裏僅就他的莊學觀略加闡釋。

（一）儒宗別傳

道盛對於莊子的基本看法，可以用「儒宗別傳」一語來概括，即莊子在儒家所處的位置，有如禪宗在佛教中所處的位置。他在《莊子提正》中開宗明義指出：

> 莊周，戰國之隱者，能以古今之大道自任，又不甘於流俗，憫世道交喪之心獨切，不可以自禁，乃敢大言而無慚之人也。予讀其所著《南華》，實儒者之宗門，猶教外之別傳也。（《天界覺浪盛禪師全錄》卷三十，頁727）

援引禪宗「教外別傳」的觀點，以莊子爲「儒宗別傳」，這是道盛莊學觀的核心。首先來看道盛以莊子歸宗儒家的理據，他說：

> 《莊子》實以內聖外王之道爲主，而具經濟天人之全機大用。內七篇始《逍遙》，終《應帝王》，蓋妙於移神化自然之旨，而歸於堯、舜、孔、顏者也。其中雖多稱述伏羲、神農、黃帝、許由、老聃、壺子、列子，其意全是借客形主、託權明實，以一抑一揚而互相發

〔註2〕 覺浪道盛的生平事迹，可參劉餘謨：〈傳洞上正宗二十八世攝山栖霞覺浪大禪師塔銘〉，見《天界覺浪盛禪師全錄》卷十七，《禪宗全書》第59冊，頁543～546。

〔註3〕 同上，頁545。

〔註4〕 魏禧〈高士汪沨傳〉：「愚庵僧明盂，兩浙所稱三宜和尚，與天界覺浪、靈岩繼起，並以忠孝名天下。」見《魏叔子文集》，中華書局，2003年，頁849。

〔註5〕 荒木見悟〈覺浪道盛初探〉認爲道盛的思想非禪、非儒、非老莊，不屬於任何一個特定的範疇，而是從人類本然的心體出發，追求人類定位的方向。見氏著：《明末清初的思想與佛教》，臺北：聯經出版事業有限公司，2006年，頁265。

揮也。何以知其所必主哉？如主義、黃也，則屬上世，不太荒唐乎？
如主聃、壺也，則涉方外，不太渺蕩乎？如必欲主《大宗師》、《應
帝王》之道治，苟不推尊堯、舜、孔、顏爲天地中和之主，則道術
將爲天下裂矣，又何所取法以爲宗乎？是吾即七篇之命名，與七篇
中首尾出堯、舜、孔、顏之旨，予知其必主於堯、孔爲內聖外王之
宗也。(《天界覺浪盛禪師全錄》卷三十，頁 730～731）

「內聖外王」一語，原出自《莊子・天下》篇，本指中國古代學術之全體，
然而隨著儒學日後被定於一尊的歷史發展，「內聖外王」最後幾乎成爲形容孔
門修己治人之學的專用語。道盛在此以「內聖外王之道」定位《莊子》，顯然
是立足儒門的觀點，我們由他的論述方式可以看出。爲了凸現莊子歸宗儒家
的主旨，道盛將莊書中稱述黃、老的說法，以「荒唐」、「渺蕩」的理由排除
在「內聖外王」的內涵之外，從而肯定唯有儒家的「堯、舜、孔、顏」，才是
莊子所推尊的「天地中和之主」。莊生所用的手法是「借客形主」、「託權明實」，
其言雖荒唐悠謬，其意則主於中和正道。爲了加強這種推斷，道盛又提出《莊
子》可以輔翼六經的說法：

莊生所著，雖爲六經之外，別行一書，而實必須輔六經，始能行其
神化之旨也。使天下無六經，則莊子不作此書，而將爲六經矣。老
聃云：「正以治國，奇以用兵。」夫六經皆準天地人物之正，是天地
人倫不易之常法，雖稍有變，皆不敢稍違其正。此《莊子》如兵書，
雖奇正互用，而法多主於奇，如兵之不得已而用也。(《天界覺浪
盛禪師全錄》卷三十，頁 728）

道盛認爲《莊子》如奇兵，六經則是正道，奇可以輔正。他說：「夫六經之宗旨，
全主於實理、實事、實功、實用，而《莊子》則多主於虛理、虛事、虛功、虛
用；而究其指歸，皆有濟於實義也。」既然《莊子》可以輔翼六經，何以其「法
多主於奇」呢？道盛認爲這是莊子「不得已」而爲之，即面對戰國亂世儒教的
無力與衰頹，若以一般手法，無法挽救，非訴諸非常手段不可。他說：

予讀《莊子》，乃深知爲儒宗別傳。夫既爲儒宗矣，何又欲別傳之乎？
蓋莊子有若深痛此內聖外王之道，至戰國，儒者不知有堯、孔之宗，
惟名相功利是求，不至殺奪不饜；至於治方術者，竊仁義禮樂而殺
奪，以喪亂其統宗，使堯舜危微精一，孔顏至誠天命之道，並歸於
殺奪；即有一二眞儒，亦未深究性命之極，冥才識智慮、仁義禮樂

而復其初，遂使後世不復有窮神知化之事，而天下脊脊不能安性命之情，則所學皆滯迹耳。而此嫡血之正脈孤而不存，天下萬世下有爲內聖外王之道者，無所宗承，莊生於是有託孤之懼矣。故託寓言於內、外、雜篇之中，上自羲、黃，下及諸子，以荒唐自恣之說，錯綜其天人精微之密，而存宗脈於內七篇，以《大宗師》歸孔顏，以《應帝王》歸堯舜，《應帝王》之學即《大宗師》之道也。此莊生所立言之眞孤，雖天地覆墜，不能昧滅也。（《天界覺浪盛禪師全錄》卷三十，頁 729）

道盛眼中的莊子，原是一位傳承儒家「嫡血之正脈」的儒者，只因目睹戰國世衰道微、人心妄誕，而足以救世的儒學，卻又禮樂散亂、邪說竄迹的現實，於是產生「託孤之懼」，不得已而用反面之手法，存儒家宗脈於《莊》書（尤其是內七篇）之中。《大宗師》實歸旨於孔顏，《應帝王》實寄意於堯舜，《應帝王》之學即《大宗師》之道，內聖與外王合一，這就是莊子立言的苦心孤詣，不可昧滅。

自司馬遷《史記・老子韓非列傳》稱莊子之學「其要本歸於老子之言」，後世學者基本上承認莊子爲老子思想的傳述者〔註6〕。直至明末，憨山德清於《莊子內篇注》開頭即言：「《莊子》一書乃《老子》之注疏，予嘗謂老子之有莊，如孔之有孟。」仍是傳統的老莊一體的看法。與此相對，道盛卻要力證莊子「非老聃之嫡嗣，實堯孔之眞孤」，他解釋說：

孔子嘗問禮於老聃，亦嘗屢稱曰「吾聞諸老聃」。莊子目空萬古者，捨老聃之不託，更欲託誰以自全此寓言乎？夫既謂之「寓」，則所寓相似而非眞也。能寓之人，豈可以相似而忘其眞出處哉？使天下萬世無人知莊子爲堯孔眞孤，而以相似之老聃爲所嗣，亦何愧乎？然此一副眞骨血、眞氣脈之爲《大宗師》、《應帝王》者，又何所歸焉？（《天界覺浪盛禪師全錄》卷三十，頁 730）

〔註 6〕 至唐代方出現以莊子爲孔門後學的新說，如韓愈〈送王秀才序〉曰：「吾常以爲孔子之道大而能博，門弟子不能遍觀而盡識也，故學焉而皆得其性之所近，其後離散分處諸侯之國，又各以所能授弟子，原遠而末益分。蓋子夏之學，其後有田子方，子方之後，流而爲莊周，故周之書，喜稱子方之爲人。」（見馬其昶：《韓昌黎文集校注》，上海古籍出版社，1998 年，頁 261。）但韓愈的本意是將莊子視爲「原遠而末益分」的儒學末流，這與道盛以莊子爲「堯孔眞孤」的說法大不相同。

孔子尚且向老子問禮，並對老子敬重有加，那麼目空萬古的莊子寓於老子門下，便不致辱沒了儒家的眞骨血與眞氣脈。既然莊子只是「寓」於老子之門，就表示他的思想只是與老子相似而非老子之嫡嗣，不能忘記他的眞正出處在儒家。不僅如此，道盛認爲，老子在「闡揚內聖外王之旨，曲盡天人一貫之微」等方面，實不及莊，而這正是儒家的眞精神之所在。

最後，對於莊禪關係，道盛認爲莊子雖不曾與佛教相遇，但其思想卻有前後同揆之處。他說：「吾於是獨惜莊子未見吾宗，而又獨奇莊子之絕似吾宗。」〔註7〕道盛深許《莊子》有禪宗祖師機鋒棒喝之風，他說：

> 其豎義設喻，絕世所無，而至理有所不加。此時佛法禪宗尚未來東土，而莊子先爲之破天荒，文具眾體，奇出無端，排山蕩海，出鬼入神；其才力膽識，手眼作略，大似諸祖之機鋒棒喝，以毒攻毒，以楔出楔，能使人立地死心汗下，絕後重甦，誠震旦國之第一種奇書，又有痛快於六經者。（《天界覺浪盛禪師全錄》卷三十，頁731）

《莊子》書中多有以寓言「詆毀堯、舜、孔、顏」的文字，在道盛看來，這有如禪宗的呵佛罵祖，「孰知稱讚堯、舜、孔、顏，更有尚於莊生者乎？」〔註8〕他的結論是：「儒之有《南華》，即佛之有禪宗也。」〔註9〕莊子爲堯孔之「眞孤」，亦猶禪宗爲佛教之「別傳」。這是道盛「託孤」說的核心思想。

（二）立言之意

對於道盛的「託孤」說，我們可以從兩個方面來理解：一是學術的層面，一是現實的層面。從學術的角度來看，道盛的論證帶有強烈的主觀色彩，他著重於對莊子立言之意的推測與同情，而不拘泥於具體文本，是一種「以意逆志」的詮釋策略〔註10〕。道盛說：

〔註7〕《天界覺浪盛禪師全錄》卷三十，《禪宗全書》第59冊，頁729。

〔註8〕同上，頁728。

〔註9〕《天界覺浪盛禪師全錄》卷二十二，〈合刻四當參序〉，頁611。

〔註10〕孟子曰：「說詩者不以文害辭，不以辭害志。以意逆志，是爲得之。」（《孟子‧萬章上》）「以意逆志」即以己意迎取作者之志，這一方法表明，在理解與解釋中，主觀性是不可能避免的。道盛的莊子詮釋可以從這個角度來理解，他在《莊子提正》中也明確說：「莊子所謂故爲悠謬荒唐，以寓言之也，若不以意逆志，以言得旨，則何可以爲典則功令哉？」見《天界覺浪盛禪師全錄》卷三十，頁728。

觀其立言之意，大似憤世儒與諸治方術者，不能知天立宗，而相將陷於名相功利，以至於爭奪殺害，如江流之日下，有不可挽回也者。（《天界覺浪盛禪師全錄》卷三十，頁 727）

這是說，莊子的立言之意是對當時世俗儒者和諸子百家不知內聖外王之道，而陷於名相功利的憂憤，因天下沉濁，不可與莊語，故爲此無端崖之辭。其實這一點前人也曾論及，北宋的王安石說：

罪莊、好莊者皆未嘗求其意也。戰國譎詐陷溺，質樸並散，誰知貴己賤物者乎？莊子思矯其弊，過慮仁義禮樂，不足以正之，故同是非，齊彼我，一利害，則以足乎心爲得也。既以其說矯弊矣，又懼來世之遂實吾說而不見大體也，卒篇舉六經以明之。……不以文害詞、詞害意，善其爲書之心，非其爲書之說，則可謂善讀矣。（《炮莊》總論上引，頁七、八）

王安石表示善讀《莊》書者，須領會莊生立言之心意，而不爲其荒唐之說所蒙蔽。道盛之解莊，正是循此門徑，只不過他的詮釋更多的是在借《莊子》表達自己的思想。方以智說：「杖人所以別路託孤，本願在集大成。」〔註11〕始則以儒解莊，繼而借莊說禪，究其指歸，乃是把《莊子》作爲會通儒釋的思想熔爐，這是道盛「託孤」說的學術內涵。

但是，如果僅從學術的角度來理解，似乎還未能揭示道盛「託孤」說更加隱微的深層意涵〔註12〕。道盛認爲莊生之書實是以儒家孤臣孽子之心懷，爲匡正時弊、存亡續絕而作，其中自然包含著他個人的生命和時代感受在內，他自己也並不諱言這一點。他在《莊子提正》中說：「即有謂予借莊子自爲託孤與自爲正孤，謂非莊子之本旨，予又何辭！」〔註13〕道盛所處的明清鼎革

〔註11〕 孫晉：〈藥樹堂碑文〉引，《青原志略》卷四，江西人民出版社，1998 年，頁144。

〔註12〕 按：「託孤」典出春秋「趙氏孤兒」的故事，《左傳·成公八年》及《史記·趙世家》皆有記載，其事不盡相符，尤以後者說法最爲詳盡，流傳最廣。元人紀君祥據《史記·趙世家》所載，改編成《趙氏孤兒》雜劇，它出現於元初漢人思宋的氛圍當中，現代學者多認爲其中寄寓著宋遺民反元復宋的民族意識。道盛作爲明遺民，其「託孤」說所具有的時代意義，不難揣測。

〔註13〕 《天界覺浪盛禪師全錄》卷三十，頁 730。道盛弟子淩世韶也指出：「吾師所謂正孤，非直以正莊生所託堯孔之孤，實吾師藉此以正自正之孤，用正天下萬世佛祖聖賢之眞孤也。」（《天界覺浪盛禪師全錄》卷三十，頁 744。）淩氏這段話可與道盛語相印證。

之際，與莊子所處的戰國末世，固有許多相通之處。道盛對莊子抱有一種痛切的同感，託爲旦暮遇之的知己，實爲時勢使然。明遺民爲表示不仕新朝的決心（其動機不盡相同，這裏僅舉其大端），多有託身緇流者，在清初形成了一股逃禪之風。然而在嚴分儒釋的正統儒家看來，此舉仍難免「不欲爲異姓之臣者，且甘心爲異姓之子」之譏〔註 14〕。道盛的託孤之論正可紓解明遺民的生存困境——遺民之逃禪，正如莊子之藏身別路，其目的都是爲了保存吾儒之「眞骨血」與「眞氣脈」。道盛曾說：

> 夫立孤之人，視殉節爲尤難。隱身易狀，轉徙於莽渺，以存其眞，
>
> 又謹護其所證，非直寄之以避一時之危而已，固將圖復昌大其後也。
>
> （《天界覺浪盛禪師全錄》卷三十，頁 729）

《史記·趙世家》所載趙氏立孤事，程嬰有「死易，立孤難」之說。道盛化用此典，謂立孤之人「隱身易狀，轉徙於莽渺，以存其眞」，比死節更難。遺民之忍辱偷生，並非貪生怕死的弱者行徑，而是爲了全身以「圖復昌大其後」。由此不難看出，覺浪道盛於明清鼎革之際所發的託孤之論，實際上是對當時士大夫逃禪行爲的一種合理化解釋。與此相應，「託孤」說也激起了明遺民廣泛的心靈共鳴，並進而產生極大的精神認同。

方以智於順治十年（1653）赴金陵天界寺禮覺浪道盛爲師，「刳心濯骨，渙然冰釋於性命之旨」，在思想和心志上都深受這位精神導師的影響和啓發，而道盛也將他視作可以託付衣鉢、發揚宗旨的傳人〔註 15〕。方以智在《杖人全集跋》中說：「我杖人橫身於刀兵水火，求天下大傷心人，與之擔荷，傳眞宗旨。」〔註 16〕方以智友人徐芳爲道盛《全錄》作序亦云：「杖人於刀兵水火中，求大傷心人，窮盡一切，超而隨之，乃集大成，乃定宗旨。恰好託孤於

〔註 14〕黃宗羲曾撰《七怪》，記述當時知識界之種種怪相，其第一怪即爲遺民逃禪，他說：「近年以來，士之志節者，多逃之釋氏。蓋強者銷其耿耿，弱者泥水自蔽而已。……亡何而棒篦以爲儀仗，魚螺以爲鼓吹，寺院以爲衙門，語錄以爲簿書，擂鼓上堂，拈香祝聖，不欲爲異姓之臣者，且甘心爲異姓之子矣！」見《黃宗羲全集》第十冊，浙江古籍出版社，1993 年，頁 631。

〔註 15〕《天界覺浪盛禪師全錄》卷十二〈破藍莛草頌〉注：「癸巳孟冬書付竹關。」序曰：「予今年倚杖天界，無可智公從生死危難中來，皈命於予，受大法戒，乃掩關高座，深求少林服毒得髓之宗，披吾《參同》、《燈熱》之旨，喜其能隱忍堅利，眞足大吾好山之脈。」見《禪宗全書》，第 59 冊，頁 493。

〔註 16〕《天界覺浪盛禪師全錄》跋，《禪宗全書》第 59 冊，頁 808。

竹關，則吾友也，今出世且二十年。」〔註17〕此「大傷心人」即是指經歷明清之際的滄桑巨變，而具有強烈的時代擔負意識之人。道盛與方以智均為此類人，道盛所欲託付給方以智的「真宗旨」，除了具有學術和宗教上的意義之外，當然也包含了明遺民力圖延續故國文化命脈的一份情思。二人之間的薪火相傳主要體現在《藥地炮莊》的撰述上。覺浪道盛先有《莊子提正》之作，「癸巳（1653）又全標《莊子》以付竹關，奄忽十年，無可大師乃成《藥地炮莊》」〔註18〕。康熙四年（1665），當《藥地炮莊》已全部完稿並交付刻版之後，方以智在為道盛遺像上供時，焚《炮莊》稿於噴雪軒以祭先師〔註19〕，算是對先師竹關託孤的告慰。

二、《炮莊》的三教會通論

關於《藥地炮莊》與道盛莊學思想的聯繫，弘庸在《炮莊序》中曾說：「當此末法，鬥諍堅固，非愚即蕩，直告不信，杖人評莊，正欲別路醒之。《藥地炮莊》和古今之評，以顯杖人之正。」把《炮莊》看作是對道盛莊學觀的注解和發揮，可見二者聯繫之緊密，但我們也必須看到，方以智對於《莊子》的詮釋自有其獨到之處。

《藥地炮莊》的體例是：「訓詞注之於下，諸家議論彙之於後，別路拈提列之於上。」（《炮莊發凡》，頁一）其內容大致可分為三個部分：一是隨文雙行夾注，為文字音義訓詁；二是文後諸家評議，引諸家解說（其中尤以覺浪道盛、吳應賓之解為多），時出己意；三是眉批別路拈提，題曰「閒翁曼衍」〔註20〕，為方氏借《莊》發揮之作，多用禪語。我們著重關注後面兩個部分，通過方以智對諸家注《莊》之「藥」的取材與炮製，彰顯其三教會通與集大成的學術主張〔註21〕。方以智對《莊子》的基本看法，可以用一句話來概括，

〔註17〕《天界覺浪盛禪師全錄》序，《禪宗全書》第59冊，頁324。
〔註18〕《天界覺浪盛禪師全錄》卷三十，〈莊子提正〉陳丹衷跋語，《禪宗全書》第59冊，頁744。
〔註19〕方以智：《冬灰錄・天界老和上影前上供拈香焚〈炮莊〉稿》，安徽省博物館藏抄本。
〔註20〕按：「閒翁」當為著者自稱；「曼衍」者，如《莊子・寓言》：「卮言日出，和以天倪，因以曼衍」，意謂散漫流衍、不拘常規之言。
〔註21〕晦山戒顯《炮莊序》：「茲帙雖曰《炮莊》，實兼三教五宗而大炮之也。」《炮莊》取材十分廣泛，並不限於注《莊》之作。

即「《莊子》者，《易》之風也，《中庸》之魂也，禪之先機也」〔註22〕。這一線索貫穿於《炮莊》全書。因此，下面分別從「以儒釋莊」和「以禪解莊」兩個方面論述《炮莊》的三教會通思想。

（一）以儒釋莊

方以智認爲《莊子》與《易》、《中庸》相通，這一觀點在他順治九年（1652）於盧山五老峰虛擬的《向子期與郭子玄書》中就有明確表達。他說：

> 《莊子》者，殆《易》之風，而《中庸》之魂乎？方圓同時，於穆不已，森羅布濩，即無待之環中也。雖不可詁，何碍乎詁？不見天地之詁混沌乎？卦策之詁太極乎？文王翻轉伏羲之環而錯之，孔子顛決文王之環而雜之，老子塞無首之環而黑之，莊子恣六氣之環而芒之，此與子思以代錯妙反對之環、孟子以浩然充時乘之環，有以異乎？庖丁桑林，眞中節者也。蝴蝶栩栩，眞踐形者也。（《炮莊》總論下，頁三）

方以智深取於莊子的「環中」之說。「環中」範疇見於《齊物論》：「彼是莫得其偶，謂之道樞，樞始得其環中，以應無窮。」方以智引郭象注曰：「以是非爲環而得其中者，本無是非也，故能曠然平懷而承之以游。」（《炮莊》卷一，頁三十一）這是說，是非如環，相尋無端，得其中者，是非雙遣，即不爲是非所役，而後可以順應無窮之流變。「環中」無待，方以智將它等同於象徵宇宙最高本體的「太極」〔註23〕。在他看來，「太極也，精一也，時中也，混成也，環中也，眞如也，圓相也，皆一心也，皆一宗也，因時設施異耳。」（《東西均・擴信》）儒、釋、道三教對於宇宙本體的各種稱謂，名異而實同。《莊子》之「環中」即《易》之「太極」，此天地間精妙的至理雖不可言詮，仍不妨詁之。文王重卦，孔子雜卦，即是借卦策來詮詁「太極」至理。甚至於老子「知其白，守其黑」、莊子「御六氣」之說和子思《中庸》「代明錯行」、孟子「浩然之氣」之論，無一不是爲了闡明無待的「環中」至理。所謂「庖丁桑林，眞中節者也。蝴蝶栩栩，眞踐形者也」，更是以詩化的語言，以《中庸》

〔註22〕方以智：《一貫問答》，龐樸注釋本，載《儒林》第二輯（山東大學出版社，2006 年），頁 299。

〔註23〕邵雍《皇極經世・觀物外篇・先天圓圖卦數第三》：「先天圖者，環中也。」王植案語曰：「邵子言太極，多就環中言之。」方以智以「環中」言「太極」，或受邵雍影響。

之「中節」來詮釋《養生主》之庖丁解牛；以《孟子》之「踐形」來解讀《齊物論》之莊周夢蝶。據此，方以智乃推論《莊子》殆爲《易》之風而《中庸》之魂，意謂《莊子》思想的要旨與《易》理以及《中庸》的核心思想並無二致。

對於《莊子》與《中庸》的會通，方以智特重「中和」之說，這與他對莊子立言之意的理解有關。他說：「莊子游世不僻，是戰國之遠害渙血者，語多遣放，欲醒賢智之過，歸於中和。」（《炮莊》總論中，頁四）又說：「子休卷卷欲蒸世以中和，而先反之。」（《炮莊》總論下，〈齊物論總炮〉，頁十五）這是說莊子之所以多用遣放之語，是因爲身處戰國末世之故；其本意是欲由別路喚醒賢智之過，導世歸於中和正道。《炮莊》所引諸家注解亦多有以《中庸》與《莊子》相會通者，茲舉數例：

> 杖人曰：仁智交圓，從容中道，是眞逍遙。（《炮莊·逍遙遊》）

> 乘正曰：將謂適得而幾，爲發皆中節耶？有時專精一路，全眼用偏，事稱其能，各當其分，中和一也。（《炮莊·齊物論》）

> 杖云：舜執其兩端，兩行也。用其中於民，通一不用寓諸庸也。（《炮莊·齊物論》）

> 杖云：緣督爲經，率性之道也。以無厚入有間，發皆中節也。涉江云：讀此提乃知《中庸》之智仁勇，是無厚之刀刃；五倫九經，是有間之全牛。又拈出愼字爲致中和之本，眞神解哉！（《炮莊·養生主》）

以「從容中道」解「逍遙」，以「發皆中節」解「適得而幾」，以「執其兩端」解「兩行」，以「用其中於民」解「通一不用寓諸庸」，以「率性之謂道」解「緣督以爲經」等等，這些解釋但求神似，不及其餘。如果仔細推敲，《莊子》與《中庸》之旨自當有別，但《炮莊》只取其同而略其別，這是由其詮釋「先見」所決定的。正如覺浪道盛所言：「此時弘道，在集大成，非精差別，豈能隨物盡變？」打破門戶，觀其會通，不注重細微的義理辨析，這是《炮莊》詮釋的顯著特點。

方以智很欣賞《莊子·養生主》，他說：「此篇發明愼獨中節之學，以一善刀而藏，消盡善惡名刑。」（《炮莊》卷二，頁一）開頭即以儒家的「愼獨中節」作爲解讀全篇思想之要旨。在解釋「爲善無近名，爲惡無近刑，緣督

以爲經」句時，方氏先引褚伯秀管見曰：「夫爲善惡而近名刑，不爲善惡而無名刑，皆理之當然。今則爲之而不近名刑者，世人視之以爲善惡，而聖賢之心常順乎中道，合天理之自然而已。督字訓中，乃喜怒哀樂之未發，非善惡兩間之中也。」（《炮莊》卷二，頁二）「督」之本義原指身後之中脈，褚氏以《中庸》「喜怒哀樂未發」之「中」解「督」，顯然是一種創造性詮釋。方以智引其解正是爲了佐證他對《養生主》主旨的理解。接著他又引吳應賓之說：「三一曰：中之名，因過不及而立；中之用，不以過不及而限也，故有圓中、正中、時中之說焉。以緣督爲用中，則時中即正中即圓中也。中節之和，即未發之中，豈有兩截三中之贅耶！」仍是強調「緣督」爲「用中」之義。在解釋「可以保身，可以全生，可以養親，可以盡年」句時，方以智將它與《孝經》聯繫起來。他說：

> 既説身，又説生，於何分疏？年何以爲盡？所以立命也。插入養親一語，令人誦之，手舞足蹈，仰天涕洟。蓋必養其生之主者，方能得親順親耳。《孝經》曰：『孝無終始，通於神明。』曰孝無始，則有在髮膚之前者；曰孝無終，則有在祭葬之後者。養傳天下人心，續萬古之主中主，以事其親，其達孝何如耶？方知《孝經》是金剛硺，水火鬼神，沒奈他何，兵刑地獄，豈能比其迅利？（《炮莊》卷二，頁三）

這段評論將莊子的保身、全生之說與儒家的孝道聯繫在一起，認爲保身、全生才能養親、順親。對於《養生主》的這番感慨，要結合方以智的人生經歷才好理解。他的出家一個很重要的原因就是要全生以盡孝道；在閉關南京時得知父親逝世的消息，他隨即破關奔喪，按照儒家禮節，「衰絰成服，受弔如儀」，廬墓三年。因此，在讀到《養生主》「養親」一語時，不禁「手舞足蹈，仰天涕洟」，這是內心情感的自然流露，亦可見他的儒者本色。

《人間世》借仲尼之口提出「子之愛親」和「臣之事君」的義命大戒，方以智引杖人解釋說：「此篇逗出忠孝至性，以事心不逾矩而處世，又何義命之能奪？此真《人間世》之張本，推重孔子至矣。」（《炮莊》卷二，頁十八）莊子亦以忠孝爲「無所逃於天地之間」的大法，於此可見他對孔子的推重。對方以智來說，無論身處方內方外，忠孝都是立身之本。他曾引陳維立語曰：「拱手高談性命，而漠視君父之安危，此陳同甫之所傷也。性命，人所以生也。君父有安危，而惻然與之同安危，至於痛涕，其人生氣盎如矣！而此外別有性命乎？」

（《炮莊》卷四，〈在宥〉，頁二十二）這是對明末空談心性的批評，以「君父有安危，而惻然與之同安危」為真正的性命之所在，正是忠君的表現。方以智雖稱「《炮莊》是遣放之書」〔註24〕，但其中亦不乏針砭時弊之論，有關它的現實指向暫且擱下。這裏著重關注的是方以智《易》《莊》會通的思想。

關於《炮莊》貫通《易》《莊》之旨的特點，從當時友人對此書的評論即可看出。張自烈《閱炮莊與滕公剡書》云：「寓言十九，綜百家，貫六經，《周易》外傳也。試合潛夫先生《時論》求之，道在是矣。」（《炮莊》卷首，頁二）苗蕃《炮莊咏二十四韵》亦云：「琴閒十三徽，《易》群龍無首，繫誰變化之？但見南華叟。」（《炮莊》卷首，頁六）張自烈將《藥地炮莊》比喻為「《周易》外傳」，並且認為其書可以同方孔炤的《周易時論》合觀；苗蕃認為《莊子》乃從《周易》乾元用九「見群龍無首」的「天則」變化而出〔註25〕。二人所述，皆清楚地揭示了《炮莊》的詮釋路徑。

對於《莊》與《易》的關係，覺浪道盛在《莊子提正》中曾說：「夫論《大易》之精微，天人之妙密，性命之中和，位育之自然，孰更有過於莊生者乎？」〔註26〕這裏雖然點出了《易》、《莊》宗旨相互貫通的可能性，但道盛在此方面發揮不多。方以智則明確提出了「《易》變而《莊》」的命題〔註27〕，至於這一命題的實質內涵，他在《東西均》中便曾提到：「《易》《莊》原通，象數取證。」（《東西均·神迹》）這是說，易學與莊學的精神本自貫通，並可經由象數得到證明。在《藥地炮莊》內篇開端，方以智即先從象數的角度對《易》《莊》的會通作了具體論證：

> 無內外而有內外，故先以內攝外。內篇凡七，而統於遊。愚者曰：遊即息也，息即無息也。太極遊於六十四，乾遊於六龍，莊子之「御六氣」，正抄此耳。姑以表法言之，以一遊六者也。《齊》、《主》、《世》如內三爻，《符》、《宗》、《應》如外三爻，各具三諦。《逍遙》如「見群龍無首」之用，六龍首尾蟠於潛亢，而見飛於法界，惕躍為幾乎！

〔註24〕《青原愚者智禪師語錄》，卷三，〈示侍子中履〉，《禪宗全書》第 65 冊，頁 650。

〔註25〕《易·乾·文言》：「乾元用九，乃見天則。」

〔註26〕《天界覺浪盛禪師全錄》卷三十，《禪宗全書》第 59 冊，頁 729。

〔註27〕方以智在其晚年所著《禪樂府》（方叔文、方鴻壽 1935 年校刊本）引中稱：「《易》變而《莊》，《詩》變而《騷》，有開必先，變變不變，非浮情濁識之所能與也。」《藥地炮莊》卷三〈大宗師〉注中亦稱：「《莊》是《易》之變，《騷》是《詩》之變。通於《騷》，可以怨；通於《莊》，可以群。」

六皆法界，則六皆蟠皆幾也。姑以寓數約幾言之，自兩儀加倍至六層爲六十四，而舉太極，則七也；乾坤用爻，亦七也。七者，一也，正表六爻設用而轉爲體，太極至體而轉爲用也。本無體用者，急口明之耳。曰六月息、曰御六氣，豈無故乎？用九藏於用六也，參兩之會也，再兩之爲三四之會，故舉半則示六，而言七則示周，曾有會來復周行之故者耶？寓數約幾，惟在奇偶方圓，即冒費隱。對待者，二也；絕待者，一也。可見不可見，待與無待，皆反對也，皆貫通也。一不可言，言則是二，一在二中，用二即一。南北也，鯤鵬也，有無也，猶之坎離也，體用也，生死也。善用貫有無，貫即冥矣。不墮不離，寓象寓數，絕非人力思慮之所及也，是誰信得及耶？善寓莫如《易》，而莊更寓言之以化執，至此更不可執。（《炮莊》卷一，頁一、二）

方以智通過象數來取證《易》《莊》會通的理由可以說集中呈現於此，以下我們結合「公因反因」說對這段話作一疏釋。

首先，從「無內外而有內外」至「正抄此耳」，這一小段可謂總論。結合方氏易學的「公因反因」說，我們可以這樣來理解：就公因來看，本無所謂內外之別；就反因而論，又確實存在著內外的對待，而反因對待之中還有主從尊卑之別，猶如陽統陰、天統地一般，《莊子》之書不妨「以內攝外」。《莊子》內篇凡七，其宗旨可統於「遊」字〔註28〕。再以反因論之，有「遊」即有「息」，如《逍遙遊》之大鵬「去以六月息者也」。遊息之間，有公因至理存焉。如同《易》之太極遊於六十四卦之中，乾元遊於六爻之中一樣，莊子所謂「御六氣之辯，以遊無窮者」正是抄自於此。

其次，從「姑以表法言之」至「六皆蟠皆幾也」，這是從「象」的角度論證《莊子》內七篇與乾卦諸爻的完美配合：《齊物論》如初九，《養生主》如九二，《人間世》如九三，《德充符》如九四，《大宗師》如九五，《應帝王》如上九，《逍遙游》則代表以一遊六的乾元之用九。如此組合而成的乾卦，其內外三爻「各具三諦」，即佛學中的俗諦（隨）、眞諦（泯）和中諦（統）。再由「六龍首尾蟠於潛亢，而見飛於法界，惕躍爲幾」一語來看，可知方以智所指稱的「各具三諦」，是以九二「見龍在田」、九五「飛龍在天」之「法界」爲俗諦（隨），

〔註28〕《炮莊》卷一〈逍遙遊〉引劉須谿曰：「《莊子》一書，其宗旨專在『遊』之一字。」

以初九「潛龍勿用」、上九「亢龍有悔」之「蟠」為眞諦（泯），以九三「君子終日乾乾，夕惕若」、九四「或躍在淵」之「幾」為中諦（統）。按照《莊子》內篇與乾卦各爻的對應關係，可以得出下圖一；若以∴圖模型來表示，則自《齊物論》至《應帝王》六篇所代表的乾卦六爻，可以構成下圖二：

用九【逍遙遊】（統）　　　【應帝王】（泯）　　【大宗師】（隨）
上九【應帝王】（泯）
九五【大宗師】（隨）　　　　　　【德充符】（統）
九四【德充符】（統）
九三【人間世】（統）　　　　　【人間世】（統）
九二【養生主】（隨）
初九【齊物論】（泯）　　　【養生主】（隨）　【齊物論】（泯）

　　　　圖一　　　　　　　　　　圖二

　　此圖象所蘊涵的意義是：內三爻以《養生主》立一切法，《齊物論》泯一切法，而以《人間世》統一切法；外三爻則是由《德充符》之統回歸於《應帝王》之泯與《大宗師》之隨；最終以《逍遙遊》之用九以一遊六，為內篇之大統。我們在第二章中已經討論過，隨、泯、統三者的關係是「三即一，一即三，非三非一，恒三恒一」，「究竟統在泯、隨中，泯在隨中」。因此，乾卦六爻、《莊子》內篇，皆以一函三，無分隨、泯、統，亦即「六皆法界，則六皆蟠皆幾也」。

　　再次，從「姑以寓數約幾言之」至「即冒費隱」一段，這是從「數」的角度論證《易》《莊》的會通。《莊子》內篇以「七」為數，減去《逍遙遊》一篇則合「六」爻之數。從易學來看，由陰陽兩儀加倍，經四象、八卦、十六卦、三十二卦至六十四卦，共歷六層，再舉太極則為七；乾坤二卦各有六爻，再加用九、用六，亦為七。用爻即代表太極之一，乾坤六爻設此用爻，表示由用轉為體，體復轉為用的相互轉化。本來體在用中，體用不二，這裏不過是方便的說法。如此看來，莊子在《逍遙遊》中所說的「六月息」、「御六氣」並非無緣無故，實與易學有關。乾元用九藏於六爻之中，六乃是「參天兩地」之數交會相乘而得；六再加倍得十二，為三四之會；十二舉其半為六，言七則表示舉半之六再周行一次〔註29〕。復卦卦辭有「反覆其道，七日

〔註29〕《周易時論合編·圖象幾表》卷八有〈六七藏〉之說：「五音七調，必用六律。干用於支，以十二折半，則言六，而周則言七。邵子所云餘分必七也。六爻加太極一層，亦七也。七在六中。」可參看。

來復」之說，《象傳》曰：「反覆其道，七日來復，天行也。」謂陽氣始剝盡至來復時凡七日，此乃天之自然之理。方以智認為，此即以七示周的表現，幾微之理藏寓於奇偶之數中，數字之中已經涵蓋了宇宙萬物的體用費隱。這是方氏易學的數學觀。

最後，從「對待者，二也」至文末「至此更不可執」，方以智再發揮「公因反因」說以作結論。其大意是：反因為對待之二，公因為絕待之一；至理之一不可言詮，落入言詮即為相待之二，實際上公因在反因中，一在二中。這是「公因反因」說的基本理論。結合《莊子》文本，其所謂南北、鯤鵬、有待與無待，猶如坎離、體用、生死，皆是對待之二，而絕待之一正在其中。若能善用反因、統貫有無，即可冥合公因至理。此天地間為物不二之至理，不落且不離於交輪代錯的宇宙萬象，它寓於象數之中，本自如此，不待安排，絕非人力思慮之所及。《易》與天地準，故最善於彌綸天地之至理者莫若大《易》。然亦不可太過執著，故莊子承大《易》之後，以寓言來破除偏執；既然如此，則讀莊書者更不能固執於莊生之言。

這是方以智運用「公因反因」說的象數思想對「《易》變而《莊》」所作的論證，他主要是從《莊子》內七篇的整體架構與《周易》的關係角度來說明的。在對《莊子》文句的疏解方面，《炮莊》中多處可見方以智以象數易學為《莊子》言論探幽發微的思想痕跡。如《天運》篇有所謂「九洛之事」，方以智解釋說：「黃帝表新洛、陰洛，即九洛也。虛舟子衍河圖為洛書，足證《易》《範》皆用九洛。中一旋四倍八，而綱維具矣，此非人思慮所及也。莊子所謂本數末度，其備乎！」（《炮莊》卷五，頁十）九洛即洛書九疇，《周易》與《尚書·洪範》皆用九洛，《莊子·天下》所謂「本數末度」即是指此。又如《天下》篇所謂「以法為分，以名為表，以參為驗，以稽為決，其數一二三四是也」，其中「一二三四」原是形容歷歷分明之意，但方以智卻引其父方孔炤的《潛草》解釋：「『其數一二三四』，不言五者，五在其中。從此千之萬之，故曰『其數散於天下』。邵子曰：『四常不壞，而一常不可見。』蓋從小衍悟入。」（《炮莊》卷九，頁十五）按小衍之數為五，此為邵雍象數易學的觀點。如此一來，《天下》篇的一句「一二三四」竟然隱涵著象數法則。方以智接著說：「莊言『明於本數，係於末度』，節卦曰：『制數度，議德行。』蓋數自有度，因而制之。秩序變化，盡於河圖洛書矣。故曰：數為藏本末之端幾，而數中之度，乃統本末之適節也，道之籥也。」（《炮莊》卷九，頁十六）天地

間的一切秩序變化皆可從河圖洛書中推衍出來，河洛爲宇宙之表法，數度是認識天地運化之門徑，這是方氏象數易學的一個基本出發點。方以智在解釋《莊子》文本時，同樣不能脫離這一框架。所謂「《易》變而《莊》」的證據，大抵皆如此類。

平心而論，若從莊子思想的角度來看，方以智以象數易學附會《莊子》，其「《易》變而《莊》」的論證在義理上很難成立，但我們應注意他的用意。對方氏而言，象數易學其實是一種統一的世界觀和方法論，他的集大成體系即以此作爲根基。《易》《莊》會通的論述，是方以智以易學來集天下學術之大成的一個重要面向。

（二）以禪解莊

莊禪互通的看法由來已久，莊子的「心齋」、「坐忘」和「朝徹」等，很容易使人聯想到佛家的禪定、止觀和頓悟。在莊學詮釋史上，以佛解莊者並不鮮見，至晚明此風尤盛，憨山德清的《莊子內篇注》即爲顯例。方以智在出家之後，發揚覺浪道盛之學，受禪宗思想的薰習，其《藥地炮莊》自不免打上「以禪解莊」的時代烙印。

道盛在《莊子提正》中稱莊子爲「佛法之前矛」，其「以佛解莊」之特色已若隱若現。如，對於《齊物論》「非彼無我，非我無所取」句，道盛解曰：「此正明我見本空，以對物有我，物不自物，由我而物，如我不取，物亦不有。」〔註30〕這是以佛教之「我見」解「無我」之「我」。又對於《養生主》「薪盡火傳」句，道盛發揮說：「獨是薪盡火傳一語可通吾禪，然彼但曰火傳，曾未深言薪既盡而火何以得傳，且不致於昧滅也。即生時死順，只能不違此色身業力，以還其自然之天而已，又何知吾有父母未生前此常住眞心之主，能了業識而出死入生，與超凡越聖於名相之外哉！」〔註31〕道盛以爲，「薪盡火傳」一語與禪宗傳燈之旨相通，但莊子沒有深究薪既盡而火何以得傳的原因；在禪宗看來，這是因爲生死輪迴中有一超越不變的常住「眞心」作主宰。在道盛思想的誘發下，方以智《藥地炮莊》「以禪解莊」的風格更爲明顯。

〔註30〕《天界覺浪盛禪師全錄》卷三十，《禪宗全書》第59冊，頁733。此解亦爲《炮莊》所引，道盛又解《齊物論》之「吾喪我」曰：「所喪者，妄執之我見也。」按，佛教認爲，一切眾生的肉體和精神，都是因緣所生法，本無我的實體存在，但吾人都在此非我法上，妄執爲我，叫做我見。
〔註31〕同上，頁735。

例如，對於《齊物論》之主旨，方以智說：

> 因是已，此是非無是非之主中主也。此之謂以明，誰明此因而得樞寓之應乎？中庸二字，神明二字，理事二字，折攝離微，即是交蘆，相奪相融，皆十玄門。誰物物乎？誰齊齊乎？誰論論乎？莫若以明，乃能不惑。（《炮莊》卷一，頁二十二）

方以智認為《齊物論》之主旨在齊是非，他引唐荊川（唐順之，1507～1560）云：「通篇論本無是非，是非皆人所作。」（《炮莊》卷一，頁二十一）那麼，是非如何「齊」呢？方氏抓住「因是已」和「莫若以明」這兩個概念，並運用曹洞宗所立「四賓主」之「主中主」〔註32〕來說明之。「因」有因任之意，若以「公因反因」說來解釋，是非為反因，而「因是已」之「因」則為公因。「此之謂以明」，即是要明此公因，如此方能得其環中，以應無窮。「主中主」與「公因」是同一層級的概念。接著方以智又運用華嚴宗所立的「十玄門」〔註33〕，說明中庸、神明、理事等對立概念的相奪相融關係。所謂「交蘆」，亦為佛教譬喻，以交叉三幹之蘆而立者，譬互為因果之法。中庸、神明、理事等皆相反相因，而超乎其上又貫乎其中者，即是公因，亦即「莫若以明」之道。

又如，針對「南郭子綦隱几而坐，仰天而噓，嗒焉似喪其偶」一段，方以智說：

> 《圓覺》曰：「若知我空，無毀我者。」物論何足累耶！愚云：震來虩虩，笑言啞啞，喪貝勿逐，而無喪有事矣！怒飛嗒噓，原非兩際。
>
> （《炮莊》卷一，頁二十三）

這裏先引《圓覺經》語，說明若知我空，則物不足累。又引震卦初九、六二爻辭〔註34〕，說明若能安時處順，則無「喪有」之事；大鵬之「怒飛」與子綦之「嗒噓」，時行則行，時止則止，動之與靜，原非兩邊。

〔註32〕主中主，曹洞宗所立四賓主之一。主，指正、體、理等；賓，指偏、用、事等。主中主，謂理之本體並非直接顯現於日常之事相上。《永覺元賢禪師廣錄》卷二十七〈洞上古轍〉卷上云：「理之本體不涉於用者，名主中主，喻如帝王深居九重之內也。」

〔註33〕「十玄門」又稱「十玄緣起」，為華嚴宗所立，表示四種法界中事事無礙法界之相。通達此義，則可入華嚴大經之玄海，故稱「玄門」；又此十門相互為緣而起他，故稱「緣起」。十門相即相入，互為作用，互不相礙。以上解釋參丁福保《佛學大辭典》。

〔註34〕按，震卦初九：震來虩虩，後笑言啞啞，吉。六二：震來厲，億喪貝，躋於九陵，勿逐，七日得。

　　以上是方氏直接以佛理解莊的例子，在《炮莊》中更爲常見的是引用禪宗公案來詮解《莊子》。檢視該書內容，特別是眉批題作「閒翁曼衍」的部分，可發現方以智或引禪宗公案，或打禪語、下轉語，用反詰、暗喻等手法會通莊生之旨。下面試舉數例略加說明。

　　對於《逍遙游》之「肩吾問於連叔」一段，方氏拈提云：

> 僧問沙門眼，長沙岑曰：「長長出不得。」僧曰：「未審出個什麼不得？」岑曰：「畫見日，夜見星。」曰：「學人不會。」岑曰：「妙高山色青又青。」愚曰：「土曠人稀，相逢者少。」（《炮莊》卷一，頁十四）

長沙景岑禪師公案見於《景德傳燈錄》卷十，「沙門眼」即正法眼、第三眼、頂門眼。禪師答問之言往往答非所問，不可以常情推度，其目的是去掉問者心頭的執著，引人開悟。《逍遙遊》肩吾謂接輿之言「大而無當，往而不反」、「猶河漢而無極」、「大有徑庭，不近人情」，有類於公案中僧不會岑之言。「土曠人稀，相逢者少」乃方以智所下之斷語，表示罕見「會道」者。

　　對於《逍遙遊》之「惠子謂莊子曰：魏王貽我大瓠之種」一節，方氏拈提云：

> 愚曰：柏樹現在庭前，猶道西來無語，一枝與夢相似，誰用著天地同根。此與漆園瓠櫟相去多少？……如何是無何有之鄉？曰：父母未生前，試道一句看。如何是父母未生前句？曰：寢臥其下自知。（《炮莊》卷一，頁十六）

《莊子》之「大瓠之種」，旨在闡明因萬物之自爲用，「無用之用是爲大用」的道理。方氏於此巧用趙州從諗禪師「庭前柏樹子」公案〔註35〕，「庭前柏樹子」有如漆園之「大瓠」與「櫟社樹」（見《莊子·人間世》），看似無所可用，實寓大用。接著又以「父母未生前本來面目」〔註36〕與《逍遙遊》之「何不樹之於無何有之鄉，廣莫之野，仿徨乎無爲其側，逍遙乎寢臥其下」相互參究，發人深省。

　　對於《逍遙遊》之「吾有大樹，人謂之樗」，方氏拈提云：「文殊拈一莖草，世尊拈一枝花，莊子拈一枝大樹，且道殺人活人，在甚麼處？」（《炮莊》

〔註35〕《五燈會元》卷四：「僧問：如何是祖師西來意？趙州云：庭前柏樹子。」
〔註36〕《六祖壇經》云：「不思善，不思惡，正與麼時，那個是明上座本來面目？」「父母未生前本來面目」爲禪宗參話頭慣用的公案。

卷一，頁十七）文殊事見《五燈會元》卷二：「文殊菩薩一日令善財採藥，曰：
『是藥者採將來。』善財遍觀大地，無不是藥。卻來白曰：『無有不是藥者。』
殊曰：『是藥者採將來。』善財遂於地上拈一莖草，度與文殊。文殊接得，呈
起示眾曰：『此藥亦能殺人，亦能活人。』」「世尊拈花，迦葉微笑」的故事更
是禪宗「以心傳心」之根據大事。《逍遙遊》中惠子患大樗樹之無用，莊子則
「樹之於無何有之鄉」，以顯其大用。方氏以「一莖草」、「一枝花」比擬莊子
之「大樗」，自出機杼，別有會心。

　　對於《齊物論》之「即使我與若辯矣，若勝我，我不若勝」一節，方氏
拈提云：「設為三個人，擺出四料揀，樂府收中吾，愈解愈不著。」（《炮莊》
卷一，頁四十三）所謂「四料揀」，即四種簡別法，為臨濟義玄所施設，乃是
應機應時，與奪隨宜，殺活自在地教導學人之四種規則，即：奪人不奪境、
奪境不奪人、人境俱奪、人境俱不奪。所謂「樂府收中吾」，指古樂府歌辭《臨
高臺》末句「收中吾」，此三字本無實義，只是為了增加演唱時的韻味，故曰
「愈解愈不著」。方氏此偈是發揮《齊物論》「我與若與人俱不能相知」之意。

　　除了直接引用禪宗語錄之外，方以智還經常在別人的觀點上「話上加話」
或「打禪語」，或點化其義，或提出反詰，與讀者共相參究。例如，外篇總論
方氏拈提云：

> 試請孟、荀、莊、列、申、韓、惠、秉，同在一堂，各出鋒芒，誰
> 將決之？先輩云：莫執一說，合觀自明，子思特地指出代明錯行之
> 幬，你道幾個權衡到此？趙州曰：正人說邪法，則邪法亦正；邪人
> 說正法，則正法亦邪。你道幾個權衡到此？愚曰：覆。蕭元聲舉埋
> 庵曰：王摩詰是闡提，韓退之是真供養。王新建許朱子晚年出家，
> 一庵撞見達磨，正好送他上學。具此眼，方可以權衡此書。愚曰：
> 喚作錯行得麼？〔註37〕

此段論說並無《莊子》文本可與對應，完全是著者借題發揮，兩個「愚曰」
以充滿禪趣的語言表明方氏自己的看法，即他認為各種學說可以代明錯行，
以全容偏，藏悟於學。

　　諸如以上舉例，在《藥地炮莊》中比比皆是，不再贅述。方氏之「以禪
解莊」，在於善用禪宗公案以會通莊旨，又往往於末尾處以「愚曰」下一轉語，

〔註37〕《炮莊》卷四，頁二。按，王維是認真修行的大居士，卻說他是斷了善根的
　　　　「闡提」；韓愈闢佛，反倒說他是「真供養」，此是顛倒錯行。

提起疑情，令人參悟其中的道理。其解《莊》文字多留有不說破、不可說的餘地，或遮詮，或表詮，或寄寓禪思，充分顯現其以禪解《莊》、以《莊》破執的妙用。

既然《易》與《莊》可以會通，《莊》與禪亦可會通，那麼《易》與莊禪究竟有怎樣的關係呢？方以智在《藥地炮莊》總論部分對這個問題有一扼要的回答：

> 或問《易》與莊禪分合可得聞乎？平公曰：萬古攝於一息，八紘攝於一毫，此燧之取火也。而一息之攝宙，一毫之攝宇，皆具圖書之秩序變化焉。人蔽於驕妒鄙吝之我，詎能親見？生後之習氣日熾，萬法之蹟動繁然，自非畫前畫後，剝爛復反，安能神明會通耶？平心乃能精一，折攝乃能深參。倘信不及，不妨以疑凝之。李伯紀曰：大易、華嚴，和盤一本，當處歷然分別，當處寂然無分別也。《楞伽》偈曰：一切法不生，我說剎那義，初生即有滅，不爲愚者說。《老子》曰：三生萬物，變化無窮；萬物皆作，吾以觀其復。《莊子》曰：萬物皆種也，以不同形相禪，始卒若環。《禮運》曰：禮本於大一，分而爲天地，播五行於四時。是三層耶？一物耶？伏羲止畫方圓圖，不標太極也。箕衍禹之皇極，孔子乃聳太極於兩儀上。又曰：一陰一陽之謂道，繼之者善，成之者性也。又曰：惟幾、惟深、惟神。莫將《中庸》天命之性作三句耶？《中庸》首標三謂足矣，又曰可一言盡，何也？或曰三極，或以極與無極相奪相泯而太之，果有此圈，無此圈，曾參之乎？黃元公曰：凡有定體，不能變爲諸體；《易》無體，故變變不窮，六十四卦變爲四千九十六，始卒若環，重重無盡，而一卦有一卦之義，一爻有一爻之義，不雜不亂，各循其方，與華嚴法界符合，至矣哉！（《炮莊》總論中，頁九至十）

方氏引用老莊、華嚴、《禮運》、《中庸》與《大易》互爲參證，其旨在說明《易》與莊禪是一與多、統與辨、公因與反因的關係。「平公」見於《易餘》〔註38〕，是方以智假託之名。平公所言，即以河洛象數爲公因之表，宇宙間萬事萬物

〔註38〕《易餘》假託平公、何生、當士三人的問答來表達作者的思想。《易餘‧時義》：「當士曰：平公言其簡統，何子言其初統，吾且言其詳統。」此種區分，亦與方氏三分法相合。大體而言，當士代表可以、費均、隨；何生代表何以、隱均、泯；平公代表所以、公均、統。

之秩序變化，皆符合河圖洛書之規律，只是人們爲習氣所蔽，不能親見此至理。對於《易》與佛教的關係，方以智吸收了李伯紀與黃元公之說〔註 39〕，二人皆持《大易》與華嚴回互的觀點。其他諸如《老子》的「三生萬物」說，《莊子》的「萬物皆種」說，《禮運》的「禮本於大一」說，以及《中庸》的「三謂」說等等，這些變化之理可一言以蔽之，即皆符合《易》之運動變化規律。因爲《易》無定體，故能變化無窮，包羅萬象，如此當明《易》可與莊禪會通。以易理通乎佛氏，又通乎老莊，這是方以智三教會通的根本旨歸。

三、《炮莊》的詮釋意圖

上文曾提及方氏以象數易學附會《莊子》在義理上面臨的困境，比如他對《莊子》內七篇整體架構的分析，就不免有「過度詮釋」之嫌〔註 40〕。我們需要追問的是，作者對《莊子》的詮釋意圖何在？在這個問題當中，《藥地炮莊》是解讀的文本，方以智是作者，我們則成爲讀者或詮釋者。對於這個問題的解答，但願不是另一種「過度詮釋」。

（一）藥地醫王

在方以智一生的眾多別號當中，「藥地」是最爲人所熟知的別號之一，然而卻很少有人深究它的確切涵義。根據任道斌《方以智年譜》所載，方以智曾在其《意在筆先圖》上自題「壬辰（1652）冬日藥地頭陀寫」〔註 41〕，可

〔註 39〕 按，李伯紀即北宋名臣李綱（1083～1140）；黃元公，名端伯，崇禎元年進士，篤好佛法，曾參學於無明慧經，後爲清兵拘執，不屈而死。詳見《居士傳》。

〔註 40〕 關於「過度詮釋」（overinterpretation）的討論，參見艾柯等著，柯里尼編，王宇根譯：《詮釋與過度詮釋》，北京：三聯書店，2005 年。艾柯提出「文本意圖」的概念，試圖爲詮釋設立某種界限，以避免「過度詮釋」。另一位學者卡勒則坦承自己的位置就是爲「過度詮釋」辯護，他認爲「過度詮釋」的方法就是一種「發現」的方法：對本文、符號以及符號實際運作機制的發現。「一種方法如果不僅能使人思考那些具體的元素，而且能使人思考那些元素的運行機制，它就比只是力圖去回答本文向其標準讀者所提出的問題的那些方法更有可能獲得新的發現。」（喬納森・卡勒：〈爲「過渡詮釋」一辯〉，《詮釋與過度詮釋》，頁 132。）

〔註 41〕 任道斌：《方以智年譜》，頁 182。另，孫晉〈藥樹堂碑文〉：「宓山無可大師蹋翻南北，從劍刃上悟性命之因，印心杖門，於樂廬時得藥地圖章，因隨所在，名爲藥地愚者。」（《青原志略》卷四）按方以智廬墓所居之地稱「樂廬」，時在 1655 至 1657 年。他雖於此時得藥地圖章，但藥地之號在此前即已有之。

見「藥地」之號當是出家之後才有的。佛教有「藥樹王」之名，草木有可以治病者，稱爲藥草、藥樹；其中最勝者，稱爲藥王。若人立於樹前，其五臟六腑等，悉見分明。方以智在梧州時有詩句云「西方藥樹是奇兵」〔註42〕，晚年又在青原山建「藥樹堂」。「藥地」之「藥」當與此有關。至於「藥地」別號的深層涵義，我們從下面兩段引文中可以窺見一二。

方以智弟子慈炳在《藥地炮莊》後跋中提到：

> 道法舛馳，顚頇莽蕩，豈盡庸醫誤之？而奇醫更誤之也。傷哉！百姓日用而不知耳。吾師藥地老人痛傷其心，發大悲憫，不忍坐視流毒，爛燒冷竈，炮製君臣五味，殺活古今，因法救法，廣施針艾，用醫天下後世之誤中鉤吻、鳥頭者。

方以智次子方中通在《青原愚者智禪師語錄》跋中也說：

> 老人合尼山正示、鷲嶺大過、漆園旁擊而一之，明乎公因反因、正知徧知，證此五位天然秩序、寂歷同時之大符，所謂透過向上、打殺向上、同患盡分、決於中節，然後知醫王集大成，而後能應病予藥也。

方以智「藥地」別號所寄寓的，正是在面對「道法舛馳，顚頇莽蕩」的時代困境時，期望通過烹炮三教，「因法救法」、「應病予藥」的一種苦心善世的宏願。他曾自言：「智嘗以醫學喻醫王，而表醫醫之願焉。」〔註43〕按佛教的說法，佛、菩薩能醫治眾生之心病，故以良醫爲喻，而尊稱爲「醫王」。時人亦每以「醫王」稱頌總持三教的方以智，如文德翼〈補堂炮莊序〉謂「蓋醫能醫病，藥地能醫醫，是曰醫王」（《炮莊》序文，頁四）；傅笑在〈惠子與莊子書〉識語中說：「佛以一語窮諸外道，曾知佛現外道身以激揚而曉後世乎？苟不達此，不須讀《莊》，又何能讀《炮莊》？大醫王詳症用藥，橫身劍刃，申此兩嘘，苦心矣！」（《炮莊》總論下，頁十一）方氏之學素通醫理，以「醫王」譬喻「藥地」倒是再恰當不過。在方氏看來，三教之學本來皆爲醫病之藥，但是其流愈遠，其源愈失，以至藥皆是病；應對三教末流之病，方以智開出的藥方是「合尼山正示、鷲嶺大過、漆園旁擊而一之」，即集三教之大成，如此方可得爲「醫王」而應病予藥。他感歎道：

〔註42〕孫晉〈藥樹堂碑文〉：「襄聞蒼梧句曰：西方藥樹是奇兵。已聞竹關句曰：死是大恩人。已聞廬山句曰：病藥俱忘還說藥，醫王大病欲誰醫？嗚呼！藥病之間，未易知也。」見《青原志略》卷四，頁113。

〔註43〕方以智：〈杖人全集跋〉，見《天界覺浪盛禪師全錄》附錄，《禪宗全書》第59冊，頁808。

> 後人不知集大成而後能應病予藥，乃囂囂然倚一家而執之，豈不蔽
> 哉！況以媮心便其苟簡，易以騶門；以憸心縱其恣睢，詭以障世，
> 又挾單方燒《靈》、《素》乎？……時至此時，喙鳴矯亂，必通其故，
> 必集大成，方能知天下分科專門之利害而用之。〔註44〕

正是有見於學術日裂、門戶日深所造成的種種弊病，方以智才提出「集大成」
的主張。在覺浪道盛的影響下，他權借《莊子》為入處，通過炮製諸家之藥，
以期臻至「聖學、宗、教，各各會通，且得平心，面面可入」的均衡境界（《炮
莊發凡》語），從而實現「因法救法」、「應病予藥」的救世宏願，這就是方以
智《藥地炮莊》的思想進路。

（二）炮莊救世

　　上文已就《炮莊》「以儒釋莊」和「以禪解莊」的詮釋特點分別作了闡述，
其中還有一個問題需要說明，即方以智詮釋《莊子》的基本立場是在儒家還
是在佛家。《四庫全書總目提要》稱《藥地炮莊》「大旨詮以佛理」，顯然認為
方以智是站在佛教的立場注解《莊子》——如果只看到書中隨處可見的禪語，
再加上方以智的禪者身份，得出這樣的結論並不奇怪。但進一步分析，我們
認為《炮莊》在根本上是以儒家為歸宗的。首先，《炮莊》是對覺浪道盛以莊
子為「儒宗別傳」的託孤說的繼承和發揚。余颺〈炮莊序〉曰：「自天界老人
發託孤之論，藥地又舉而炮之，而莊生乃為堯、舜、周、孔之嫡子矣。其與
孟子同功而不與孟子同報者，孟子以正，莊生以反；孟子以嚴，莊生以誕。
嚴與正者，其心易見；而反與誕者，其旨難知也。」（《炮莊》序文，頁五）
莊子與孟子行迹不同，表現手法各異，但同為儒家嫡子，這才是最根本的。
常人只見其異而不知其同，《炮莊》所要反覆申明的正在後者。其次，就方以
智的身份來看，他的出家乃是出於清廷逼迫，不得已而為之。出家之後他仍
恪守儒生本色，其摯友施閏章曾說：「夫藥翁非僧也，卒以僧老，其於儒言儒
行，無須臾忘也。」〔註45〕事實上也的確如此，就方以智出家之後的行事風
格來看，實非一禪師所能範圍。以禪僧之身分而援莊入儒，這是特殊時代所
造就的特殊生命形態和學術風格，其中既有時代思潮的影響，也包含個人的
價值選擇。

〔註44〕同上。
〔註45〕施閏章：〈吳舫翁集序〉，《愚山文集》卷五。

　　從晚明佛教的發展情況來看，佛教由出世之學向現實經世之學的轉變，儒釋一致、儒釋融合之論的蔚然成風，已經突破了佛教出世與儒家入世的傳統思維定勢〔註46〕。一批高僧大德主動介入世俗社會生活，積極涉足社會政治事務，使晚明佛教叢林增添了社會關懷的現實色彩。如紫柏真可自述平生「三大負」之一即是「礦稅不止，則我救世一大負」，對萬曆重征礦稅的做法深致不滿。叢林尊宿以慈悲之心，關注人間苦難，以出世之身做一番入世的事業，體現了佛教普度眾生的救世悲願，同時也在一定程度上拉近了與儒家的距離。《藥地炮莊》引卓左車之語曰：「尼山環轍，能仁轉輪，正是千古熱腸，故有如許栖皇赴湯蹈火之態。若如世人，只做自了漢，不但世界無人撐持，彼貧士失職而不平者，其將誰歸？」〔註47〕此種將儒釋二教均解釋爲具有高度入世熱誠的說法，即受當時佛教思想轉向之影響。明亡以後，士之志節者多逃之釋氏，當與晚明儒釋界限的相對寬鬆不無關係。遺民逃禪之後的情形亦各有不同，一部分人從此音塵不接，終老山林；但也有一部分人不甘心「只做自了漢」，身在佛門而心懷儒業，依然有著強烈的現實關切和擔當意識。方以智選擇了後者，他的《莊子》詮釋即寄寓著逃禪遺民的救世苦心。

　　錢穆先生曾說：「《莊子》，衰世之書也。故治《莊》而著者，亦莫不在衰世。魏晉之阮籍、向、郭，晚明之焦弱侯、方藥地乃及船山父子皆是。……然則處衰世而具深識，必將有會於蒙叟之言，寧不然耶！」〔註48〕對於經歷亡國之痛的明遺民來說，他們對莊子產生人格認同，實在是很自然的事情。方以智在《炮莊小引》中說：「讀書論世，至不可以莊語，而厄之寓之，支離連犿，有大傷心不得已者。士藏刀於才不才，背負青天，熱腸而怒，冷視而笑，筍之干霄，某（梅）之破凍，直塞兩間，孰能錮之？天以戰國報漆園之天也乎哉！」（《炮莊》序文，頁九）這段話表面上在說莊子，實際上是方氏自況爲莊子的生命剖白。《炮莊》的遣放與《莊子》的支離宛轉一樣，「有大傷心不得已者」。所謂「天以戰國報漆園之天」，換句話說，也就是上天以明清鼎革的亂世來焠煉造就方以智的思想和生命。正是由於這種心理投射，使得遺民眼中的莊子呈現出別樣的風采。

〔註46〕參見陳永革：《晚明佛教思想研究》第六章「儒佛交涉與晚明佛教的經世思潮」，宗教文化出版社，2007年。

〔註47〕《炮莊》卷二，〈人間世〉拈提，頁二十七。按：卓發之，字左車，明清之際文人。又，尼山指孔子，能仁即釋加牟尼。

〔註48〕錢穆：《莊子纂箋·序目》，臺北：三民書局，1981年，頁7～8。

　　方以智認爲莊生之言乃是針對戰國末世有感而發的過激之詞：「莊子歎世之溺於功利而疚心，其始又不可與莊語，爲此無端崖之詞。」（《炮莊》總論下，〈向子期與郭子玄書〉，頁一）後世對莊子的理解大多未得其要旨，方以智借惠施之口評說道：「世之愛足下者，皆不能學問，不能事業，不能人倫，而詭託者耳。」他頗爲惋惜地說：「所太息者，以可以救世者而竟誤世也！」（《炮莊》總論下，〈惠子與莊子書〉，頁七）覺浪道盛和方以智《莊子》詮釋的目的就是要挖掘和彰顯莊生的救世之志，其現實指向是相當明顯的。

　　我們在前一章已經言及，明遺民在立德、立功、立言三個方面均有所訴求，然而在清政權已相當穩固之後，「立言」的學術事業成爲他們實現其人生價值的主要方向。覺浪道盛曾說：「古人以立德、立功、立言爲三不朽，而立言之係，重於天下萬世，其功德有不可較計矣；立言之難，又非一時功業可比。」〔註49〕功業如浮雲，轉瞬即逝，所憂者在天下風氣，在萬世人心，立言之重，正在此也。陳丹衷在爲《藥地炮莊》所寫的序文中提到：

> 末世學者不發願力，不究實用，則或以倍譎標新，或以椎拂裝面，相率逃學嫉法，而以道爲掠虛鬥勝之技，煉很護短，無當中和，不可憫耶！……藥地大師之《炮莊》也，列諸病症，而使醫工自飲上池，視垣外焉〔註50〕。（《炮莊》序文，頁一）

陳丹衷對末世學風的批評，集中在兩個方面：一是「不究實用」的虛無之病，二是「鬥勝護短」的門戶之爭。晚明以來，無論是心學的「倍譎標新」，還是禪宗的「椎拂裝面」，均屬向上一路，整日周旋於心體性理的形上層面，自是其是而以他爲非，不究實用，無當中和，結果導致學術精神的淪喪和社會價值的崩潰。方以智借《炮莊》會通三教的努力，亦主要針對這兩大弊病而發。《炮莊》所欲強調的「救世」意涵，大體說來，可略分爲以下兩點：

　　其一曰「鐸中和以平鬥諍」〔註51〕。明末以來，士大夫無論身處方內還是方外，或因黨社之爭而亂政（明末黨爭一直延續至南明弘光、隆武、永曆政權），或因義理之爭而亂教，最後在內憂外患之下，終於導致「天崩地解」

〔註49〕方以智：《藥地炮莊》，卷八，〈寓言〉引，頁十二。
〔註50〕按，「上池」爲醫方名，主治心疾狂邪之藥；「視垣外焉」，意猶「打破藩籬」。
〔註51〕方以智《五老約》涂斯皇序曰：「皇親炙而知師實平易人也，鐸中和以平鬥諍之苦心也。」轉引自任道斌：《方以智年譜》，頁210。

的歷史悲劇。總結明亡的慘痛教訓，一部分有識之士試圖從學術文化的層面加以反省。其基本進路約有兩端：一是堅持正統儒家的立場，站在儒家門墻之內重建儒學，對二氏之學仍持批判否定的態度，如王夫之即是；二是打破三教的門戶，一方面批判三教末流之弊，一方面發揚三教的原始精神，提出三教會通的主張，方以智即屬此類。晦山戒顯在〈炮莊序〉中指出：「炮儒者，莊也；炮教者，宗也。茲帙雖曰《炮莊》，實兼三教五宗而大炮之也。」（《炮莊》序文，頁八）通過炮製《莊子》來會通三教五宗，以達到「療教而平人心」的目的〔註52〕，這是《炮莊》的主要意圖。

前已言及，《炮莊》特重「中和」之說，方以智稱莊子「卷卷欲蒸世以中和」，實是自道其志。王辰〈青原志序〉曰：「禪儒互詆，世出世同病。藥地大醫，劑調惟均，使緇流安本來之衣鉢，書生奉中和之俎豆。實欲使處世膠柱者，知有超出之一門，而昏貪可醒；出世但空者，不昧秩序之法位，而莽蕩誰逞乎！」〔註53〕調和儒釋衝突，使世法與出世法互救其弊，這就是方以智以「中和」為醒世之鐸的用意。

其二曰「倡實學以挽虛竊」。桐城方氏自方以智曾祖方學漸始，即有崇實的家風。針對明末心學與禪學的空疏虛竊之風，方以智發出了「欲挽虛竊，必重實學」的疾呼（《東西均‧道藝》）。學界向來有一種觀點，即把方以智所倡導的「實學」僅僅理解為他所說的「質測」之學，這種理解是十分狹隘的，也不符合方以智的思想實際。在方氏看來，虛實本一致，二者可以相資為用，儒、釋、道三教的原始教義都包含有虛實合一的思想成分，但是隨著三教的不斷發展演變，其末流往往偏於一路，而失卻原初的本義。方以智在《藥地炮莊》中提到：

> 焦弱侯曰：「孔明器即道，老明有即無，佛明色即空；二氏之長，皆《易》所有。心自本無，則言者誤之耳。」藥地炮至此曰：「維世重紀綱，遂功言權變。凡夫聽理，不如利害；辯士貪奇，必貪顛倒。達人遣放，才子標新；破相者逃玄，核欺者據物。不可以質測廢通幾，豈可以通幾廢質測乎？突出難辨，硬掃亦癡。自非神明其故，

〔註52〕方以智《易餘‧知言發凡》說：「欲療教而平人心，必先平言。言至今日，膠葛極矣。」《易餘‧薪火》又說：「九死之骨，欲平療教者之心，心苦矣！」可見「療教而平人心」實為方氏為學之目的。

〔註53〕王辰：〈青原志序〉，見《青原志略》，頁11。

何能因其代錯而化歸中和也哉！」（《炮莊》卷一，〈齊物論〉，頁四
十六至四十七）

方以智徵引焦竑的說法，強調儒、釋、道三教精神相通，儒家所謂「器即道」，
道家所謂「有即無」，佛家所謂「色即空」，其實皆不出《易》道之範圍。若
是從方氏易學的角度來理解，則三教之所宗，無非是「一在二中，寂歷同時」
思想的體現；換言之，儒、釋、道三教立言或有輕重，然其立教之本心則必
當落實於「體在用中」、「上達在下學中」的學問致用。因此，方以智認為當
日學者或者高蹈心性以掩其遺放無為，或者詭託無礙以逞其標新立異，這種
學風不但不合乎儒門之宗旨，亦不能深知佛、老之真諦。權救之道，唯有虛
實合一，質測與通幾並重，「因其代錯而化歸中和」，如此一來，方能實現方
以智所謂「四民首士，四教首文，天下風氣，必隨誦讀之士所轉」（《東西均‧
道藝》）的學術救世宏願。這是《炮莊》的詮釋意圖，也是方氏三教會通試圖
達致的現實目標。

第四章　以儒爲歸：三教會通的價值立場

　　在探討晚明三教會通的論題時，我們無法迴避這樣一個問題，即在三教高度融合的情境下，不同學者究竟採取何種價值立場（抑或等量齊觀）？對待三教關係的不同看法和態度，直接塑造了他們不同的思想形態和自我形象。在前面的論述中，我們曾提及方以智的儒者立場，但並不十分明朗，通過對方氏三教觀的具體考察，可以更清楚地認識這一點。另外，借用存有論與境界論的二元分析模式，從「有」與「無」的角度來觀照方以智的三教會通，可以進一步深化我們的認識，即方氏在不喪失儒家質的規定性與身份認同的前提下，充分吸納了佛道兩家的精神境界，以構建「有無合一」的思想體系作爲自己的終極追求。最後，關於方以智三教會通的理論歸宿，存在兩種不同的表述——「三教歸易」和「三教歸儒」。通過具體分析其內涵，我們認爲，這兩種說法並行不悖，前者是從方法論的角度立論，後者是就價值立場而言，它們共同指向原始儒家精神這一根本方向。

一、三教觀

　　基於集大成的理論目標，方以智試圖從根本上消除儒、釋、道三教之間的思想隔閡，他採取了一種獨特的方法，我們可以稱之爲「一諸名」或「通稱謂」，即通過統一概念名相的方式來爲三教搭建一條可以溝通對話的橋梁。對於現實中三教的種種流弊，方以智依其反因代錯的理論，提出了極具特色的三教互救的見解。在他看來，三教因時而異，互有短長，相互間若能取長補短，便可補救其弊而得公全。這一觀點集中反映在癸巳（1653）入關所寫

的《象環寱記》一文中。此外，方以智還對陽明的「三間之喻」作了進一步發揮，從中亦可顯見他以儒爲主、融合釋道的三教觀。

（一）一諸名

方以智早年曾深研文字訓詁之學，《通雅》中即有大量關於文字音韻的考證。《東西均》中有一篇名爲〈譯諸名〉，開頭就說：「譯者，釋也，鐸也；譯諸名者，一諸名也。」「一諸名」即通過解釋把各種名詞概念統一起來。在這裏，文字訓詁只是作爲義理詮釋的手段，而非目的。我們試以方以智對「心」的解釋來加以說明。張學智先生曾指出「心」在方以智那裏主要有三重含義：一是代表事物生生不已的勢能；二是表示精神實質，與「迹」相對；三是指一種識度，一種見解，此義在很大程度上有得於華嚴宗所謂心，並且在其後期尤顯重要〔註1〕。這一分析是確當的，華嚴宗以一切法惟心所造，以心爲生起萬法的根據，方以智有「心以爲量」的說法〔註2〕，即是以心作爲衡量萬法的尺度，整個世界皆可歸於一心。同樣，此心亦可視作三教共同的源頭，只不過各家稱謂不同而已。

在《東西均·譯諸名》中，方以智先由天地論及人心：

> 氣凝而成天地，天地之虛仍是未凝之氣，相代而化，旋出入而橐籥焉。……天地之虛，橐籥於人之虛，名其虛曰心。虛，丘墟也，天地無不丘墟也，人可知矣。名之「心」者，星之閉音、生之蕊形也。心虛而神明棲之，故靈，名其靈曰知。

這是說，天地由氣構成，氣凝爲形，其空虛之處仍是未凝之氣，天地間的運動變化皆是由於氣的動蕩化育而引起。天地以其虛陶冶化育人之虛，而此空虛之處即是心。人心受動於天地，天地多虛，故人心亦虛。從音形來看，「心」字取音於星，取形於蕊。心爲神明棲息之所，故有靈知。可以看出，方以智在這裏揉合了「詁家」與「玄家」的詁、曠二法〔註3〕，而重在義理的詮釋。

〔註1〕 張學智：《明代哲學史》，北京大學出版社，2000年，頁527～530。

〔註2〕 《東西均·三徵》：「心以爲量，試一量之可乎？一不可量，量則言二，曰有曰無，兩端是也。」

〔註3〕 《東西均·譯諸名》：「詁家之離落塞路久矣，玄家曠之。曠，是矣，而不譯其所以曠，則曠猶然塞也。吾曠其所以詁，詁其所以曠，小借六義之轉注、假借而通矣。」方氏既不滿訓詁家的支離，又不滿玄學家的空悟，他的做法是執兩用中，借訓詁詮義理。

他把人心之虛視作天地之虛的下落，從而爲人心的虛靈知覺找到形而上的天道根據。其後方以智又由人心論及仁、義、禮、智、信、忠、恕、孝、悌等人性，皆是運用借訓詁以詮義理的方法。

「譯諸名」的最終目的在於「一諸名」，且看方氏如何以一「心」通貫三教：

> 張子曰：「心，統性情者也。」朱子曰：「心者，人之神明。」慈湖
> 引「心之精神是謂聖」，此足貫矣。舊說曰：性者，心之生理而宅於
> 心，言心而性具。言性者，以周乎水火草木也；必言心者，貴人也，
> 人能弘道者心，言性以表心，言心以表人也。心兼形神，性則虛而
> 偏滿矣。通言之，則偏滿者性，即遍滿者心，未有天地，先有此心；
> 邈邈言之，則可曰太極，可曰太一，可曰太無，可曰妙有，可曰虛
> 滿，可曰實父，可曰時中，可曰環中，可曰神氣，可曰氤氳，可曰
> 混成，可曰玄同。以其無所不稟，則謂之爲命；以其無所不生，則
> 謂之爲心；以其無所不主，則謂之爲天——天亦虛也，物物皆有天，
> 勿泥蒼蒼也。故釋之曰眞我，曰法身，曰眞常，曰正法眼藏，曰無
> 位眞人，曰空劫以前自己。從此而因事表理，因呼立名，因名立字，
> 則千百億名千百億化身皆法身也，豈有二哉？人或執其名字而不知
> 其一，故不能貫，好自以爲貫；又或執名字而翻之播之，以新人之
> 耳目，以自尊一宗：狸之首以虎，貙之尾以豹，無不可者。夫烏知
> 一之本千萬，聽其千萬之本一乎？標理者冐理，已膠；標心者執心，
> 亦膠。可以昕天，可以平儀，可以水臬，可以夕桀，貴觀其通也。
> 不落階級而階階級級，有何參差而參參差差。從而析之，百法不足
> 析矣。（《東西均·譯諸名》）

這段話大致可分爲兩個層次：從「張子曰」至「性則虛而偏滿矣」，是第一層次，表明方以智對於理學所討論的心性關係問題的看法。方氏先引張載、朱熹以及楊簡三人對於「心」的理解〔註4〕，他認爲三說實可貫通。在心性關係問題上，方氏接受「心統性情」的說法；他引朱熹「心者，人之神明」和楊簡「心之精神是謂聖」之說，都是側重於從「性」的方面來規定「心」，即「言

〔註4〕 按：「心統性情」說首見於張載的語錄（《性理拾遺》），後來朱熹對此大加發揮。朱熹《孟子集注·盡心上》：「心者，人之神明，所以具眾理而應萬事者也。」「心之精神是謂聖」原出《孔叢子·記問第五》，楊簡屢引之。

性以表心」。從字源來看,「心生曰性,草木出土曰生,物之始得於天者,天命之矣」(《譯諸名》)。這是說,「性」是人物初生之際,由天所賦予的本質,亦即「天命之謂性」。舊說以「性」為「心之生理而宅於心」,故說心而性在其中。方以智認為,言「性」有泛指宇宙萬物之意,言「心」則專以人為對象;「性」為萬物共同分有,「心」為人所獨有。此外,心兼形神,性無形而有神,故曰「性則虛而偏滿」。這是第一層意思,用方氏術語表示,可稱之為「質論」。但方氏立說重點並不在此,而是接下來的第二層意思──「通言之」和「邈言之」,以方氏術語表達,可稱之為「推論」或「通論」〔註5〕。所謂「通言之」和「邈言之」就是「以道觀之」的意思,即從天道、從世界本原的立場來看,一切概念的差異不復存在。與前面所說的兼形神的人心不同,所謂「未有天地,先有此心」之心,可稱之為「公心」〔註6〕,它是宇宙萬物的本原。三教的各種不同稱謂,如太極、太一、太無、妙有、環中等等,其實都是對於這一絕對本體的不同表達。儒家的天、命、心,佛教的真我、法身、真常等等,其名相縱然千差萬別,其實相併無二致。一般人往往執著於名相之別而不知貫通為一;更有甚者,玩弄文字遊戲,標新立異以自尊一宗。標理者糾纏於理,標心者執著於心,都是拘泥而不知變通。方以智認為,方術可以千變萬化,貴在觀其道通為一,這是他的「一諸名」的真正意旨。

相對於明代「牛毛繭絲,無不辨析」的理學話語來說,方以智這種大而化之的論說方式不能不說是一種反動,他實際上代表著明清之際一種重綜合與統貫的學風,而這種取向的矛頭所指也是相當明顯的。與「一諸名」相反的情形是「各尊其名」,在方以智看來,這正是明末儒禪大患之所在。在《東西均‧所以》篇中,他明確表示:

> 氣也、理也、太極也、自然也、心宗也,一也,皆不得已而立之名
> 字也;聖人親見天地未分前之理,而以文表之。盡兩間,灰萬古,
> 乃文理名字海,無汝逃處也。尊名教者,執正名正詞之例,方以離

〔註5〕 《東西均‧象數》:「有質論,有推論,推所以通質,然不能廢質,廢質則遁者便之。」

〔註6〕 《東西均‧象數》:「有天地後有人,人始有心,而未謂有天地先有此心;心大於天地、一切因心生者,謂此所以然者也;謂之心者,公心也,人與天地萬物俱在此公心中:特教人者重在切近,謪人差肩耳!」方氏論心有「公心」與「獨心」(即人心)之別,他說:「獨心則人身之兼形神者,公心則先天之心而寓於獨心者也。」(《東西均‧譯諸名》)「公心」先天而又在後天中。

　　倫物、首上安首者爲偏枯外道；而習心宗者，執反名破執之執，又
　　以自然、太極、言理氣者爲無因外道，詆呵相罵，各尊其名。夫烏
　　知名殊而實本一乎？吾從無是非之原，表公是非之衡而一之。

方以智認爲，氣、理、太極、自然、心宗等概念，皆是用來形容「天地未分前之理」不得已而立的名字。雖然各家表達方式各異，但它們其實都指向同一所以然之至理，這就是「名殊而實本一」的意思。儒禪之各專互勝以至於詆呵相罵，主要乃是由於執著文理名相、「各尊其名」的緣故：理學家尊名教，認爲那些離開人倫物理去另尋世界本原者，乃頭上安頭的偏枯外道；禪學家習心宗，破理學家執正名之執，自己亦成一執，又以自然、太極等爲無因外道。學術的爭端即由此產生，方以智在這裏提出的解決方案是「吾從無是非之原，表公是非之衡而一之」。他說：「不通天地人之公因，即不知三聖人之因，即不知百家學問異同之因，而各護其門庭者各習其藥語，各不知其時變，何尤乎執名字之拘拘也？吾折衷之而變其號曰所以，此非開天闢地之質論而新語也耶？」（《東西均・所以》）通過折衷氣、理、太極、自然、心宗諸名字，得出一個新概念叫「所以」，這就是他所說的「天地人之公因」以及「公是非之衡」。「所以者，先天地萬物，後天地萬物，而與天地萬物氤氳不分者也。」「所以」是方以智用來表達世界本原的最高範疇，它創生天地萬物，又在天地萬物之中，如同太極生兩儀以至六十四卦而又與之同時具足一般。從公因反因的理論來看，「所以」是最大的公因，一旦掌握這一「天地人之公因」，儒、釋、道三教的反因代錯自不難領會，一切文字彰自可消除。這是方氏「一諸名」的形上依據。

　　「一諸名」的另一種說法是「通稱謂」。《易餘・知言發凡》曰：「欲療教而平人心，必先平言；言至今日，膠葛極矣。」方以智舉例說明當日膠葛之言包括「造化專言、理學專言、禪橛專言、玄教專言、養生專言、象數專言、技術專言、文章專言，逐事專言」（《易餘目錄・知言發凡》）。這些言論紛繁背譎，以至「正路榛蕪」，方以智提出的「平言」之法就是「通稱謂」。他說：

　　大成之幬大矣。物之，皆物也。心之，皆心也。道之，皆道也。從
　　而理之，皆理也。事之，皆事也。性之，皆性也。夫之婦之，皆夫
　　婦也。鳶之魚之，皆鳶魚也。鬼之神之，皆鬼神也。卦之爻之，皆
　　卦爻也。文之字之，皆文字也。無稱謂中，由我稱謂之耳。……切
　　而會之，反覆盡之，不通稱謂，詎可語乎？

方以智認爲，從源頭上看，本來沒有心、物、道、理等諸多稱謂，「溯源窮流，充類致盡，設教鼓詞，由我安名已耳」（《易餘·三冒五衍》）。這些名稱都是爲施設教化而人爲確立的，皆不出大成聖人之覆幬。「若通論之，隨立一名，皆可遍推，皆可同際。聖人開口，總爲善世，則因各土各時已稱已謂之稱謂而告之已矣。」（《易餘·三冒五衍》）稱謂之所以不同，乃是由於方言時地的不同所造成的。方以智曾舉例說：

> 《爾雅》之檟，古謂之荼，西域謂之陀，亦謂之擇，吳謂之莈，閩謂之德，中原謂之茶，是皆一物也，方言時變異耳。太極也，精一也，時中也，混成也，環中也，眞如也，圓相也，皆一心也，皆一宗也，因時設施異耳。各有方言，各記成書，各有稱謂。此尊此之稱謂，彼尊彼之稱謂，各信其所信，不信其所不信，則何不信天地本無此稱謂，而可以自我稱謂之耶？何不信天地本無法，而可以自我憑空一畫畫出耶？（《東西均·擴信》）

西域、吳、閩以及中原對茶的稱謂不同，但其實皆指一物，只是「方言時變」罷了。依此類推，對於宇宙本體的稱謂，儒家有太極、精一、時中，道家有混成、環中，佛家有眞如、圓相，雖各不相同，然「皆一心也，皆一宗也，因時設施異耳」。三教對本體的稱謂不同，猶如各地對茶的叫法不一，都是因爲「各有方言，各記成書」而形成的。問題在於，人們總是自以爲是，以他爲非，由此造成三教的各種偏弊。方以智說：「愚故以天地信自然之公，以自心信東西之同。同自生異，異歸於同，即異即同，是知大同。專者雖不肯同，而全者不可不以大同爲任。……孔子復生，必以老子之龍予佛；佛入中國，必喜讀孔子之書，此吾之所信也。」（《東西均·擴信》）天地無所偏私，東聖西聖，心同理同，三教聖人必定相互欣賞，這是方氏所堅信的。他並非不知三教之間存在的差異，但他所追求的是一種道大同於天下的境界。因此，爲止息門戶之爭，方以智將各式各樣的思想詞彙全部追溯至「未有天地」前的形上層次，賦予這些萬殊的名詞概念一個統一的本體意義。可以看出，方氏「一諸名」的概念會通，採取的是一種得意忘言、得魚忘筌的論述模式，不是嚴格的學理辨析。這種做法固然有助於消除學術爭議，但另一方面也抹殺了三教概念所具有的獨特內涵。各種名詞概念一旦約定俗成，在各自不同的話語體系中，其具體所指應該是同異互見。顯然，方氏更加突出同的一面，正如覺浪道盛所言：「此時弘道在集大成，非精差別，豈能隨物盡變？」可知

他們在當時反覆強調「集大成」，很大一部分原因是出於對時局混亂、人心離散的現實關切，因此並不十分注重「精差別」的學理辨析。這種實用性超過學術性的時代精神，是我們今天在看待方以智三教會通思想時應該特別予以重視的一個特徵。

（二）互救說

從形上的本體層面凸現三教所具有的共同本原，並不能完全消解三教的現實差異。事實上，在現實層面，方以智認爲三教各有其存在的價值，而且正好可以相互補救，他說：「吾所謂補救其弊者，正以代明錯行，無一不可也」（《東西均‧神迹》）。至於方以智關於三教互救的具體主張，大體可從兩個方面來論述：一是釋道互救，二是理學與禪學互救。

首先，就釋道互救而言，方以智說：

> 惟我獨尊之弊，可以知白守黑之藥柔之，是謂以老救釋。然曳尾全生之說既深，惟有退縮死於安樂者，傴混偷匪，匿焉已；又藉口谿谷之學，以苟免爲明哲，悲乎！悲化山河大地而肉矣，是謂以釋救老。（《東西均‧神迹》）

「惟我獨尊」爲佛教典故，傳說佛祖釋迦牟尼降生時，一手指天，一手指地，作獅子吼云：「天上地下，惟我獨尊」。其原意本是對自心佛性的尊崇，後來引申有妄自尊大、目空一切之意。「知白守黑」與「谿谷」語出《老子》二十八章，指老子韜晦謙退、處下不爭之學；「曳尾全生之說」指莊子之學，與老子「谿谷之學」意相近。方以智認爲佛家末流之病，在於自尊過甚而不容他法，應該學學老子濡弱謙下的精神，這就是所謂「以老救釋」。另一方面，老莊道家思想過於強調明哲保身的虛靜退讓，不免產生隱遁無爲、苟且偷安的消極影響，是故當以佛家悲憫眾生的淑世精神來補救，這就是所謂「以釋救老」。

不過，就晚明思想界的實際情況來看，爭論最激烈、流弊最深重的還是儒家的理學與佛教的禪學。對此，方以智表示：

> 自立地之法盛行，可以今日入此門，明日便鞭笞百家，而自掩其畏難失學之病，故往往假託於此；而理學家先揮文章、事業二者於門外，天下聰明智慧多半盡此二者，不畜之而驅之，此白椎所以日轟轟，而杏壇所以日灰冷也。愚故欲以橫豎包羅、逼激機用，補理學

之拘膠，而又欲以孔子之雅言、好學，救守悟之鬼話，則錯行環輪，
庶可一觀其全矣。（《東西均‧道藝》）

「立地之法」指禪宗「放下屠刀，立地成佛」的頓悟法門，「白椎」代指佛教，
「杏壇」代表儒家。方以智認爲，自禪宗頓悟之法盛行，「頓悟門自高於學問
門」，學者專守空悟，以至掃物廢學，目中無人；更有甚者，一些不學無術之
人往往託身其中，以不通文字爲不立文字。另一方面，理學家又專崇德性良
知，而將原本屬於孔門之教的文章、事業等才智之士拒之門外，以致人才流
失、佛法盛行而儒門淡泊。針對此種情形，方以智提出「儒禪互激」的主張，
他說：

　　厚貌飾情，方領矩步，食物不化，執常不變，因因循循，汩汩沒沒，
　　非霹靂籤碑以汋發之，縱橫側出以波翻之，坐牛皮中，幾時抑搔奇
　　癢乎？是謂以禪激理學。悟同未悟，本無所住，《易》《莊》原通，
　　象數取證，明法謂之無法，猶心即無心也，何故諱學，以陋檄株？
　　是謂（以理學）激禪。（《東西均‧神迹》）

理學末流之弊在於拘膠不化，執常不變，因循汩沒，是故當以禪學之縱橫機
變來激發之，此之謂「以禪激理學」；禪學末流之弊在於專守空悟，一味上達，
鄙棄學問，是故當以孔門下學之教（雅言、好學）來拯濟之，此之謂「以理
學激禪」。方以智這種令三教彼此「錯行環輪」以互激互救的觀點，在《象環
寱記》中有集中的展現。

　　《象環寱記》是方以智癸巳（1653）閉關南京之後所寫的一篇思想寓言，
他借夢境中與三老人的論學問答表明自己對於三教關係的看法。三老人包括
赤老人方大鎮、黃老人王虛舟、緇老人吳觀我，在文中他們分別是儒、道、
釋三教的代言人。方以智爲三老人刻意安排了這樣的座次：「上者余祖廷尉公
也，左豫章王虛舟先生，右外祖吳觀我太史公也。」〔註7〕從中不難看出他以
儒家爲主統合三教的意圖。在三位老人表明各自的立場之後，方以智借方大
鎮之口作了如下總結：

　　吾故望有知其全者以療教，則必集大成以爲主，非可平分也。溯其
　　原同，則歸於《易》耳。萬世者，明體適用，原無無用之體。孔子
　　學而上達，詳於用而不盡用；其最上者，俟人自得。……禪者雖究
　　竟於日用無別，而終照顧空旨，不肯實數天下之故，吾故謂其明體

〔註 7〕方以智：《象環寱記》，李學勤校點本《東西均》附，頁 156。

甚精，乃吾道專門之心科，而適用則略也。……
老子則專主不用爲曲全，不得已而後應耳。平懷論之，善世之心一
也；門庭設施，當以好學爲正大中和。各安生理，本末內外，一致
隨時，而以二氏之迅方資後儒之痛癢；懸遠峰之青，以爲城郭江河
中之必不可少者。盡心、知命、不二生死，有何殊耶？吾所謂神，
神不離迹，迹以神化，其迹亦神。既有全神，何惜補不全之迹乎？
留輪迴之因以助神道之教，以縱橫之逼激補正告之拘牽，以濡弱制
獨尊之矜悍，而以棓喝迫曳尾之退避。洛下、考亭不妨樹拂拈椎，
象山、慈湖當證心於象數，注我自得矣，獨不念六經賤而私心橫耶？
修武、盧陵宜過牢關，臨濟、趙州何嫌上學？兩而參之，博約並用，
時益時損，時艮時震，無妄畜識，足繼見心，修詞立誠，豈非乾三
人道之極、德業之知終哉？〔註8〕

這段話至少包涵三層意思。首先，方氏開門見山提出集大成以療教的主張，
並且強調集大成並非三教平分秋色，而是以儒爲主；更進一步，儒又以《易》
爲最全者，《易》可以作爲三教共同的源頭（關於三教歸《易》的討論詳見後
文）。方氏接下來從體和用的角度分析了三教利弊。他認爲孔門之教下學而上
達，詳於用而不盡用，其上達之體，俟人自得；禪者明體甚精，而適用則略，
類似儒家之心學；老子以濡弱謙下、守柔貴雌、不用世爲教，亦屬略用之學。
平心而論，釋道二教善世之心與儒家並無二致，但門庭設施當以儒家的好學
爲正大中和之道。這裏再次強化了以儒學爲主的觀念。必須指出，方氏對孔
子之學與「後儒」的看法是不同的，孔子所代表的原儒是明體適用之學，這
一學統發展到後儒顯然已出現異化，從方以智對理學的批評即可看出。因此，
方氏強調集大成必以儒爲主，實際上是對原始儒學精神的回歸。既然三教的
發展流變各有利弊，那麼它們相互糾補也是順理成章的事情。方以智認爲，
儒家亦須得二氏之補助與資養，儒家的盡心、道家的知命與佛家的不二生死
是一致的。佛教的生死輪迴說可以補助儒家之神道設教，禪宗機鋒公案之縱
橫激逼可以補助儒家正面教法之拘牽，道家的濡弱謙下可以糾正佛家的惟我
獨尊，禪宗的當頭棒喝可以糾正道家的避讓退守。程朱理學不妨吸收禪宗的
簡捷了當，陸象山、楊慈湖的心學不妨以象數爲徵幾，以糾其師心自用、鄙
棄經典。闢佛者（修武指韓愈、盧陵指歐陽修）不妨學習佛家的修行，禪宗

〔註8〕方以智：《象環寤記》，李學勤校點本《東西均》附，頁 160～161。

又何嫌多讀經典，下學而上達？總之，三教互相補救，博約並用，損益兼舉，動靜互濟，以達到全均集大成的理論目標，這是方以智三教觀的基本主張。

（三）三間說

在本文的緒論部分，我們曾引陽明的「三間之喻」，陽明以「廳堂三間共為一廳」的譬喻來說明三教的關係，其實質是一種儒家本位的三教一源論。這是晚明思想界極有代表性的一種三教觀，陽明后學對此有很多討論。嚴格來說，方以智不算是陽明學者，但他的曾祖方學漸屬於泰州學派，他本人身處王學風行的時代氛圍之中，對於陽明學說自不會陌生。他曾對陽明的「三間之喻」有過進一步發揮，從中可以看出方以智與陽明在三教觀上的異同。

方以智曾寫過一篇《三間說》，今已佚。「易堂九子」中的丘維屏（字邦士，1614～1679）在《木立師六十壽卷跋》中有這樣一段記載：

> 先是十二年，予舅魏冰叔館水莊，一日招予曰：「有僧至，殆非常人，盍來見之！」予走見，語數日而去。後李咸齋又自三巘呼予曰：「師置黑白子，分合論圖書易數，不能解，爾能解不？」予則又見之。見論陽明子三間喻，師送出《三間說》及《各安生理說》，見者皆讀讀，或三四讀，或六七讀，或八九讀，乃能通解。〔註9〕

方以智與易堂諸子討論陽明的三間之喻，「遂出《三間說》及《各安生理說》」，時在順治十六年己亥（1659）前後。此後在主持青原時期，方以智在與弟子的問答中再次提到三間之喻：

> 曰：「世出世分門，何相牽引？」曰：「同此宇宙日月，同此身心性命，稱謂有方語，正宜通而互徵之。郝京山曰：『字皆此土之字也，何避為？』自陽明以來，諸大儒皆窮究而互徵也。三間之喻，以堂奧樓分合之，更明矣。……圓機之士，分合皆可，乘願補救，正宜互窮，宇宙內事皆吾分內事。」〔註10〕

有學者對會通儒釋的做法提出疑義，方以智認為同處天地之間，面臨同樣的人生處境，各家的表達方式有異，正當融會貫通以相互發明，陽明以來諸大

〔註9〕丘維屏：《邱邦士先生遺集》卷十二，轉引自任道斌《方以智年譜》，頁208。按「木立」為方以智別號之一，魏冰叔與李咸齋即「易堂九子」中的魏禧和李騰蛟。

〔註10〕《青原志略》卷三，〈仁樹樓別錄〉，江西人民出版社，1998年，頁88。

儒皆是採取這一進路。陽明的三間之喻以堂、奧、樓分合言之，會更加明朗。這裏提供了一條重要線索，陽明只是籠統地指出左、中、右三間房子共爲一廳，這三間屋舍的主次並不清楚，方以智進一步以堂、奧、樓來加以區別，其主次秩序乃歷歷分明。這是方以智「三間說」的核心。雖然《三間說》的原貌已不可見，但我們從《周易時論合編》方中履的跋文中，還可以大致瞭解「三間說」的主要內容：

> 《浮山聞語》曰：新建三間之喻，未也。明堂必南而爲天地理其家事者也；北奧者，守黑者也；騎危者，虛空座也。**尊主者**曰：屋以棟爲主乎？**辨實主者**曰：屋以基爲主乎？**兩掃者**曰：棟與基皆非也，屋以虛空爲主者也。人在虛空，如魚在水，使土其屋中，無寸隙焉，人將何如？是虛空者，人所切切不可離者矣。屋內之虛空與屋外之虛空，一也；千古上之虛空，千古下之虛空，一也；非大主乎？**理者**曰：人適時乎？築基構棟之屋，藏坐臥焉，風矣雨矣，將享峰頂之虛空乎？抑享屋中之虛空乎？故曰：時乎屋而屋處，不必以檜巢營窟之虛空廢四阿兩下之虛空也。時乎晦息則奧；時乎誦讀則牖；時乎治事享客則堂；時乎出門而遊四方，方皆寓奧牖門堂之基與棟焉。竈也，榻也，几案也，穢則灑掃之，漏則修葺之，缺一不可者也。時其時，位其位，物其物，事其事，是虛空之中節也，是不落有無之屋理也。君子明其當不當耳，各當其當，斯大泯矣。未有屋而有屋，必將毀堂奧、撤棟牖、禁修葺與灑掃，而乃還此虛空耶？虛空豈患其少而嘵嘵爲？知之亦然，不知亦然，貴知夫森森秩秩者之無非虛空也。容其森森而理其秩秩，乃以適享其洞洞瀰瀰，已矣。有物有則，即無聲臭；開物成務，深幾藏神，此惡可以不格不致，而藉不知爲不知以自諉乎？虛空之屋主，適統御於明堂，是明堂之政乃主中主也，政府立而統君民矣。（《周易時論合編》跋，頁三）

按：《浮山聞語》爲方以智的佚著之一，蔣國保先生認爲此書當於以智廬墓期間，其子記錄以智所言而成〔註11〕，其說可信。在上面的引文當中，方以智首先指出陽明的三間之喻猶有未當，接著提出他自己的看法。明堂爲古代帝王祭祀、布政之所，方氏以之代表儒家；奧爲室內西南隅，或泛指內室，老子有「知白守黑」之說，方氏以北奧代表道家；危指屋脊，騎危代表佛家。

〔註11〕蔣國保：《方以智哲學思想研究》，頁107。

三教皆以自己爲主，以屋舍爲喻，到底是「以棟爲主」、「以基爲主」，還是「以虛空爲主」，似乎各有道理，都能自圓其說。這段話的重心在於「理者」的看法，實際上也就是方以智本人的看法。他突出強調「時宜」的重要性，屋舍有基有棟，虛空即在其中，三者缺一不可；夜晚休息則處於奧，白天誦讀則處於牖，治事享客則處於堂，君子惟明其當不當，各當時位，各安生理，則無所謂奧、牖、堂之別。《易餘‧中告》篇亦有類似的表達：「夜就榻於奧，晝取明於牖，蒞事則正坐堂之棟下，何嘗不用空虛，而豈廢就榻、取明、蒞事之時宜乎？」作爲一個現實存在的個體，在不同的存在處境當中採取不同的應對方式，這就是「時宜」。儒、釋、道三教正是提供了面對不同處境的不同應對方式，各有其時位，君子當順勢而爲，無適無莫，不必執著於一家一派。這是「三間說」的第一層意思，即三教缺一不可，可以並行不悖，關鍵在於合度中節。三教可以並行，並不意味著三教之間沒有主次之分，因此最後他說「虛空之屋主，適統御於明堂，是明堂之政乃主中主也，政府立而統君民矣」，仍然強調儒家的主體地位不可動搖。這是「三間說」的第二層意思。

方以智接下來的一番夫子自道足見其儒者心志，其文如下：

> 時爲士子，中士子之節，悅禮義、敦詩書，是士子之明堂也。季彭山以經世、忘世、出世分之。經世者，折中之實法也，可以懸象魏、顧言行者也。忘之云、出之云者，巧奪之無實法也。說冰欲寒，以消其心，及其至也，何世可出，即世是忘，無入不自得之形容焉耳。五世相傳，惟重立志不惑，豈敢漫言從心，而執無實法之黃葉以掃理而荒學哉！所悲無水之澤，有言不信，坎宮之遊，儉德用晦，廢權亦無首也，異類中行可矣。（《周易時論合編》跋，頁四）

按：季本（1485～1563），字明德，號彭山，爲陽明弟子。季彭山以經世、忘世、出世分判儒、道、釋三教，方以智以儒家經世之法爲折中之實法，可以懸示教令、規範言行；以道家忘世、佛家出世之法爲巧奪之無實法，可以消心。這是一般的說法，若決幾而論，無世可出，在世而忘，無入不自得。桐城方氏自方學漸始，一直以儒學傳家，方以智亦須恪守家訓，不敢「執無實法之黃葉以掃理而荒學」，只是由於時勢所迫，不得已而出家，「異類中行」實爲兩全之道。

二、有無論

　　我們從方以智本人的自述以及與他相知甚深的友人（如施閏章、錢澄之等）的評述中，均可見其披緇之後仍不脫儒者本色，並且得到部分同道的認可。就連對儒釋之辨持論甚嚴的王夫之亦稱「其存主處與沉溺異端者自別」〔註12〕，認爲方以智並沒有喪失儒家立場而流入二氏。這裏需要追問的是，「其存主處」何以「自別」於佛道「異端」？換句話說，在晚明三教融合的大背景下，從根本上分判儒家與佛道二教不同價值立場的標準是什麼？我們試圖從「有無論」的角度來辨析這一問題。

　　在中國哲學當中，「有」「無」概念具有多重涵義。例如《老子》第四十章：「天下萬物生於有，有生於無。」這裏的「有」、「無」概念主要屬於宇宙論的範疇，馮友蘭先生就曾分析其有三種不同的理解和解釋〔註13〕。到了魏晉時代，有無問題更是成爲玄學辯論的主題，以致我們通常把玄學劃分爲「貴無」、「崇有」和「無無」三派。馮友蘭先生指出，貴無論所貴的無是天地萬物的「宗極」，也是人的一種精神境界；裴頠專從「宗極」方面破貴無論的無，至於精神境界方面的無，他沒有明確批判；郭象從「宗極」方面否定貴無論的無，提出他的無無論，但並不否定貴無論所講的精神境界，而是對它作了進一步發揮〔註14〕。馮先生所說的「宗極」方面也就是本體論或存有論，因此，這裏實際上提出了「有」與「無」的兩重涵義——存有論與境界論。存有論意義上的有無比較容易理解，「有」就是存在、實有；「無」就是非存在、虛無、沒有客觀實在性。境界論意義上的有無則是指人的精神境界的兩種不同狀態：「有」是以儒家爲代表的強調社會關懷與道德義務的境界，「無」是以佛老爲代表的注重內心寧靜平和與超越自我的境界〔註15〕。

　　陳來先生借用王國維「有我之境」與「無我之境」的說法，把它發展爲描述中國文化精神境界的一對普遍性範疇。他指出，「整個宋明理學發展的一個基本主題就是：如何在儒家有我之境的立場上消化吸收佛教（也包括道家文化）的無我之境」〔註16〕。他以「有無之境」來概括王陽明哲學的精

〔註12〕　王夫之：《搔首問》，《船山全書》第十二冊，頁 635。
〔註13〕　馮友蘭：《中國哲學史新編》（上卷），人民出版社，1999 年，頁 329。
〔註14〕　馮友蘭：《中國哲學史新編》（中卷），人民出版社，1999 年，頁 547。
〔註15〕　參見陳來：《有無之境——王陽明哲學的精神》，人民出版社，1991 年，頁 5。
〔註16〕　陳來：《有無之境——王陽明哲學的精神》，人民出版社，1991 年，頁 236。

神，認爲陽明站在儒家「有」的立場上充分吸收佛老尤其是禪宗「無」的智慧，把有我之境與無我之境結合起來，完成了儒學自北宋以來既堅持入世的價值理性，又吸收佛道精神境界與精神修養的努力。彭國翔博士在對以王龍溪爲代表的陽明后學的研究當中，吸取了陳來先生的觀點，認爲從儒學與佛道兩家的互動交融來看，中晚明陽明學發展的一個主要方向也恰恰體現爲以「有」合「無」的不斷深入。他還指出：「歷史上對儒家和釋老的區分，往往多從雙方在社會、政治、經濟上扮演角色和所起作用不同的角度著眼，但儒家與釋老之別的最終哲學根源，卻在於雙方存有論上『有』與『無』的不同立場。」〔註17〕正是這種存有論上的基本差異，決定了雙方在價值觀以及其它所有方面的不同取向。這一分析模式對於我們理解方以智的三教思想大有啓發。

　　方以智雖然並不屬於嚴格意義上的陽明學者，但他的思想受到陽明學的影響則是顯而易見的。在三教關係問題上，他與大多數陽明學者所採取的儒家本位的立場基本一致；在有無問題上，他與陽明學者的看法也有相通之處。因此，從存有論與境界論兩個層面來分析方以智的有無觀應該有其合理性。

（一）二虛一實

　　《東西均開章》在介紹了「均」的本義之後，提出了著者的「三均」說：

　　　物物而不物於物，莫變易、不易於均矣。兩端中貫，舉一明三：所以爲均者，不落有無之公均也；何以均者，無攝有之隱均也；可以均者，有藏無之費均也。相奪互通，止有一實，即費是隱，存泯同時。

此論可謂方氏哲學開宗明義的第一要義。「均」本爲製作陶器的轉輪，《莊子》有「天均」（「均」或作「鈞」）之說，實即取喻於此。天道循環，周而復始，大千世界，萬事萬物，就在這一循環過程中被製造出來，這一點與用「均」製作陶器極爲相似，故以「天均」喻指「天道」。方以智所說的「均」亦具此義，因此有變易、不易之性，能均物而不爲物均。對「均」作進一步分析，方氏提出「均」之三義：公均、隱均、費均〔註18〕。這三層涵義相互否定，又互相貫通，而呈現出二虛一實的格局：有藏無之費均爲實，回答何以爲均

〔註17〕彭國翔：《良知學的展開——王龍溪與中晚明的陽明學》，頁224。
〔註18〕按：《中庸》有「君子之道費而隱」的說法，「費」即顯著，「隱」即隱微。

的隱均及所以爲均的公均是虛；二虛皆藏一實中，故曰即費是隱、存（有）泯（無）同時〔註19〕。

這裏我們著重關注的是「止有一實」的說法。從存有論的角度看，只有費均爲實有，隱均和公均皆是理論抽象的產物。結合《易餘・二虛一實》篇的相關論述，這一點可以看得更加清楚：

> 何謂二虛而一實？曰：人知一虛一實之兩交，而不知二虛一實之兩交也。人知一虛一實與無虛無實者爲三，而不知二虛一實爲交虛實之實際也。知此則圓三而畢用矣，可以立三而又掀三矣。……止有一實，餘二非眞。然不立三者，無以明生二貫二之一；不圓三者，無以盡虛實變化之故；不掀三者，無以明直下一際之用。故因太極陰陽之奇偶參兩而絜領之曰：眞天統天地，眞陽統陰陽，大一統萬一，至善統善惡，至理統理氣，大無統有無。凡曰大、曰至、曰絕、曰超、曰貫、曰無，皆不得已而以縮地乘雲之筆，爲形容絕待之詞也。

方氏認爲，人們容易理解虛實二分的道理，卻不懂得虛、實與無虛無實三分的道理；即使知道一虛一實與無虛無實者爲三，卻又未能領會這三者的關係，即實際上「止有一實，餘二非眞」。知道一分爲三，最終又攝三於一，這才是對「三」的圓滿認識。既然「止有一實，餘二非眞」，何必如此繁複，要「立三」、「圓三」而又「掀三」呢？在方氏看來，不確立一個「第三者」，就不能明白「生二貫二之一」，如太極生陰陽，太極又在陰陽之中，這個太極就是「生二貫二之一」；不理解虛、實與無虛無實三者圓融的關係，就不能窮盡虛實變化的道理（如以太極、陰陽之分合解釋宇宙之變化）；不揭示「止有一實，餘二非眞」的實際，就不能說明經驗世界唯有一用的客觀實在性。正是基於這樣的看法，方氏在所有相對待的兩者之上構建了一個絕對待的第三者，如「眞天統天地，眞陽統陰陽，大一統萬一，至善統善惡」之類，這個第三者（眞天、眞陽、大一、至善）就是他所說的「所以」，即是一種終極的形上本體。

從方以智關於「二虛一實」的論述中，不難看出，他是肯定了存有論的「有」，即實際存在的只有「一實」，「二虛」的構建是深化認識和提升理論思維層次的需要。我們在第二章討論「公因反因」說的時候曾談到，方氏在體用關係問題上強調捨用無體，用即是體，肯定現象世界是惟一客觀存在的世

〔註19〕參見龐樸：《東西均注釋》，中華書局，2001年，第3頁。

界，此外並無獨立自存的本體世界。這種體用論正是方氏在存有論上堅持「有」的立場的具體體現。

（二）有無合一

　　如何立足於儒家「有」的基本立場而充分吸納佛道兩家「無」的精神境界，這是中晚明陽明學發展的一個重要課題。在方以智的著作當中，有不少關於有無問題的討論，亦是針對晚明時代的這一思潮而發。在他晚年主持青原時，曾與弟子有過這樣一番對話：

> 問：有無紛然，何以一之？曰：有爲無爲，有心無心，概舉耳。有物有則，無聲無臭，固相反而騰疑者也。……說最惑人，故決曰：體道於無，可以養神虛受；還事於有，便知物則咸宜。火候自適於兩忘之無，所以調氣踐形而泯性情也。實務藏用於法位之有，所以隨分安時而無思慮也。若不善用者，食爭執有，則德慧亦累於矜傲，而況聲色貨財乎？若執空亡之無，則或抹殺道理，或頑荒、或歐率矣。何晏、裴頠，胡寅決之。（《青原志略》卷三，〈仁樹樓別錄〉）

一般以儒家崇實有，二氏尚虛無，有無之辨往往是儒釋之辨的重要內容；而在晚明陽明學內部，又出現了「主有」與「主無」的紛爭〔註20〕。所謂「有無紛然」，即與這一背景有關。方以智的主張，一言以蔽之，即「有無合一」（著者《易餘》卷上有〈一有無〉篇）。這段話的關鍵在於「體道於無，可以養神虛受；還事於有，便知物則咸宜」一節。「體道於無」的「無」是精神境界的「無」。「體無」是魏晉玄學經常討論的話題，如王弼就有「聖人體無」、「以無爲用」、「應物而無累於物」等說法。馮友蘭先生早就指出，貴無派玄學家所說的「體無」，是一種精神境界；所謂「無」的實際內容，就是「無私」和「無偽」〔註21〕。方以智所說的「體道於無」也應該從這個角度去理解，當然，這裏的「無」還包涵有道體「無聲無臭」的意思。達到與道同體的境界，也就是實現了「無」的最高境界，下文「可以養神虛受」一句更能說明這裏的「無」是指一種精神——心理狀態。「還事於有」的「有」即是「有物

〔註20〕陳來先生曾將王門後學劃分爲主有、主無、主動、主靜四派，其中主無派以王龍溪爲代表，堅持「四無」，以悟爲則，強調流行無礙；主有派以錢德洪爲代表，堅持「四有」立場，以修爲功，強調保任實功。參見氏著《有無之境——王陽明哲學的精神》，頁334。

〔註21〕馮友蘭：《中國哲學史新編》（中卷），人民出版社，1999年，頁410、449。

有則」的「有」，天地間凡事物皆有其法則，這裏的「有」是存有論意義上的「有」。如果說「體道於無」是從精神境界角度立論，那麼「還事於有」則是從倫常日用的角度來說的；二者相結合就是「極高明而道中庸」的有無合一之境。

　　方以智接下來批判了「執有」與「執無」兩種傾向。過分執著於「法位之有」，即過於著相，以形器爲執，則「德慧」（即精神境界）易爲矜傲之心乃至聲色貨財所累。過分執著於「空亡之無」，抹殺道理，棄絕禮法，浮游波蕩，或至於無忌憚而率獸食人。最後他還特別提到「何晏、裴頠，胡寅決之」，這裏需要略加說明。按：胡寅（1098～1156），字明仲，人稱致堂先生，南宋理學家。他在評價何晏、裴頠的有無論時曾說：

> 夫物有形者也，事有迹者也，理則無形迹可窺，而有大小、長短、輕重、是非、得失可揆者也。無形迹可窺，謂之有不可也；有大小、長短、輕重、是非、得失可揆，謂之無不可也。何晏之論見於無，遂以虛空爲宗，而遺夫形而下者；裴頠之論見於有，遂以形器爲執，而遺夫形而上者，皆不知理之言也。誠知理矣，宜有則有，烏能強之使無？宜無則無，烏能強之使有？形器森列不足爲空虛之累，空虛寥廓未嘗爲形器之拘。雖無思無爲，而天下之故未嘗不應也；雖開物成務，而寂然之易未嘗有擾也。此則聖人之正道也。（《致堂讀史管見》卷七〈惠帝晉紀〉）

胡寅認爲，何晏貴無，偏於形而上而遺略形而下；裴頠崇有，偏於形而下而遺略形而上，都是一偏之見。在他看來，「形器森列不足爲空虛之累，空虛寥廓未嘗爲形器之拘」，這才是「聖人之正道」。所謂「形器森列」即是存有論意義上的「有」，而「空虛寥廓」則是境界論意義上的「無」，有無不相礙，「無思無爲」與「開物成務」不相違，方以智顯然贊同這一說法。

　　「無」的境界是空虛寥廓、物我兩忘的境界，它要通過「無我」的工夫才能達到。陽明曾說：「聖人之學，以無我爲本。」〔註22〕他所說的「無我」既指心體「無纖介染著」的本然狀態，也指化去心中一切滯礙的工夫進程〔註

〔註22〕王守仁：〈別方叔賢序〉，《王陽明全集》卷七，上海古籍出版社，1992年，頁232。

〔註23〕參見陳來：《有無之境──王陽明哲學的精神》第九章第二節〈無我爲本〉，頁242～243。

23〕。方以智亦有類似的說法。施閏章曾致書主持青原的方以智,謂「來教以無我爲過關,以因物之則爲適當,此正決也,終身被服矣」〔註24〕。方中通在評述乃父的思想時,亦稱「(老父)以無我爲過關,以不自欺爲薪火」〔註25〕。可見「以無我爲過關」是方氏晚年特別強調的一個方面。何謂「無我」?《青原志略》卷十三〈兼室決語〉記載了如下一段話:

> 曰:「道本如此,何見道之寥寥也。」曰:「人心具足神明,特以忿欲蔽之,不能一刻平心,何況深幾窮盡而知周萬物、易簡不變者哉!懲室之藥,善用風雷,損益盈虛,與時偕行,以毒攻毒,恨不吞刀,專門說冰欲寒耳。深而觀之,欲忿之根在乎有我,如其無我,則從心所欲不逾矩,即無欲也。……聖人早知萬世人不能無我,故定事物情理折中之法,以養之而節之,聞風化雨,深造存乎其人。故曰有物有則,因而理之,以用一切法。聖人之無我也,學而不厭;聖人之無我也,易簡之篇。以性無我,享事無我,通乎心天,因知物天,以物觀物,安有我於其間哉?又豈有無我於其間哉?止一公理公用而已。」

這則材料所記爲方以智晚年與弟子平居問答之言。方氏認爲,人心的本然狀態是潔淨精明的,但由於受到各種情感欲望的遮蔽,故不能見道,因此必須通過懲忿窒欲的工夫來恢復人心的本來面目。從根本上說,「欲忿之根在乎有我」,這個「我」是私我、小我。若能做到「無我」,則「從心所欲不逾矩」,無入而不自得。無我即無欲,聖人知道世人不能做到完全無我,故而制定折中之法來加以培養和節制。聖人的無我並非無所作爲,它並不脫離倫常日用,也不否定有物有則,它的一條基本原則是「以物觀物」。

「以物觀物」是邵雍提出的一個重要觀念。邵雍曾說:「聖人之所以能一萬物之情者,謂其能反觀也。所以謂之反觀者,不以我觀物也。不以我觀物者,以物觀物之謂也。既能以物觀物,又安有我於其間哉!」〔註26〕聖人能夠順應萬物的本性,是因爲聖人能「反觀」;「反觀」不是以我觀物,而是以物觀物。「以物觀物」也就是方以智所說的「因物之則」,即順應事物的本性

〔註24〕施閏章:〈復青原藥地老人〉,《青原志略》卷八,江西人民出版社,1998年,頁186。

〔註25〕方中通:《陪詩·哀述》,轉引自《方以智晚節考》附錄,頁267。

〔註26〕邵雍:《皇極經世》卷六十二〈觀物內篇〉之十二,九州出版社,2003年,頁460。

和法則，不摻雜個人的主觀意志在其中。「以物觀物」的核心要求就是「無我」。陳來先生指出，邵雍的以物觀物說，其主要目的在於倡導一種無我的生活態度與境界，而不是爲了實現某種認知的功能〔註27〕。方以智也是從「無我之境」的意義上吸收邵雍「以物觀物」的觀念。

「無我」雖然是佛道兩家常用的詞彙，但隨著宋明理學的發展，「無」的境界早已不是二氏的專利，而是成爲儒學的有機組成部分。方以智曾說：「皆備之我，即無我之我；克己之己，即由己之己。」（《東西均‧反因》）孟子說「萬物皆備於我」，這是有我之境，它與無我之境可以合一；「克己復禮」之己與「爲仁由己」之己也是同一的。方以智還說：「無我以知大我，大我攝於小我。噓唅之喪即近樂之備，未能之慥慥即無住之如如。」（《東西均‧三徵》）「噓唅之喪」，縮用《莊子‧齊物論》南郭子綦「仰天而噓，嗒焉似喪其耦」的「吾喪我」故事，此爲無我之境。「近樂之備」，縮用《孟子‧盡心上》「萬物皆備於我，反身而誠，樂莫大焉；強恕而行，求仁莫近焉」句，此爲有我之境。「未能之慥慥」，出自《中庸》「君子之道四，丘未能一焉。……言顧行，行顧言，君子胡不慥慥爾！」慥慥，篤實貌。「未能之慥慥」指儒家所追求的戒慎恐懼的篤實操履，是爲有我之境。「無住之如如」則指佛家所追求的由生滅中體味眞常的境界，是爲無我之境。在方氏看來，儒家的有我之境與佛道的無我之境是完全可以合一的，達到這種境界的人，「可以旁薄八紘，逆曳姟數，無意無無意，法法即無法，無所不爲而無爲，出之入之，萬之一之，而無可泯矣」（《東西均‧三徵》），眞正實現來去自由、無拘無束、無滯無礙的化境了。

有無合一的境界，是聖人所能達到的境界。在方氏著作中，多次出現君子、至人與聖人三種人格的區分，茲舉數例：

> 至人所以爲至人，正以讓聖人之所爲耳。聖人至至人而不住至人，暇計及於獨爲至人，何至之有！至者，高飛而至地也；聖者，口之而使人聽之者也。大概至人明獨，君子明教，聖人明貫，恒三而一，恒一而三，全矣。（《東西均‧全偏》）

> 至人粹之，君子繩之，聖人時之；三者本一而不妨三之。（《東西均‧疑信》）

〔註27〕陳來：《宋明理學》，遼寧教育出版社，1991年，頁124。

> 有深志而賤務者，專明攝用之體，則散殊之陳迹安得不屑越耶？自抑君子，以尊至人。有研幾而成務者，專用攝體之用，則渾命之贅斿所必高閣也。寧放至人，必從君子。聖人潛至人於君子，統天垂拱，集之化之，任其代錯，而情自覆矣。（《易餘·三冒五衍》）
>
> 至人與君子，分立破之專門；聖人亦集之，聽相激爲代錯也。（《易餘·中告》）

從這四則材料中不難看出，君子、至人與聖人實際上代表三種不同的人格境界。從有無論的角度看，君子是有我之境，至人是無我之境，聖人則是有無合一之境。從「隨泯統」三因的觀點來看，君子偏重於下學（「研幾而成務」），居於「隨」位；至人偏重於上達（「深志而賤務」），居於「泯」位；唯有聖人下學上達而後能窮上反下，故當居於「統」位。聖人是方以智所認同的理想人格，是有無合一的「集大成」的化身。

三、歸易與歸儒

正是由於方以智在存有論上堅持儒家「有」的立場，與佛道存在著基本的分野，我們認爲他的三教會通是站在儒家立場上展開的。這裏需要澄清的一個問題是，研究者每以「三教歸易」來概括方以智的學術觀〔註29〕，那麼，歸易與歸儒有什麼聯繫和區別？它們的具體內涵又是什麼？

（一）三教歸易

方以智在《象環寱記》中借方大鎮之口提出儒、釋、道三教「溯其原同，則歸於《易》耳」的說法，「三教歸易」一詞即是由此化約而來。但是，這樣的說法過於籠統，因爲對《易》的理解可以說千差萬別。我們在第二章曾經提到，方以智龐雜的思想體系有一個基本的出發點，即河洛象數之學。所謂「三教歸易」之《易》，實際上也是以象數易學爲主。《易餘·三冒五衍》即是方以智試圖以象數易學的三五說來統貫三教的一篇重要文獻。

方以智在《三冒五衍》篇中提出了「以三冒五衍盡三教百家」的說法。何謂「三冒」？方氏解釋說：「冒即古帽，覆首而露目也。」《易·繫辭上》

〔註29〕如張永堂《方以智的生平與思想》（臺灣大學歷史研究所 1977 年博士論文）、羅熾《方以智評傳》（南京大學出版社，2001 年）等皆持此說。

曰：「夫易，開物成務，冒天下之道，如斯而已者也。」冒者，覆也，如天之無不覆幬，即攝無不盡之意。天下的道理都包藏在大易之中，方氏所謂「三冒」也是這個意思，只不過其表述更爲具體。他說：「冒天下之道者，大二即大一而已矣。」大一即太極，大二即陰陽；太極分爲陰陽又貫於陰陽之中。《三冒五衍》篇這樣描述此種情形：「大一分爲大二，而一以參之，如弄丸然，如播鼗然。」鼗，俗稱撥浪鼓。大一與大二的這種弄凡播鼗關係，可以用∴來形象地表示。此一與二爲三的模式可以統攝天下之道，故稱「三冒」。方以智還將「三冒」分別表述爲顯冒、密冒和統冒，他說：

> 直下是一開闢之費天地，標後天妙有之極，人所共睹聞者也，命曰顯冒。因推一混沌之隱天地，標先天妙無之極，人所不可睹聞者也，命曰密冒。因別出一貫混闢、無混闢之天地，標中天不落有無之太極，即睹聞非睹聞、非即非離者也，命曰統冒。

不難看出，此「三冒」與《東西均》所述之「三均」名異而實同，顯冒即費均，密冒即隱均，統冒即公均。方以智列舉了大量一分爲三、攝三於一的例子，如儒家《中庸》首之三謂，《論語》尾之三知；佛教的三諦（中諦、眞諦、世諦）、三因（正因、了因、緣因）、三身（法、報、化）；道家老子的「以混成爲統冒，以常無爲密冒，以常有爲顯冒」，它們都符合圓∴的理論模型。

所謂「五衍」，指萬法皆可從河圖洛書之中五推衍出來。方以智說：「萬法一圖書也，圖書一中五也。即中五之旋一毛，而四邊之太少已全具矣；則未有一毛，而一之四、四之五已全具矣。」在方氏易學看來，「兩間物物皆河洛」，河洛圖式爲宇宙之表法，而中五又是河洛圖式的核心，河圖洛書可以從中五推衍出來〔註30〕。因此，方氏特別重視「五」的觀念，他說：「五何非萬？萬何非一？而博約通徵莫奇賅於五者，倚言參兩，皆伍之用也。規矩繩衡權既備，而周天亘古之度，皆伍之用也。」其他如五行、五事、五倫、五志，不一而足。

在方氏看來，「三冒五衍」爲大易之綱宗：「《易》即以此三冒五衍寂定萬世之夫婦鬼神，以奉聖人之主宰，則天地毀而此三冒五衍原不動也。」《易》能「冒天下之道」的關鍵正在此處，方氏總結道：

〔註30〕《周易時論合編·圖象幾表》卷一〈密衍〉諸圖，詳細演示了從中五之一到河圖、再到洛書的過程。可參見朱伯崑《易學哲學史》（崑崙出版社，2005年）第三卷第433～438頁的相關解釋。

> 大一分爲大二，而參兩以用中五，從此萬千皆參五也，皆一貫也。
> 三教百家，造化人事，畢於此矣。處處是河洛圖，處處是○∴卐，
> 行習而不著察耳。(《易餘目錄・三冒五衍》)

三教百家、造化人事，皆可從參五推出，皆不出河洛範圍，這就是方以智「三教歸易」說的具體涵義。我們在第二章已經指出，「公因反因」說是方氏易學的靈魂，它與這裏的「三冒五衍」說其實是相通的，公因與反因的關係也就是大一與大二的關係。因此，方以智「三教歸易」說的實質就是以「公因反因」的理論來統合三教。

　　方氏以象數易學作爲兼容百家、通貫三教的理論平臺，與他對象數之學的獨特理解以及實學致用的學術追求有很大關係。方以智說：「世間所目，不過道德、經濟、文章，而切言之，爲生死性命。《易》以象數端幾徵性中天命之秩序，非文詞、理語、情識、機鋒之所能增減造作也。」〔註31〕在方氏看來，象數之學可以表徵「天命之秩序」，乃是一種具有客觀性的知識，不以人的主觀意志爲轉移。他在回答門人學《易》何以必言象數的問題時說：

> 《易》以象數爲端幾而作者也。虛理尚可冒曼言之，象數則一毫不
> 精，立見舛謬。蓋出天然秩序，而有損益乘除之妙，非人力可以強
> 飾也，本寂而中節，確不可欺者也。

方氏易學素來主張象數與義理不可偏廢，之所以著重強調象數，是因爲他們認爲整個易學體系是以象數爲基礎而建立起來的。與可以隨口空談的「虛理」不同，象數具有精確性，不能出絲毫差錯，它是「天然秩序」，確不可欺。方氏又說：

> 邵子玩圖數十年，朱子從蔡西山講求，後人偷懶，而以虛言冒之，
> 云不屑耳。愚民使由，不可語上也；高明得少，畏數逃玄，正宜以
> 實學欺不得者沉潛之。……周孔之徒，不知律襲三才，所謂百官宗
> 廟，專恃虛言杜撰乎？除卻鬼窟，火不離薪；實學虛悟，志士兼中。
> 故曰：河洛中五之綱，乃羲、農、堯、舜、禹、文、周、孔徵信秩
> 序之天符也。〔註32〕

邵雍、朱熹、蔡元定（1135～1198，學者稱西山先生）都曾精研象數之學，後世學者反倒不屑從事這門紮實學問，相率逃玄掠虛，只不過是一種偷懶心態

〔註31〕《青原志略》卷三，〈仁樹樓別錄〉，頁 83。
〔註32〕以上兩則引文皆見《青原志略》卷三，〈仁樹樓別錄〉，頁 91。

罷了。對治虛玄之病，正宜提倡象數實學，以薪傳火，以學藏悟，這才是切實可行的中道。由此可見，方氏以象數易學統合三教，還有針砭學術時弊的現實考慮。在方氏看來，象數之學具有客觀、精確、紮實的特點，它正是對治明末以來蹈虛沉疴的一劑良藥。方以智晚年弘法青原，屢屢教人學《易》，他說：

> 儒者人事處分，株守常格，至於俯仰遠近，曆律醫占，會通神明，多半茫然。夫物物一太極，即物物一河洛，而信不及乎？宗門止提了心方便，而一切實法置爲不屑。夫法住法位，五明一貫，原自妙葉，時人得少爲足耳。惟《易》統之，以費知隱，以隱行費，即無費隱矣；逆幾於先，順理於後，即無先後矣。格物之則，即天之則，即心之則。繼之以法，因物用物，是眞無我。大我至尊，深幾神哉！〔註33〕

當世儒者拘守常理，不通實務；禪門之人專注了心，不屑實法；皆是偏於一隅，未得全神。惟有大《易》足以統之征之，它是形而下與形而上、先天與後天一貫的學問。象數、曆律、醫占等學問是客觀世界秩序條理的反映，而「格物之則，即天之則，即心之則」，通幾之學即蘊藏於質測之中。通過學《易》，可明物則與天則、心則相通，以費知隱、以隱行費，逆幾於先、順理於後，最終達到即費隱而無費隱、即先後而無先後的神明化境。至此，不僅三教可以歸易，即謂「萬法歸易」亦不爲過〔註34〕。這是方以智「歸易」說的極致理念。

（二）三教歸儒

　　《易經》向來被視爲儒家六經之首〔註35〕，因此，「三教歸易」與「三教歸儒」並不矛盾，但二者範圍有大小，側重點不同，仍需加以分疏。「三

〔註33〕方以智：《青原愚者智禪師語錄》卷三，〈示蕭虎符學易〉，《禪宗全書》第65冊，頁646。按「五明」指佛教聲明、醫明、巧明、因明、內明五種學問。

〔註34〕方以智在〈與藏一〉書中曾說：「萬法惟《易》足以統之征之。」見《青原志略》卷八，頁190。

〔註35〕《漢書·藝文志》：「六藝之文：《樂》以和神，仁之表也；《詩》以正言，義之用也；《禮》以明體，明者著見，故無訓也；《書》以廣聽，知之術也；《春秋》以斷事，信之符也。五者，蓋五常之道，相須而備，而《易》爲之原。」其排定六經的次序亦以《易》爲首，後世多沿用之。

教歸易」主要是從方法論的角度來說的，即以方氏易學的「公因反因」理論來統合三教。「三教歸儒」主要是從價值立場的角度來說的，即方以智的三教會通是站在儒家本位的立場上展開的。前者是後者的體現，後者是前者的歸宿。

儒學在其長期的發展歷程中，形成了各種不同的流派。在方氏看來，只有以孔子爲代表的原始儒家才是集大成的全均，而對於宋明理學他是有很多批評的。因此，「三教歸儒」實際上是對原始儒學精神的回歸。

《藥地炮莊》總論上引司馬談《論六家要指》，方以智評論說：「匹夫統君師之道，六家歸於素王，明矣。然各容專門，而統於中正。談執遷手，何嘗不尊孔子哉？」〔註36〕又說：

> 夫道德、陰陽、名、法、儉（即墨家），皆聖人之用也。一陰一陽之謂道，惟明於繼善成性者能用之，豈拘日者占忌耶！聖人兩端用中，表其貫混闢之公理而已。人情勞之乃安，安乃肯勞，備萬物而載以熏之，隨人自用其長短，而不能逃其範圍。功至大矣，治最要矣。諸子或偏言內、偏言外，大抵緩於表明正理，而急於自受用、利時勢耳。（《炮莊》總論上，頁二）

在方以智看來，惟有孔子所代表的儒家是集大成之學，道德、陰陽、名、法、墨五家皆爲一偏之學（或偏言內、或偏言外），「皆聖人之用」而不能逃其範圍。儒家代表的是宇宙之公理，其他各家則「緩於表明正理，而急於自受用、利時勢」，因此，儒家「功至大」而「治最要」。這段話雖然不是直接討論三教關係，但尊孔、尊儒的觀念在方以智的思想中是貫穿始終的。

我們在第三章討論方以智的莊子詮釋時，已經指出《藥地炮莊》的根本旨趣在於以儒家爲依歸。與傳統的非毀堯舜、貶抑仲尼的莊子形象大不相同，方氏眼中的莊子，其尊孔並不亞於子思和孟子。方以智在《象環寤記》中借赤老人之口說：

> 《莊》之終篇，先敘鄒魯之六經，因亂而有百家，皆「不該不徧、一曲之士」，「不幸不見天地之純、古人之大體，道術將爲天下裂」，此後乃敘諸家，則尊孔子也至矣。其曰「以天爲宗，以德爲本，以

〔註36〕《藥地炮莊》總論上，頁二。按方以智略引《史記‧太史公自序》談執遷手曰：「周衰，孔子修舊起廢，至今五百歲，有能紹明之，正《易傳》、繼《春秋》、本詩書禮樂之際，意在斯乎？」由此可見司馬談尊孔。

道爲門，兆於變化，謂之聖人」，此非指孔子而誰乎？此與子思之稱
「天地」，孟子之稱「時」，何以異乎？則後世有知孔子如莊周者乎？
〔註37〕

《莊子・天下》篇在評述各家學說之前，先敘儒家，謂「其在於《詩》《書》
《禮》《樂》者，鄒魯之士、搢紳先生多能明之」。因爲「天下大亂，賢聖不
明，道德不一」，百家學說由此而產生，他們都是「不該不偏、一曲之士」。
方氏認爲，從這裏可以看出莊子是極爲推尊孔子的；《天下》篇開頭所謂「以
天爲宗，以德爲本，以道爲門，兆於變化」的聖人，指的正是孔子。子思《中
庸》稱孔子「祖述堯舜，憲章文武，上律天時，下襲水土。辟如天地之無不
持載，無不覆幬，辟如四時之錯行，如日月之代明」，孟子稱孔子爲「聖之時
者」，莊子對孔子的推尊與他們無異。

　　孔子之時，佛教尚未傳入中國，方以智說：「即後有西方之教來，正其化
身，而蒙困震艮，微危習險，一唯何言，早以示此第一機矣。」〔註38〕佛教
也是孔子思想的化身，佛教的精義在孔子的言論中早已昭示。至此，方以智
對孔子的推崇已經到了無以復加的地步，諸子百家爲聖人之用，莊子是孔門
之孤，佛教是孔子化身，這就是集大成的至聖孔子形象。

　　方以智眼中的孔子形象，從某種意義上說，可以被視爲一種「理想類型」
（Ideal type）〔註39〕。他不是歷史上眞實存在的孔子，而是一種理想的建構。
孔子象徵著方以智反覆強調的「集大成」理念，古往今來的各種學說，無所
不包，皆不能逃其範圍。但事實上並不存在一個無所不包的學說，任何學說
都是具體的、局部的。因此，這種「集大成」的學說只能是一種理想。

　　方以智之所以選擇這種「集大成」的學風作爲論學的基調，一方面是對
晚明三教合一思潮的繼承，另一方面也與當時特殊的時空條件有著緊密的互

〔註37〕方以智：《象環寤記》，李學勤校點本《東西均》附，頁158。
〔註38〕方以智：《東西均・玆燚氃》，頁289。按《論語・里仁》子曰：「吾道一以貫
　　　之。」曾子曰：「唯。」《論語・陽貨》子曰：「天何言哉！」「一唯何言」即
　　　由此化出，指孔子的思想言論。
〔註39〕「理想類型」是德國學者馬克斯・韋伯（Max Weber，1864～1920）提出的一
　　　個社會學概念。「理想類型」是一種理想化、抽象化的典型，是一種人爲的主
　　　觀思維的構建，故它不存在於現實中。正如韋伯所說：「它不是『假設』，但
　　　它爲假設的構造提供指導；它不是對現實的描述，但它旨在爲這種描述提供
　　　明確的表達手段。」參見韋伯著、朱紅文等譯：《社會科學方法論》，中國人
　　　民大學出版社，1992年，第185～186頁。

動關係。廖肇亨在分析明末逃禪遺民的論學特色時指出:「逃禪遺民如此側重『儒佛不二』的教旨,背後存有一種特殊的邏輯:既然儒釋不二,那麼出家也不礙儒業,何況當時儒家原初兼善天下的理想早已敗壞,而滿清入關以後,青矜儒冠更無異爲虎作倀。如此一來,『不禮王者』的佛教沙門反而保存了儒家的理想,所謂『禮失求諸野』之意也。」〔註40〕我們並不完全贊同這裏對於「青矜儒冠」的批評,但遺民出家之後往往大力宣揚三教會通之論,除了平心止靜的目的外,的確還有其他方面的考慮。從方以智每以「三不收之廢人」自稱的慨歎中〔註41〕,尤可見託身禪門、心懷儒業的行迹衝突令其無法擺脫身份認同的焦慮。而通過三教會通的主張來展現自己的儒者本色,一方面可以紓解內心對於屈身異教的焦慮,一方面也可以得到部分儒門同仁的諒解和認同。方以智雖然以僧服終老,但我們透過其言行所看到的則始終是一位儒者的形象。施閏章在《無可大師六十序》開首即稱:「無可大師,儒者也!」即此七字,可爲方以智蓋棺論定。

〔註40〕 廖肇亨:《明末清初遺民逃禪之風研究》(臺灣大學中國文學研究所碩士論文,1994年),第六章第一節「逃禪遺民論學特色——儒釋一致」,頁128。

〔註41〕 王辰〈青原志序〉:「余嘗與同志私評近代人無出老人(方以智)右者,一日以質老人,老人曰:三不收之廢人,有何長耶?只是不見人短。」又《青原志略》卷三〈仁樹樓別錄〉方以智曰:「別路三不收,牛馬聽呼耳。且以象數醫藥爲市廛,山水墨池逃硎坑,冷眼旁觀,有時一點,緣不得巳之苦心,固不望人知也。」方以智《冬灰錄》卷二〈善世門哀詞〉:「竹關迸破,血濺古今。以三不收之廢人,行混不得之鳥道。」按「三不收之廢人」乃方以智自諷其畢生出入三教,似儒、似道、似佛,但又非儒、非道、非佛。

第五章　生死之道：三教會通的終極關懷

　　在方以智的患難生涯中，三教會通的思考並非完全出於一種學理的探求，它在很大程度上是爲了尋找一條解決現實生存困境的安身立命之道——其中最核心的問題是生死問題。生死是人類永恒的話題，從某種意義上說，它也是哲學的根本問題。一般認爲，佛教比較看重生老病死，它的哲學體系是圍繞人如何解脫生老病死建立起來的。儒家則更爲重視生命存在的價值和意義，對死亡問題往往閉口不談或存而不論。到了晚明時代，這種情況發生了很大改變。生死不再是佛老兩家專屬的問題意識，儒家學者（以陽明學者爲中心）對此也有深刻的體認和廣泛的討論〔註1〕。而對於方以智這樣的明遺民來說，生死問題的迫切性顯得尤爲突出，它不是書齋裏的空想，而是必須直面的現實抉擇，因而他們對生死問題的思考也更加具體而深刻〔註2〕。以方以智爲個案，我們試圖在三教會通的視域下考察他的生死觀。對他來說，生死不僅是一個理論問題，更是一個實踐問題，因此，我們以明亡之際方以智面臨的生死抉擇作爲切入點，由此展開相關問題的討論。

〔註1〕 關於陽明學者的生死關切，彭國翔在《良知學的展開》第七章第三節有生動的展示。彭氏認爲，生死關切之所以突顯爲中晚明許多陽明學者的焦點意識，這一方面是儒釋交融的結果；除此之外，明代政治高壓體制對儒家學者的殘酷迫害，經常使他們面臨生死關頭，也是一個重要原因。參見該書第472～473頁。

〔註2〕 明遺民對於生死議題有相當豐富的論述，相關問題的討論可參見（一）何冠彪：《生與死：明季士大夫的選擇》，臺北：聯經出版事業公司，1997年；（二）趙園：《明清之際士大夫研究》第一章第二節「生死」，北京大學出版社，1999年。

一、生死抉擇

　　崇禎十七年（1644）三月十九日，李自成攻破北京，崇禎帝自縊煤山。方以智當時在京任翰林院檢討，作爲「食君之祿」的臣子，遭逢國破君亡的慘劇，他面臨人生的第一次生死抉擇。在次年寫給友人李雯（字舒章，1608～1647）的信中，他曾追述當日情形：

> 謂雖以年餘不掛齒牙之散秩，不宜僅守次節，責之以死，死固士所當勉矣。嗟乎！當城破時，握舒章手，委地飲泣，絕命之辭，縶於袪袴。翼日聞諸老有投職名者，憤而引決，而足下止之，以爲前歃血所謂者何？……此半年陰結山東、河北之忠義，臨時求護龍種之苦心，天日在上，瀝血可對高皇，是以忍須臾死耳！大丈夫貴能用其死，以有所爲，烏在溝壑亡俚耶？〔註3〕

明清易代之際，忠臣義士殉國人數爲歷朝之冠〔註4〕，士論之嚴苛亦爲前代罕有。時人有謂方以智「不宜僅守次節」，而當以死報國的議論。當城破之時，方以智已做好殉國的準備，次日聽說有大臣投降農民軍，曾「憤而引決」，但被友人勸止，以爲國事尚有可爲。方以智此時選擇忍死求生，其目的原是爲了要存身報國。他曾試圖聯合山東、河北武裝，奉王子以續明統，但未能成功。三月二十三日，以智潛至東華門崇禎牌位前哭靈，不幸被農民軍抓獲，「笮考慘毒，刺劊攻心」，飽受凌虐。然而他並未屈服，在被關押近二十天後，於四月十二日夜乘間逃脫，一路奔至留都南京。

　　方以智千里迢迢投奔南京，抱定的宗旨是疏報北事，以圖領兵北伐，一雪國恥。不料南明弘光朝政更加濁亂昏淫，又遇馬士英、阮大鋮當政，挾怨報復，重興黨禍，竟然不顧強敵進逼，大捕東林復社諸人，對方以智則「欲以從逆陷殺之，幾不免」〔註5〕。在北京僥幸不死於「賊寇」，在南京卻幾死於黨禍，這近乎荒誕的局面促使方以智再次思考生死節義的問題。他在〈寄李舒章書〉中說：

〔註3〕方以智：〈寄李舒章書〉，《浮山文集前編》卷七《嶺外稿》上。按此文題作「乙酉（1645）五月晦日南海寄」，當時方以智爲躲避黨禍而逃亡至廣東。

〔註4〕據乾隆欽定《勝朝殉節諸臣錄》所載，官方統計數字爲3883人，乾隆帝在該書序文中指出：「以明季死事諸臣多至如許，迥非漢、唐、宋所可及。」參見何冠彪：《生與死：明季士大夫的選擇》第二章「明季士大夫的殉國人數」。

〔註5〕王夫之：《永曆實錄》卷五，〈方以智列傳〉，北京古籍出版社，2002年，頁50。

　　大丈夫赤心苦節，明如日月，而坐爲仇陷，無以自伸，上不能慰白
　　髮，下不能庇黃口，便足仰天絕亢，然而此時愈不可死。古來忠良
　　被謗者數數也，而此名難當。不留此身以待昭雪，則遠辱祖德，近
　　傷親心，且使天下後世以爲懷忠萬苦，不獲直報，英杰喪氣，義士
　　灰心，則罪更大矣。

方以智以含冤待雪爲由，認爲「此時愈不可死」。老父命其遠遊避禍，於是「秋
歷臺宕，轉入太姥，陟嶠觀海，遂漂百粵」，開始了八年流離嶺南的生活。

　　流離嶺南期間，弘光政權覆滅，隆武再創之後，方以智沉冤得白，昭雪
復職，但他已無仕宦之情，成了一位高唱老莊退身之旨的愚道人。從表面上
看，道家的「曳尾全生」之說似乎可以紓解他的生死焦慮，但事實上，他並
未完全擺脫生死抉擇的煎熬。一旦連存身報國的希望都破滅了，那麼作爲遺
民士大夫生存的理由和意義何在？方以智此時所眷念者約有兩端：一是父師
所授，平生所得，皆未成編；二是老父白髮在堂，未能盡人子之孝。尤其是
後者更是他「十召堅隱，不肯一日班行」的直接原因。他曾在詩中自我剖白
道：「青蠅爲弔客，自聽溝渠恥。獨以老親故，凄然念鄉里。」〔註6〕以父母
在堂作爲不必死的理由，這本是眾多明季士大夫的選擇，如黃宗羲稱不殉國
乃係「屈身養母」，陳確亦謂「未死皆緣母已老」〔註7〕。儘管當時對於盡忠
與從孝的取捨有不同的看法，但在歷來崇尚孝道的儒家士大夫看來，「屈身盡
孝」仍不失爲一條可以接受的安身立命之道。

　　順治七年（1650），清軍攻陷廣西，方以智在平西仙回山剃髮僧服就縛，
清將馬蛟麟「欲降之，令冠服置左，白刃置右，惟所擇」，他面臨一生中最爲
嚴峻的生死考驗。以智「辭左受右」，「以死自守」，馬蛟麟大受感動，聽任爲
僧，並將其送至梧州雲蓋寺供養。數次徘徊於生死邊緣的經歷，使方以智對
於生死問題的思考逐漸成熟。他在梧州曾寫下一篇自祭文，文中眞實記述了
自己面對生死的心境：

　　無可道人自燃香而祭之曰：生死一晝夜，晝夜一古今，此汝之所知
　　也。汝以今日乃死耶？甲申死矣。自此而阮石巢之鋒，乙酉三河之

〔註6〕　方以智：〈和陶飲酒詩〉第十九首，《浮山後集》卷一，《無生寱》。此詩題曰
　　　　「辛卯（1651）梧州冰舍作」。
〔註7〕　參見何冠彪：《生與死：明季士大夫的抉擇》，第四章「明季士大夫在忠與孝
　　　　之間的抉擇」，頁71。

盜，丁亥大埔之劫，天雷之苗，被左之遁，昨冬之平樂教場，何往而非死？若自無始以來之道人視之，邵子所謂虛過萬死矣。蒙莊氏日以齊生死、一殀壽爲言，而乃喣喣於曳尾櫟社樹，養生全其天，若眞有莫可奈何然者，夫烏知剖心納肝之爲大養生乎？夫烏知雷首山之大全其天乎？……況今日者，虎狼也，水火也，兵戈也，文字交遊之場，皆可以膏脣而拭舌也。死不必一道，即以道守死者，亦未必死汝以名。嗟乎！世人其莫可奈何於此，又安得不以生死爲大事哉！有以名敵生死者矣，有以氣勝生死者矣，有以一生死之說遣生死者矣，果有眞知其故者乎？能以死知其所以不死，知不死之無不可以死，則此死也，誠天地之大恩矣！……此年來感天地之大恩，痛自洗刮者也。獨卷卷者，白髮望之久矣，尚未得一伏膝下。姑以逃勾吳爲解，是則白馬雲照之所呼苦苦者耳。因起而歌，歌曰：風飄飄兮雲濚濚，地之下兮天之上，香烟指故鄉兮安所往，未能免俗兮嗚乎尚饗！〔註8〕

自甲申（1644）至庚寅（1650），方以智歷盡劫難，九死一生，而「平樂教場」的生死考驗尤其成爲他「痛自洗刮」的徹悟契機。錢澄之嘗言：「吾謂公（方以智）之得法，固不得之於天界棒喝之鉗錘，而早得之於平樂刀斧之鍛鍊也。」〔註9〕實可謂知人之論。「刀兵禍患爲有道之鑽錘」（《東西均・反因》），方以智晚年思想之形成即可以這篇《自祭文》爲標誌，而長期縈繞心頭的生死焦慮在此也呈現出豁然開朗之勢。以下我們對此文略加疏釋。

所謂「自祭」即是表示告別昨日之我，而今日之我則由此獲得新生。在回顧了甲申以來一連串的瀕死經歷之後，方以智對昨日之我進行了深刻的反省，他說：「若自無始以來之道人視之，邵子所謂虛過萬死矣。」所謂「虛過萬死」，典出邵雍《極論》詩：「下有黃泉上有天，人人許住百來年。還知虛過死萬遍，都似不曾生一般。要識明珠須巨海，如求良玉必名山。先能了盡

〔註8〕方以智：〈辛卯梧州自祭文〉，《浮山文集後編》卷一。按文中「阮石巢」即阮大鋮，號石巢；「三河之盜」指乙酉（1645）年在廣東梅縣三河壩遇盜；「大埔之劫」指丁亥（1647）年在湖南衡山大埔瑤區遇劫，「天雷之苗，被左之遁」指同年在湖南沅州天雷山等地被清兵追索；「平樂校場」即指庚寅（1650）冬在廣西平樂法場被清軍環刃相逼一事（詳見《方以智年譜》）。

〔註9〕錢澄之：〈方太史夫人潘太君七十初度序〉，《田間文集》卷十九，黃山書社，1998年，頁379。

世間事，然後方言出世間。」（《伊川擊壤集》卷十四）它所表達的是一種積極入世的人生觀。方以智借用此典，認為昨日之我並未真正參透生死之道，如同「虛過萬死」一般。在閉關高座所寫的一篇文章中，方以智大致描述了這段心路歷程：

> 曩以蒙莊之懸寓，適安樂之環中，嘗曰：道不必聞，死無不可；生死小事，時至隨順，何足膠膠言之？然才情所發，輒多扼腕。……七年中五變姓名，展轉天雷、被左、赤溪之間，卒封刀於平樂，畢命俄頃，而大笑自若，豈非天地之爐韝鍛鍊相成就耶？……益信死者，吾之大恩人也！非爐韝如是，烏能親見死即無死、生即無生，而受用之哉？〔註10〕

昔日流離嶺南之時，曾經虛浪以生死為小事，以莊子「曳尾全生」、「安時處順」之論自解，自以為超脫，原不過是佯狂避世而已。直至封刀平樂，命在俄頃，才在「以死燒生」的爐韝鍛鍊中體悟「不虛生，不浪死」的生死大事。因此，在《自祭文》中，方以智對於莊子「曳尾櫟社樹，養生全其天」的明哲保身之論，是有所保留的。比干剖心，弘演納肝（事見《呂氏春秋・忠廉》），二人皆殺身報主之忠烈。伯夷、叔齊不食周粟，餓死雷首山（或稱首陽山），早已成為遺民之典型。從表面上看，他們皆非善終，但在方以智看來，他們才是真正的「養生全天」，死得其所。放在明亡的特定歷史條件下看，這種說法其實另有所指，即如何在亡國之際做到死生不失其正，這是明遺民反覆考量的問題。「剖心納肝」、餓死首山的忠臣義士自然是遺民所稱頌的人格形象，而莊子的「曳尾全生」之說則容易被當作貪生懼死的託詞。

　　回到現實當中，不僅虎狼、水火、兵戈能夠殺人，文字毀謗亦足以致人於死地〔註11〕。處此險境，生死當如何抉擇？世人有各種對待生死的態度，如「以名敵生死」、「以氣勝生死」、「以一生死之說遣生死」，但他們果真明白「生死之故」嗎？對於何謂「生死之故」，我們在後文還要詳論，這裏暫且不表。方以智認為，正是顛沛流離的患難、出生入死的考驗使他最終找到一條「以死知其所以不死，知不死之無不可以死」的生命出路，因此，「死」誠可

〔註10〕方以智：《浮山文集後編》卷一，〈書周思皇紙〉。按：從文中「圓具天界，掩關高座，又逾一年」推知，此文當作於順治十一年（1654）。

〔註11〕按：「膏唇拭舌」語出《後漢書》卷七八〈宦者列傳・呂強傳〉，意為讒言毀謗。

謂「天地之大恩」。在經歷生死劫難之後，方以智念念不忘的仍是白髮老父在堂，「尚未得一伏膝下」。對父親的孺慕之情，對故鄉親人的思念，是他也「未能免俗」的人間世之大戒。

在《自祭文》後還附有一首表明生死感悟的詩：

一齁元會太分明，生即無生盡此生。中土杏花知正命，雪山藥樹用奇兵。便將鼎鑊烹眞乳，仍以刀鋒掃化城。疾燄過風收不得，晚鐘敲斷竹竿聲。〔註12〕

此詩頗爲難解，大意仍是在談儒釋會通。「中土杏花」指儒家，「雪山藥樹」指佛教；儒家教人知生，佛家喜說無生；一是「正命」，一是「奇兵」，兩者實可會通，即所謂「生即無生盡此生」。「鼎鑊」、「刀鋒」借指人生患難，經過爐鞴鍛鍊，才能了悟生死眞諦，從而達到知生死、無生死而又隨生死的最高境界。

至此，方以智生死觀的雛形已大致呈現。在隨後完成的《東西均》和《易餘》當中，他更是從理論上深入探討了生死問題，不僅對儒、釋、道三教的生死觀各有評述，而且也明確表達了自己「不浪死虛生以負天地」的入世價值觀。

二、生死諸說

方以智在《東西均・生死格》和《易餘・生死故》中集中討論了生死問題，其內容主要包括兩個方面：一是提出了對待生死的三種境界，二是評述了儒、釋、道三教的三種生死觀。這兩個方面有重合之處，但並不完全相同，下面我們具體來分析。

（一）生死境界論

馮友蘭先生曾說：「人對於宇宙人生底覺解的程度，可有不同。因此，宇宙人生，對於人底意義，亦有不同。人對於宇宙人生在某種程度上所有底覺解，因此，宇宙人生對於人所有底某種不同底意義，即構成人所有底某種境

〔註12〕方以智：《浮山後集》卷一，〈無生寱・辛卯梧州自祭文又詩一首〉。按《浮山文集後編》卷一〈辛卯梧州自祭文〉末尾未收此詩。

界。」〔註13〕所謂「覺解」，覺是自覺，解是瞭解。根據覺解程度的不同，人的境界就有高低之分。覺解多者，其境界高；覺解少者，其境界低。馮先生據此將人所可能有底境界分為四種：自然境界、功利境界、道德境界、天地境界。人的境界不同，他對生死的看法就有不同。借用馮先生的說法，我們也可以說，由於人們對生死的「覺解」程度不同，他的境界也就有高下之別。在方以智的著作中雖然沒有出現「境界」一詞，但他的確區分了對待生死的三種不同態度，我們不妨稱之為三種「生死境界」。

方以智在《東西均・生死格》開首即稱：「人生視死，誠大事哉！知生死，生死小矣。然營營者不大生死之事，何由知之？……有言生死一大事者，豈非醒世第一鐸乎？」他強調應正視生死之事，若是忌諱生死而絕口不提，那就無從「知生死」即瞭解生死的真諦。至於對待生死的態度，「大端一懼而四勝」。

何謂「一懼」？方以智說：「臨之以罪福，聳之以六道，故小民聞雷則顫，見神則禱。毗沙無間，猶以怖死陰救殉財、漁色、誇權、憑生之生死。言之既熟，雖黠者撥之，而已漬於夢寐；神者權乎！」〔註14〕這是「小民」對待生死的態度，可稱之為「懼生死」。對生死（主要是對死）產生畏懼，這說明他對生死並不是全無覺解，只不過這種覺解程度有限得很。對於「懼生死」的人而言，佛教的六道輪迴、因果報應之說可以誘使他棄惡向善。這雖是一種權宜之計，但並非於世道無補。

在《易餘・生死故》中，方以智把「一懼」擴充為「四懼」，即「懼其屋漏以聖賢之衮鉞，懼其行事以邦家之應違，愚不肖過耳而已，故陽懼之以帝王之刑賞，而陰懼之以鬼神之禍福」。這「四懼」包括聖賢的教義、國家的法律、帝王的刑賞和鬼神的禍福，它可以指導人的思想，約束人的行為，但都是外在的制約，是他律而非自律，其針對對象也主要是「愚不肖」者，因此「懼生死」只是一種低層次的生死境界。

〔註13〕馮友蘭：《新原人》，《三松堂全集》第四卷，河南人民出版社，2000 年，頁
　　　　496。按《新原人》第十章曰〈死生〉，亦以境界論生死，馮先生所論與方以智有異曲同工之妙。
〔註14〕見《東西均・生死格》。按：「毗沙」即佛教四大天王中的毗沙門天王，又稱多聞天，為護法之天神，兼施福之神性。「無間」指無間地獄，為八熱地獄之一，有罪眾生，至彼受苦，無有間歇，故名無間。毗沙、無間在此指福禍報應。

　　與「懼生死」相對，第二種境界可以稱之爲「勝生死」。方以智在《東西均‧生死格》中說：

> 其勝之以理者曰：存亦樂，亡亦樂，是齊生死也；聚則有，散則無，是泯生死也；名立不朽，沒而愈光，是輕生死也；安時俟命，力不可爲，是任生死也。齊、泯、輕、任，謂之「四勝」。

在《易餘‧生死故》中，其表達更爲清楚：

> 賢智則以理勝之：存亦樂，亡亦樂，是縱之以齊生死也；聚則有，散則無，是以氣而泯生死也；立而不朽，沒則愈光，是以名而輕生死也；安時俟命，力不可爲，是以數而任生死也。

齊、泯、輕、任「四勝」是賢智之士對待生死的理性態度，如莊子「安時而處順，哀樂不能入」（《莊子‧養生主》）、「萬物一府，死生同狀」（《莊子‧在宥》）的說法，就是「齊生死」的典型；或以一氣之聚散解釋生死，氣聚則生，氣散則亡，如此可以「泯生死」；或以精神的不朽超越肉體的死亡，身死名垂，從而可以「輕生死」；或以生死有命，個人無法控制，因此不妨「任生死」。這四種看法已經超越了「懼生死」的階段，而能夠「以理勝之」，表明達到這種境界的人對於生死的覺解程度較高。但是，在方以智看來，「知其莫可誰何而立言廣意以勝之，然終爲生死所囿，非眞知生死者也」。「四勝」之以理勝生死，乃是一種面對生死無可奈何，不得已而創造出某種理論來戰勝它的做法，仍屬囿於生死而非眞知生死者。那麼，怎樣才算「眞知生死」呢？

　　方以智說：「百姓日用不知；聖人通晝夜而知，朝聞道，夕死可矣，知其故矣。」（《東西均‧生死格》）凡人都要經歷生死，但「百姓日用而不知」，他們對生死之理沒有覺解；唯有聖人才眞正洞知生死之故，自覺其覺解。聖人既脫離了愚夫愚婦的「懼生死」，又超越了賢智之士的「勝生死」，他才是「眞知生死者」。按照《易‧繫辭上》的說法，聖人「通乎晝夜之道而知」，此「晝夜之道」亦即「幽明之故」、「死生之說」〔註15〕。子曰：「朝聞道，夕死可矣。」（《論語‧里仁》）其所聞之「道」，在方以智看來，即「生死之道」。「眞知生死之故」的聖人對生死有完全的覺解，從而達到了最高的生死境界。

〔註15〕《易‧繫辭上》：「《易》與天地準，故能彌綸天地之道。仰以觀於天文，俯以察於地理，是故知幽明之故；原始反終，故知死生之說；精氣爲物，遊魂爲變，是故知鬼神之情狀。」又曰：「範圍天地之化而不過，曲成萬物而不遺，通乎晝夜之道而知，故神無方而《易》無體。」此說向來是歷代學者用以解釋生死問題的經典依據。

那麼，這個「生死之故」究竟何指？方以智說：「以《易》觀之，動靜即生死。」又說：「故也者，生本不生、死本不死之故也。」這個「生死之故」可以通過易理來加以說明。他說：

> 《易》非第一生死之道乎？又何嘗不可作生死之技乎？真通晝夜而知危微、交輪之幾者，洞精一元之大生死，即一瞬之小生死；極深研幾，可以成變化而行鬼神。鬼神無如我何，陰陽在吾掌上，參之贊之，不外中和；豈特曰「人生死在十三萬四千四百萬年中，乃一塵之不如，何汲汲為」而以之自解也？（《東西均·生死格》）

《易》可以範圍天地之道，自然包括「生死之道」，同時也可以作為「生死之技」。所謂「生死之技」，如前述之「四勝」，方以智說：「言四勝之生死而可以鐸人，可以糊口，亦一技也。」「四勝」之說雖然未了生死真諦，但可以作為教化百姓的手段，也是達到最高境界的階梯；技熟心一，亦可以漸趨化境。在《東西均·三徵》篇，方以智提出「交輪幾」之說來解釋宇宙運化的規律，「生死之道」亦可作如是觀。「危微、交輪之幾」即「生本不生、死本不死之故」。若以「公因反因」的術語論之，生死為「反因」，生死之故則是反因交輪之中所體現的「公因」。掌握了這個「生本不生、死本不死」的公因之幾，生死之故自可格破。方以智在《三徵》篇談到：

> 一呼吸即一生死也。一呼而一吸中有前後際焉，察此前後際，然後能察無始。而人不能察此幾微，故以大表小，於是言一日之生死為晝夜，一月之生死為朔晦，一歲之生死為春冬，天地之生死為元會。
> 明天地之大生死，即明一呼吸之小生死，而人一生之生死明矣。

天地之大生死（即「一元之大生死」）、呼吸之小生死（即「一瞬之小生死」）與人一生之生死，其道理是相通的。若能窮極幽深而研覈幾微，則可以「成變化而行鬼神」；達此境界之人，鬼神無如我何，陰陽運諸掌上，可以參贊天地化育，從容中道，發皆中節。所謂「十三萬四千四百萬年」是佛教一大劫之年數，總括成、住、壞、空四劫，乃一期世界之始末。人生百年在一大劫之中，如滄海之一粟，微不足道，人或以此自賤其生死，「日拖尸以趨死」，其境界與參贊化育的「中和」之境相比，何啻天壤？

以上就是方以智針對愚不肖、賢智之士以及聖人所提出的由低到高的三種生死境界。在這裏，三教的界限並不十分明顯，如在齊、泯、輕、任「四勝」當中，既有道家對待生死的態度，也有儒家對待生死的態度。那麼，方

以智對於三教的生死觀究竟有何評價？他自己又將如何取捨？這是下文將要
探討的問題。

（二）三教生死觀

我們在前面已經提及，方以智在流離嶺南時期曾以莊子的「曳尾全生」
之說自解。在《東西均·生死格》中，他對莊子的生死觀給予了特別關注：

> 病莊子者曰：「勞我以生，逸我以死」，是樂死而厭生也。樂死而厭
> 生，與貪生而懼死同。桑戶之歌曰：「而已反其眞，而我猶爲人。」
> 以死爲反眞，以生爲不反眞，其桔於生死又如此。何何氏曰：彼殆
> 病世之偏重於生，故偏爲此不得不然以勝之，是巧於說勝者也。其
> 曰「汝神將守形，形乃長生」，本爲我故，究重於養生，惟以逃生死
> 之說爲敵生死之勢，以平其養生之懷耳！其流必愛生而避死矣。

《莊子·大宗師》子來曰：「夫大塊載我以形，勞我以生，佚我以老，息我以
死，故善吾生者，乃所以善吾死也。」批評莊子者以此爲「樂死而厭生」之
說。《大宗師》又載孟子反、子琴張臨子桑戶之尸而歌曰：「嗟來桑戶乎，嗟
來桑戶乎！而已反其眞，而我猶爲人猗！」以死爲還歸本眞，而生爲不反眞，
這是「桔於生死」之說。何何氏是方以智假託之人，他的看法是，莊子針對
世人樂生的偏見，故意提出這種相反之論，是一種辯說技巧〔註16〕。在《藥
地炮莊》解釋《至樂》篇「莊子之楚，見空髑髏」一節時，方以智曾引郭象
注云：「舊說莊子樂死惡生，謬矣。若然，何謂齊乎？所謂齊者，生時安生，
死時安死，生死之情既齊，則無爲當生而憂死耳。此莊子之旨也。」（《炮莊》
卷六，頁四）方氏顯然贊成郭象的觀點。

《莊子·在宥》篇記廣成子對黃帝言長生久視之道曰：「目無所見，耳無
所聞，心無所知，汝神將守形，形乃長生。」此爲養生之言，逃生死之說。
方以智認爲，莊子本重養生，爲此他常以逃生死的說法來造成敵生死的架勢，
但其末流往往流於愛生避死之途，這就不是莊生本旨了。《易餘·生死故》在
論及莊子生死觀時說：「漢人以莊子嗷嗷生死，乃畏死之甚者，夫安知其即以

〔註16〕《藥地炮莊》引藏一（左銳）曰：「莊子以向上一著，神而藏之，形容相反而
實相成。其說往往流於養生，以世人惟愛生，故以此楔誘出名利之楔，亦猶
佛知人之畏死，而終日爲生死之說也。聖人則因二以濟民行而已矣。」（《炮
莊》卷九，〈天下〉，頁十九）此論可與方氏互參。

畏死誘人之養生乎？安知其即以養生誘人養其生之主乎？」可見方以智並不認爲莊生之說是貪生畏死之論。對於那種以莊生之說爲愛生避死辯護的觀點，方以智是持批判態度的。他說：

> 漢老父曰：「蘭以熏自燒，膏以明自滅。」此溺於曳尾、臃腫者，夫烏知龍、比、孤竹之大全其天乎？……熏者燒，不熏者亦燒；明者滅，不明者亦滅。生死一晝夜，將貴晝而賤夜邪？方齊壽夭而歎大全天者，則陋巷不及東陵之盜，而況彭祖八百乎？（《東西均・生死格》）

《漢書・龔勝傳》記龔勝因拒王莽徵召，絕食而死，「有老父來弔，哭甚哀，既而曰：『嗟乎！熏以香自燒，膏以明自銷。龔生竟夭天年，非吾徒也。』」方以智認爲老父之言是「溺於曳尾、臃腫者」。曳尾，指莊子拒楚威王之聘，「寧生而曳尾塗中」故事（見《莊子・秋水》）；臃腫，指大樗樹臃腫無用可避斧斤的寓言（見《莊子・逍遙遊》）。「溺於曳尾、臃腫」即爲愛生避死。漢老父以龔勝未全其天年，方以智則不以爲然，他說：「夫烏知龍、比、孤竹之大全其天乎？」夏朝賢臣關龍逢以諫桀長夜之飲受誅，商朝賢臣比干以諫紂淫亂而剖心，伯夷、叔齊不食周粟而餓死首陽山，此皆「殺身成仁」的典範，他們才是眞正的「大全其天」。如果以壽夭衡全天，那麼短命的顏回就不及壽終的盜跖，更不用說活了八百歲的彭祖了。由此可見，方以智並不刻意追求道家的養生長生，朝聞夕可、以身殉道的儒家理念在他的思想中始終占主導地位。

在評述了莊子的生死觀之後，方以智對三教生死觀有一個總體概括。他說：

> 公和得薪之指，是殆善燒滅者也，是不待於空生死，而動不爲生死所累者也，從容門生死也；知怖生死，而先燒滅以空之者，第二義最親切者也，塗毒門生死也；知生死必然之理，自勝四勝，而學問游心者，居易門生死也。（《東西均・生死格》）

這段話用語比較晦澀，需要加以解釋。晉代隱者孫登，字公和，他曾對嵇康說：「火生而有光，而不用其光，果在於用光。人生而有才，而不用其才，而果在於用才。故用光在乎得薪，所以保其耀；用才在乎識眞，所以全其年」（《晉書・孫登傳》）。孫登「用光得薪」說的主旨在於全生保眞，不用而自得其用，這是道家對待生死的態度。它並不以生死爲空無，而是強調順其自然，不爲

生死所累，所以稱之爲「從容門生死」。與道家的看法不同，佛教認爲生老病死是人生所經歷的四種痛苦，它以超脫此四苦、到達彼岸極樂世界爲目的。這裏所謂「塗毒門」主要指禪宗，禪宗有「塗毒鼓」之喻，謂塗有毒料，使人聞其聲即死之鼓；禪宗以此比喻師家令學人滅盡貪、嗔、痴之機言〔註17〕。又禪宗有第一義門與第二義門的區分，第一義門（向上門）指佛道的究極之旨，或不執於世緣的上求菩提之修行道法；相對於此，方便權巧、假借名言而設立之教義法門，或隨順世情以教化眾生之菩薩行，則屬第二義門（向下門）。第一義門爲入理深談、至高無上；第二義門爲門庭施設、機法方便，因此說「第二義最親切」。最後，所謂「居易門」自然指儒家。《中庸》有「君子居易以俟命」之說，「居易」即素位而行，爲其所當爲。儒家通達生死必然之理，超越齊、泯、輕、任「四勝」，而以學問游心，這是方以智所嚮往的生死觀。

　　方以智在《東西均・盡心》篇還曾以隨、泯、統三因的模式來統攝他對三教生死觀的理解。他說：

> 要以質言，但燎不爲所累之燭，則何生死可出乎？無生死，不求脫離，累亦不累，此天酒也。怖生死，求脫離，此黃、礜（音「預」，礦質毒性）也。不能不爲生累，而以學問化之，此枳、苓也。隨生死，空生死，而貫生死，一心三諦，莫方便於此矣。

這裏用「天酒」、「黃礜」、「枳苓」三種物性比喻三教，與上文「從容門」、「塗毒門」、「居易門」之說可以合參。按天酒猶甘露，《老子》三十二章：「天地相合，以降甘露，民莫之令而自均。」大道之功用，自然均匀，一往平等，有如甘露普降，故以之指稱「從容」之道家。道家視生死如晝夜，安時處順，死生一如，無生死可解脫，只是不累於生死。黃指大黃，中藥名，性寒烈；礜，礦物名，有毒性，故以之代表「塗毒」之佛教禪宗。佛教以生死爲苦海，求解脫。枳、苓皆中藥名，性平而緩，能消積，故以之代表「居易」之儒家。儒家積極入世，爲生所累，但可以學問化之。最後，方以智總結道：「隨生死，空生死，而貫生死，一心三諦，莫方便於此矣。」道家的隨生死、佛教的空生死和儒家的貫生死正好符合隨、泯、統的三分格局，而居於統位的儒家生

〔註17〕《東西均開章》：「獨均已不知呼天之聲，泯於理解，不能奇變，激發縱橫之曲，必讓塗毒之鼓。」《東西均・盡心》：「吹毛塗毒，石激電拂，皆燒人盡心之法也。」均以「塗毒」喻禪學。

死觀最終仍要落實到「學問化之」的人生實踐之中。只有在當下的生活中不斷充實自我的生命，「惟不浪死虛生以負天地」，才能真切體會生死的真諦。這就是方以智所謂「孔子『知生』一語，足爲骨髓銘旌之格」的深刻涵義（《東西均‧生死格》）。

方以智在《東西均‧無如何》篇提到：

> 故聖人原始反終，通晝夜知其故，而教人以知生者畢之。莊子外生死，惟以善吾生乃所以善吾死。則學者於人間世，欲無忝所生，不負天地，獨在從本心不愧怍而已。不虛生，不浪死，不學又何爲哉？
>
> 絃歌則絃歌，刪述則刪述，不厭不倦，優哉游哉！

聖人既知生死之故，然其教人則曰「未知生，焉知死」，這是因爲欲瞭解死必先瞭解生，能瞭解生則亦可以瞭解死。莊子既論外天下、外物、外生死，又說「善吾生乃所以善吾死」，可見其亦重生。學者處此人間世，欲善盡此生，不負天地，自當以孔子爲楷模，絃歌刪述，學而不厭，誨人不倦，這才是「不虛生、不浪死」的生死之道。至此，方以智實際上已經表明了以學問著述作爲其後半生安身立命之道的意願，而他在生死問題上的掙扎，也獲得了初步的懸解。

三、生死勘破

以上所引材料，大多出自《東西均》及《易餘》，這兩種著作在方以智癸巳（1653）投奔天界之前已基本完成，可以說他的思想體系在此時也已大致確立。而在方以智拜入覺浪道盛門下之後，他的思想又得到進一步昇華，施閏章謂其「刳心濯骨，渙然冰釋於性命之旨」，實有所指。關於道盛「託孤」說對方以智的影響，我們在第三章已有詳論，不再贅述。這裏僅就道盛的另一個代表性觀點——三子會宗論及其對方以智的生死開示略加闡述，而方氏的臨終表現則不妨看作是其生死觀的具體實踐。

（一）三子會宗

方以智在《象環寤記》中說：「杖者謂莊子與孟子、屈子三人同時鼎足，扇揚大成藥肆者也，而莊子爲孔門別傳之孤，故神其迹而託孤於老子耳。」〔註

〔註18〕方以智：〈象環寤記〉，李學勤校點本《東西均》附錄，頁157。

18）這句話點出了覺浪道盛的兩個代表性觀點——「託孤」說和「三子會宗」論。後者可以看作是前者的理論延伸：不僅莊子爲「儒宗別傳」，屈原同樣可以劃歸到儒家的行列中。莊子、屈原與孟子三人，其宗旨可以會歸於儒，這是「三子會宗」論的基本思想。道盛在明亡之際提出的這一觀點具有特殊的時代意義，我們在這裏著重關注的是「三子會宗」論對於明遺民生死抉擇的重要啓示。

　　《三子會宗論》收在《天界覺浪盛禪師全錄》卷十九，道盛在文章開頭表示：

　　　　《易》、《書》、《詩》、《禮》、《春秋》五經，皆具天人一貫之宗，是
　　　　孔子所刪定述作，爲千聖百王之師法者也。後孔子而生者有孟子，
　　　　繼顏、曾、思三子而承孔氏之宗。其所著述，亦皆直揭聖學王道之
　　　　微，以光大五經之統也。此外有莊子之《南華》、屈子之《離騷》，
　　　　其貌雖異，究其所得，皆能不失死生之正，以自尊其性命之常，曾
　　　　無二致，豈不足與五經四子互相發明其天人之歸趣，可爲儒宗別傳
　　　　之密旨哉！〔註19〕

這是說儒家自孔子刪定五經，再經顏子、曾子、子思以至孟子的發揚光大，其薪火相傳的學術宗旨乃在於「天人一貫」。確立了這個基本前提之後，再來觀照莊子和屈子，二人的表現似乎南轅北轍，但究其實際，「皆能不失死生之正，以自尊其性命之常」；二人所著之書，皆足以與五經四子互相發明「天人之歸趣」，都可以看作是「儒宗別傳」。這個基本論調與「託孤」說並無二致，其大意不難理解。三子之中，孟子作爲正統儒家的代表，主要是被當作會通莊、屈二子的中道標準，因而《三子會宗論》的核心在於論證莊、屈二子皆能發明儒家「天人一貫」的宗旨。道盛說：

　　　　吾故以莊子者，道心惟微之孽子也，天之徒也，先天而天不違其人
　　　　也；屈子者，人心惟危之孤臣也，人之徒也，先人而能奉其天也。
　　　　此二子者，豈不交相參合天人於微危之獨乎？〔註20〕

其要點如下：莊子《南華》「獨揭向上一路，以天命性道爲宗」，表面看來似乎重視天道而忽略人倫，實際上莊子的策略是借客形主、託權明實，其「所稱無爲自然，皆歸宿於《人間世》、《大宗師》、《應帝王》與堯舜孔顏之事」，

────────────────

〔註19〕覺浪道盛：〈三子會宗論〉，《天界覺浪盛禪師全錄》卷十九，頁571。
〔註20〕同上，頁572。

可見他並非不重人倫。至於屈原「忠君愛國，不二其心，不改其度，不忍偷生而甘死於義命」的情操，似乎陷於人倫而不合天道，實則君臣大義本是天之所命，屈子「能盡臣子之心以極人倫之變，而不失其性命之常」，天道即在其中。因此，道盛認爲莊子是「先天而天不違其人」，屈子是「先人而能奉其天」，二子「天人一貫」的歸趣在此得到證明。方以智在廬墓合山時所寫的《文章薪火》一文中，表達了與覺浪道盛同樣的看法，他說：「三子同時而不相遇，屈專盡人，而冥於惟危之心；莊專得天，而冥於惟微之心；孟合天人，而以不得已爲用。本可會一宗，其文亦可合而互之，此當俟之間出之士。」〔註21〕

除了論證莊、屈二子皆合儒家「天人一貫」的理論歸趣之外，《三子會宗論》著重闡述了孟、莊、屈「知進退存亡而不失其正」的生死之道。道盛說：

> 莊子之與孟子，皆能自全而不陷於死，此善於居亢而能無悔，所謂「知進退存亡而不失其正」之聖人也。屈子與伯夷，皆能自盡而不陷於生，尤善於居亢而能無所憾，所謂「知進而不知退，知存而不知亡，知得而不知喪」之聖人也。使屈原、伯夷二子，亦如莊、孟而不死，則天下之人，皆藉此以偷生自全爲名節，而萬世之下，又孰能高其汨羅、首陽之忠烈哉？處亢之中，有當慷慨捐生，不捐則失道；有當從容就義，不就則失身。如比干之死，微子之去，箕子之狂，與伯、屈之死，莊、孟之生，是皆重道尊身，乃大聖大賢，以大仁大義，善於處亢，無悔無憾，其於易地則皆得而不失其正者也。吾於是以潛而亢揭之，用此三子爲斯乾坤變化之證據也。況三子者，業已目窮千古，生同一時，詎有昧昧不知，不相爲尚論者哉？夫固各自潛行以泯其亢變，各以怨怒戒懼而致中和，其相忘於無言也，非世之所知矣。以事觀之，似皆不能即身行道於世，不知皆能即身抗俗，獨行此志，以能自奮不委，是眞善於亢潛，而從心不踰矩也。〔註22〕

這段話提出了兩種不同的人格典型：一是「自全而不陷於死」的莊子與孟子，一是「自盡而不陷於生」的屈子與伯夷。一生一死，看似截然相反，然而在

〔註21〕方以智：〈文章薪火〉，《通雅》卷首三，《方以智全書》第一冊，頁67。按：《文章薪火》末題「遊兆芮漢日在箕四，合山墓廬書與德、通、履」，遊兆芮漢即丙申（1656）。

〔註22〕覺浪道盛：〈三子會宗論〉，《天界覺浪盛禪師全錄》卷十九，頁574～575。

道盛看來，他們都是「易地則皆得而不失其正」的大聖大賢。《易·乾·文言》在解釋乾卦上九爻辭「亢龍有悔」時說：「亢之爲言也，知進而不知退，知存而不知亡，知得而不知喪。其唯聖人乎！知進退存亡，而不失其正者，其唯聖人乎！」上九之所以亢極有悔，正是由於「知進而不知退，知存而不知亡，知得而不知喪」；只有聖人才是「知進退存亡，而不失其正者」。不過，在道盛的創造性詮釋中，莊、孟與伯、屈所代表的這兩種典型都是「易地皆然」的聖人。與道盛相交甚深的錢澄之曾說：「《易》之時乘六龍，有潛有亢，莊處其潛而屈當其亢，時爲之也。」〔註23〕此論庶幾近之。道盛指出，孟、莊、屈三子「以事觀之，似皆不能即身行道於世，不知皆能即身抗俗，獨行此志，以能自奮不委，是眞善於亢潛，而從心不踰矩」，這是「三子會宗」的落腳點。通過對莊、孟之生與伯、屈之死兩種選擇的同時肯定，道盛一方面表達了對死節之士的旌揚與推崇，另一方面也巧妙地爲明遺民的生存價值作了合乎義理的論證。

覺浪道盛的「三子會宗」論，實際上是以孟、莊、屈三子作爲一種心志的寄託，表達其人生境遇的感歎與價值依歸的方向。在明清鼎革的亂世，此論對明遺民的影響不可小視，不少遺民紛紛投其門下。譚貞默《覺浪和尚語錄序》稱：「江南之大善知識莫若覺浪和尚，……良由洞上眞鋼，刮人眼膜，夢筆靈焞，直射斗牛。居恒澄澈一門，該練三學，遂使儒門淡泊，收拾不住者，都得皈師換一頭面，翻一筋斗。」〔註24〕一時豪杰之士如方以智、倪嘉慶（笑峰大然）、髡殘石溪等，皆出自覺浪道盛門下，實非偶然。

道盛在《三子會宗論》末尾還附有一段自評，寄望讀其書者能倡導「建一祠廟，貌三子之像，以孟居中，而左右莊、屈，同堂共席，相視莫逆，以配享千古」〔註25〕，並題其名曰「鼎新堂」。「鼎新」取自《周易·雜卦》：「鼎，取新也。」「鼎」字在此表示孟、莊、屈三子同時鼎足之意。方以智在主持青原時，「因與諸子舉杖人孟、莊、屈《三子會宗論》，欲以一堂享之，因建三一堂，起四望樓」〔註26〕，以完成其師未了的心願。

〔註23〕錢澄之：〈莊屈合詁自序〉，《田間文集》卷十二，黃山書社，1998 年，頁 232。
　　　　關於澄之與道盛的交往，可參見《田間詩集》卷五〈挽天界和尚四首〉。
〔註24〕《天界覺浪盛禪師全錄》卷首序，頁 333。
〔註25〕《天界覺浪盛禪師全錄》卷十九，頁 575。
〔註26〕《青原志略》卷一，〈谷口別峰〉，頁 46。

　　道盛以「鼎新」名其堂，方以智晚年著有《鼎薪》一書〔註27〕，惜已佚，竊疑此書即是對《三子會宗論》的發揮。《鼎薪》書名屢見於方氏晚年交游的詩文中，如湯燕生《寄懷青原藥地大師》中有「《通雅》、《小識》淹古今，《鼎薪》、《炮莊》塞宇宙」之句〔註28〕；余鳳《題翠屏石》中有「《炮莊》入《鼎新》，析理如建瓴」之句〔註29〕。方中通《哀述》詩序亦稱：「倘姚公至今日披讀《時論》、《炮莊》、《易餘》、《物理》、《鼎新》、《聲原》、《醫集》、《冬灰》諸書，僅謂之才人乎？」書名或作《鼎薪》，或作《鼎新》，當爲同一著作。且《鼎薪》往往與《炮莊》並稱，《炮莊》發揮「託孤」說，《鼎薪》闡明「會宗」論，可能性極大。只是今日已無從得見原著，聊備一說。

　　道盛的《三子會宗論》在理論上有以儒學來會通各家學術的意圖，但在我們看來，其更重要的目的乃在於反省一己的生命。「三子會宗」的論題是明遺民表達生死看法的一種方式，莊子之生與屈子之死皆「不失死生之正」，換言之，遺民與死節皆是合乎天道的生命抉擇。可以說，道盛的「三子會宗」論爲明遺民的生存找到了無愧於死節之士的堅強理由。然而，作爲遺民究竟應該如何生存，是息影深山，音塵不接；抑或高座說法，出世還傳救世方？對於方以智來說，這依舊是個問題。

（二）臨終表現

　　方以智在《東西均‧生死格》中表達了「不浪死虛生以負天地」的入世價值觀，他對「出家」一語也提出了別出心裁的解釋：「出家兒貴出生死利害之家，非謂出兩片大門之家。」〔註30〕正是由於這種豁達的見解，方以智在出家之後，儒言儒行，須臾未忘。康熙三年（1664）冬，方以智入主青原山淨居寺法席，並在此度過了他人生的最後一段旅程。在主持青原期間，他廣交僧俗宦儒、遺民隱逸，大力興修佛堂，復興書院，講學不輟，遂使青原山成爲遠近聞名的學術聖地。施閏章《無可大師六十序》稱：「其汲汲與人開說，囊括百家，掀揭三乘，若風發泉涌，午夜不輟。士大夫之行過吉州者，鮮不問道青原；至則聞其言，未嘗不樂而忘返，茫乎喪其所恃也。」可見當日之盛況。

〔註27〕蔣國保據余颺《鼎薪敘言》斷此書至遲在 1662 年業已完成，較爲可信。參氏著《方以智哲學思想研究》，頁 107。
〔註28〕《青原志略》卷十，頁 306。
〔註29〕《青原志略》卷十一，頁 333。
〔註30〕《青原愚者智禪師語錄》卷二，〈南谷示眾〉，《禪宗全書》第 65 冊，頁 643。

對於方以智晚年涉世過深的做法，也有朋友產生疑慮，並進行規勸。如方以智友人徐芳曾於康熙五年（1666）寄書說：「弟以為道兄將來所處，尚宜審擇。夫出而勞執與退而逸？且道兄今日又有宜深山不宜高座者，此可以意喻不可以言傳也。……今道兄之人，固懶殘入衡之人；而此日之時，又曹溪韜衣之時。然且峨然高座，使天下指而目之，可乎哉？」〔註31〕魏禧也曾於康熙六年（1667）致書，謂「邇者道譽日盛，內懷憂讒畏譏之心，外遭士大夫群衲之推奉，於是接納不得不廣，干謁不得不與，辭受不得不寬，形迹所居，志氣漸移」，勸方以智「掛鞋曳杖，滅影深山」，以息讒言、遠謀害〔註32〕。友人的疑慮與規勸並非多餘，但方以智並沒有因此改變其素志，仍汲汲於學術救國的事業。他晚年的致禍或與此有關，但對於此時的方以智來說，生死榮辱已無累於心，「惟不浪死虛生以負天地，故當然者無不可為」，這就是方氏晚年的行事風格。

康熙十年（1671）三月，當「粵難」來臨之時，方以智坦然面對。《浮山志》記載其臨終情況如下：

> 辛亥，粵難作，師聞信自出曰：「吾睜死幸過六十，更有何事不了？」終日談笑，處之坦然。即之嶺南，臨行時，寄山足札云：「浮山一局，努力善守，致意吳氏諸護法。」十月初七至萬安縣，師問曰：「此什麼處？」眾答曰：「萬安。」師曰：「住。」命水沐浴，端坐，謂眾曰：「去罷！」眾茫然，請偈，師笑曰：「平常。」言訖而逝。時大風忽作，江濤洶涌，竟日方息。〔註33〕

此則記載關係甚大，這裏有必要交代一下《浮山志》的編纂情況。康熙九年（1670），方以智命其徒山足興斧為浮山華嚴寺監院，並囑其重修山志。康熙十二年（1673），山足受方丈之請，總持浮山，即遵師囑謀修山志，於是請吳道新董理其事。吳道新，字湯日，係方以智堂舅父。吳《志》脫稿，山足即持稿往見陳焯，請其審訂。陳焯，字默公，係方以智生前好友。另外，在《浮山志》的校閱者中，方門三子中德、中通、中履赫然在列，其他眾多方氏弟子及友人均參與其事〔註34〕。因此，《浮山志》記載之重要性，非一般方志可比。

〔註31〕徐芳：〈寄木公四（丙午）〉，《懸榻篇》卷五，《四庫禁燬書叢刊》集部第 86 冊，頁 187。

〔註32〕魏禧：〈與木大師書〉，《魏叔子文集》卷五，中華書局，2003 年，頁 256。

〔註33〕吳道新等纂：《浮山志》卷三，黃山書社，2007 年，頁 27。

〔註34〕關於《浮山志》的編纂經過，參見吳道新《重修〈浮山志〉緣起》及卷首序文。

余英時先生《方以智晚節考》曾引及此段文字，以爲「其意即在以隱語方式保存密之自沉惶恐灘之眞相」，所謂「大風作，江濤洶涌」者，「言密之於風浪大作之際乘人不備而投水也」〔註35〕。在我們看來，余氏的解讀未免有過度詮釋之嫌。自古高僧大德圓寂的記載總有一些神化色彩，本不足怪。但如果說《浮山志》的記載純屬杜撰，方氏家人弟子無端編造此一故事，則吾人斷斷不敢相信。

我們可以把這段記載與《陽明年譜》所記陽明臨終情況作一比較。嘉靖七年（1528）十一月，陽明病歸至南安，門人周積來見。廿八日晚泊，問：「何地？」侍者曰：「青龍鋪。」明日，先生召積入。久之，開目視曰：「吾去矣！」積泣下，問：「何遺言？」先生微哂曰：「此心光明，亦復何言？」頃之，瞑目而逝。嘉靖八年（1529）正月，喪發南昌。是月連日逆風，舟不能行。趙淵祝於柩曰：「公豈爲南昌士民留耶？越中子弟門人來候久矣。」忽變西風，六日直至弋陽。〔註36〕

《陽明年譜》中「忽變西風」的說法與《浮山志》中「大風忽作，江濤洶涌，竟日方息」的說法都是一種神迹，類似的記載在中晚明陽明學者的年譜文集中十分常見〔註37〕，這的確可以使我們意識到傳記資料與眞實情況之間的距離。但是，拋開其中的異象，這些記述本身足以反映死者臨終時對待生死的心態，這一點應該是勿庸置疑的。陽明曾說：「學問功夫，於一切聲利嗜好俱能脫落殆盡，尚有一種生死念頭毫髮掛帶，便於全體有未融釋處。人於生死念頭，本從生身命根上帶來，故不易去。若於此處見得破，透得過，此心全體方是流行無礙，方是盡性至命之學。」〔註38〕此番體悟乃是從百死千難中得來，陽明的臨終狀況也應驗了自己的這句話，一切得失榮辱、聲利嗜好乃至生死一念，至此俱能超脫，這是達到最高人生境界的表現。我們再回頭看方以智的臨終情況，面對生死劫難，他「終日談笑，處之坦然」，說明此時他對生死已了然於心、無有罣礙。在《東西均·生死格》中，他曾「笑臨死留詩偈爲貂尾」，以「平常」二字作爲自己的臨終遺言，這也完全符合方以智一貫的風格。

〔註35〕余英時：《方以智晚節考》，三聯書店，2004年，頁178。
〔註36〕《陽明年譜》三，《王陽明全集》卷三十五，頁1324～1325。
〔註37〕對中晚明陽明學者臨終情況的分析，可參見彭國翔：《良知學的展開》，頁469～471。
〔註38〕《傳習錄》下，《王陽明全集》卷三，頁108。

最後，我們以方中發緬懷方以智的一首詩作為本章的結語：

絕世奇男子，天留守歲寒。

刀山九死易，雪窖半生難。

正氣羅鉤黨，微言接杏壇。

文章與名節，何一不完全。〔註39〕

〔註39〕方中發：《白鹿山房詩集》卷五，〈祖德述‧文忠公〉。按：方中發（1639～1698），
字有懷，方以智胞弟方其義之子。

結　論

　　康熙六年（1667），方以智自青原遠游福建，應邀至莆田會見老師余颺。師生二人在討論如何報答親恩時，方以智說：

> 吾將聚千聖之薪，燒三聖之鼎，炮之以陽符，咀之以神藥，彌縫之以象數，妙叶之以中和，裁成之以公因反因，範圍之以貞一用二，時當午運，秩序大集，使天下萬世曉然於環中（方孔炤）之旨、三一（吳應賓）之宗，謂方氏之學繼濂、洛、關、閩而興，集曇、聃歸途之成，克盡子職，所以報也。〔註1〕

以方氏之學集三教之大成，這段自我表白足以概括方以智一生為學的終極追求。綜合來看，方以智的三教會通思想具有如下幾方面的特點：

　　一、在《周易時論》中提出、在《東西均》和《易餘》中反覆論證的「公因反因」說是方以智兼容百家、融貫三教的方法模式。從易學中太極與陰陽關係推衍出的公因反因說，被賦予了普遍法則的意義，方以智借用佛教的圓∴符號作為公因反因說的形象表達，「交、輪、幾」三徵與「隨、泯、統」三因等範疇都符合圓∴模式。莊子的「環中」、「兩行」，佛教天台宗的「三諦」、「三觀」，華嚴宗的「圓融無礙」、「一多相即」等學說，都是公因反因的例證，可以作為三教會通的融攝方法。三教會通的理論目標是建立一個「集大成」的思想體系，方以智以孔子作為這一最高理想的實踐者。

　　二、受覺浪道盛「託孤」說的影響，方以智撰著《藥地炮莊》，以儒解莊，借莊說禪，把《莊子》詮釋作為會通三教的思想熔爐。《炮莊》以儒解莊的特

〔註1〕余颺：〈報親庵序〉，《浮山志》卷四，黃山書社，2007年，頁52。

色主要體現在以象數易學以及《中庸》的「中和」說詮釋《莊子》，其以禪解莊的特色則主要表現在運用禪宗公案會通莊旨。《炮莊》的根本旨趣在於以儒家爲依歸。方以智的《莊子》詮釋不盡合莊子原意，這是由其強烈的現實關切和救世意圖所決定的。方氏「寓戰國漆園之身而爲宣尼、聃、曇說法」〔註2〕，主要有兩方面的用意，一是「鐸中和以平鬥諍」，二是「倡實學以挽虛竊」。

三、方以智的三教會通是以儒家思想爲主體來統合三教。在形上層面，方氏認爲三教具有共同的本原，道通爲一，各家名相概念的差異完全可以消除。在現實層面，方氏認爲三教因時而異，互有短長，可以代明錯行，相互補救；其「互救」說的重點，一是釋道互救，二是理學與禪學互救。方以智發揮陽明的「三間之喻」，以明堂、北奧、虛空分指儒、道、釋三教，而以「明堂之政乃主中主」表明其立足儒家的基本立場。借用存有論與境界論的二元分析模式，我們認爲，方以智在存有論上堅持了儒家「有」的立場，與佛道存在著基本的分野，而在境界論上則充分吸收了佛道兩家「無」的智慧，把「有無合一」之境看作聖人所能達到的理想境界。方以智的三教會通思想體系有一個基本的出發點，即河洛象數之學。他以象數易學作爲兼容百家、通貫三教的理論平臺，與他對象數之學的獨特理解以及實學致用的學術追求有很大關係。在方氏看來，象數之學具有客觀、精確、紮實的特點，這正是對治明末以來蹈虛之弊的一劑良藥。

四、方以智的三教會通思想不僅是對傳統學術的總結和反思，而且也包涵著對個人安身立命之道的探索與定位，這其中最核心的問題是生死問題。明亡之際的坎坷經歷使方以智對生死問題格外關注。針對愚不肖、賢智之士和聖人三種人格，方以智提出了由低到高的三種生死境界，即「懼生死」、「勝生死」和「知生死之故」。方氏以不待於空生死的從容門、空生死的塗毒門和知生死必然之理的居易門分別表示道家、禪宗和儒家的生死觀，並以「隨、泯、統」三因的模式來統攝他對三教生死觀的理解。在方以智看來，道家的隨生死、佛教的空生死和儒家的貫生死正好符合隨、泯、統的三分格局，而居於統位的「知生死必然之理」的儒家生死觀最終仍要落實到「學問化之」的人生實踐之中。只有在當下的生活中不斷充實自我的生命，「惟不浪死虛生以負天地」，才能眞切體會生死的眞諦，「學問游心」是方以智選擇的生死之道。在投奔天界後受到覺浪道盛「三子會宗」論的生死開示，更加堅定了方

〔註 2〕 余颺：〈寄藥地尊者〉，《青原志略》卷八，江西人民出版社，1998 年，頁 188。

以智作爲明遺民選擇生存而又無愧於死節之士的信念，而他在臨終時坦然面對死亡正是其勘破生死的悟道表現。

總之，方以智的三教會通是以易學爲基礎，改鑄老莊、出入佛禪，最終以儒家爲依歸的思想體系。它的形成，一方面是對晚明三教融合思潮的繼承與發展；另一方面，它與晚明三教融合出於學術內在要求的情況並不完全相同，作爲明遺民的方以智之所以反覆強調學術集大成，很大一部分原因是出於對時局混亂、人心離散的現實關切，這是我們在看待方以智的三教會通思想時應該注意的一個時代特徵。

方以智試圖建立一個以象數易學爲綱的集大成思想體系，這的確是一種劃時代的思想型態，自有其不可忽視的價值，但是象數學的機械模式同時也窒息了他的學術生命。方以智說「處處是河洛圖，處處是○∴.卍」（《易餘目錄·三冒五衍》），三教百家、造化人事，全都不出此範圍，這就未免過分誇大了象數的作用。方以智極力推崇孔子的「大成均」，以其作爲他所追求的學術理想，但實際上並不存在一個無所不包的思想體系，任何學說都是具體的、局部的。因此，他所設想的集三教之大成的思想體系不可能完全建立起來。事實上，由於方以智六十而歿，他的這種嘗試，只露出些許曙光，此後便因政治事件的影響與學術風氣的轉型而長期湮滅於歷史的烟塵之中。

與方以智在世時的聲名顯赫形成極大反差，方氏之學在有清一代幾乎被人遺忘。這一方面是由於「粵難」政治事件使時人三緘其口，另一方面也是清代學術轉型所帶來的必然結果。

首先，方以智所倡導的三教會通雖然是晚明學風的一大趨向，但它在清初的發展空間卻越來越小，並不爲當時正統儒家所認同。與方以智均有交情的清初三大儒都恪守儒家與二氏之界限，可稱得上是方以智知交的王夫之，對佛道二教更是持嚴厲的批判態度。王夫之雖然指出方以智「其存主處與沉溺異端者自別」，也清楚「其談說借莊、釋而欲檠之以正」，但卻婉辭方以智在主持青原時的屢屢相招，他們在思想上的分歧是顯而易見的。

其次，方以智向以邵雍象數之學的繼承人自居，方氏易學的代表作《周易時論合編》乃是漢唐宋明以來象數之學的總結，但清初義理易學占據了主流，大多數學者對象數易學都是持批判的態度。如王夫之在《周易內傳發例》中，將邵雍的先天易學同漢代焦贛、京房易學等同看待，大張撻伐，指斥其

爲「異說」，違背周孔之道〔註3〕。黃宗羲、顧炎武等人也對邵雍之學多有批評。清初的象數易學受到義理易學的壓制，勢必影響到以象數之學爲根基的方氏之學的傳揚。

最後，方以智身在禪門，好作禪語，其思想方法的弔詭，文字的晦澀艱深，往往使讀者茫昧不得其旨，因而嚴重影響了其思想的傳播。錢澄之曾說：「今道人既出世矣，然猶不肯廢書。獨其所著書好作禪語，而會通以《莊》、《易》之旨，學者驟讀之，多不可解，而道人直欲以之導世。」〔註4〕作爲方以智的知交，錢澄之都覺得方氏晚年著作「多不可解」，其他人可想而知。

時至今日，方以智晚年的大部分著作仍未能出版，他在學界受重視的程度也遠遠不及同時代的顧、黃、王等人，這與他在明清之際的學術地位實不相稱。我們以方以智的三教會通思想作爲研究對象，這只是其龐雜思想體系的一個組成部分。由於材料的限制和理解的困難（特別是涉及到禪宗的部分，如《冬灰錄》和《青原愚者智禪師語錄》），我們的研究還不夠全面，更加深入的研究只能俟諸來日。

〔註3〕 王夫之：《周易內傳》，《易學精華》，北京出版社，1996年，頁1642。
〔註4〕 方以智：《通雅》，《方以智全書》第一冊下，上海古籍出版社，1988年，頁1589。

參考文獻

一、方以智及其家族主要著作

1. 方以智著、龐樸注釋：《東西均注釋》，北京：中華書局，2001 年。

2. 方以智著、龐樸注釋：《一貫問答注釋》，載山東大學儒學研究中心《儒林》第一、二輯，山東大學出版社，2005 年、2006 年。

3. 方以智：《東西均》（附《象環寤記》），李學勤校點，上海：中華書局，1962 年。

4. 方以智：《藥地炮莊》，清康熙此藏軒刻本，收入《續修四庫全書》子部第 957 冊，上海：上海古籍出版社，2002 年。

5. 方以智：《易餘》，安徽省博物館藏「連理亭方氏著述」抄本。

6. 方以智：《性故》，安徽省博物館藏「此藏軒會宜編」方寶仁錄本。

7. 方以智：《通雅》（《方以智全書》第一冊），上海：上海古籍出版社，1988 年。

8. 方以智：《物理小識》，萬有文庫本，上海：商務印書館，1937 年。

9. 方以智：《浮山文集前編》、《浮山文集後編》、《浮山此藏軒別集》，此藏軒刻本，收入《四庫禁燬書叢刊》集部第 113 冊，北京：北京出版社，2000 年。其中，《後編》、《別集》又收入《清史資料》第六輯，北京：中華書局，1985 年。

10. 方以智：《冬灰錄》，安徽省博物館藏抄本。

11. 方以智：《膝寓信筆》，收入《桐城方氏七代遺書》，北京大學圖書館善本室藏。

12. 方以智：《方子流寓草》，北京大學圖書館藏明崇禎刻本，收入《四庫禁燬書叢刊》集部第 50 冊。

13. 方以智：《博依集》，北京大學圖書館藏明崇禎刻本。

14. 方以智：《禪樂府》，北京大學圖書館藏民國方氏鉛印本。

15. 方以智：《稽古堂文集》，收入《桐城方氏七代遺書》。

16. 方以智：《合山欒廬占》，此藏軒刻本。

17. 方以智：《青原愚者智禪師語錄》，嘉興藏本，收入《禪宗全書》第 65 冊，北京圖書館出版社，2004 年。

18. 方以智等合編：《青原志略》，清康熙八年刻本，收入《四庫全書存目叢書》史部第 245 冊，濟南：齊魯書社，1996 年。

19. 方孔炤、方以智著：《周易時論合編》，清順治十七年白華堂刊，收入《續修四庫全書》經部第 15 冊，上海：上海古籍出版社，2002 年。

20. 方昌翰編：《桐城方氏七代遺書》，北京大學圖書館藏清光緒十四年刻本。

21. 方學漸：《東遊記》，七代遺書本，收入《四庫未收書輯刊》（第四輯第 21 冊），北京：北京出版社，2000 年。

22. 方學漸：《性善繹》，收入《桐城方氏七代遺書》。

23. 方大鎮：《寧淡語》，收入《桐城方氏七代遺書》。

24. 方中德：《古事比》，收入《四庫全書存目叢書》子部第 233 冊。

25. 方中通：《數度衍》，收入文淵閣《四庫全書》史部第 802 冊。

26. 方中履：《汗青閣文集》，收入《桐城方氏七代遺書》。

27. 方中履：《古今釋疑》，方氏汗青閣刻本，收入《四庫全書存目叢書》子部第 99 冊。

28. 方中發：《白鹿山房詩集》，收入《四庫禁燬書叢刊》集部第 17 冊。

二、研究專著和論文

1. 余英時：《方以智晚節考》，北京：三聯書店，2004 年。

2. 羅熾：《方以智評傳》，南京：南京大學出版社，2001 年。

3. 張永堂：《方以智》（「中國歷代思想家」第 37 冊），臺北：臺灣商務印書館，1987 年。

4. 劉君燦：《方以智》，臺北：東大圖書公司，1988 年。

5. 冒懷辛、金隆德：《方以智》，收入《中國古代著名哲學家評傳》宋元明清部分，齊魯書社，1981 年。

6. 任道斌：《方以智年譜》，合肥：安徽教育出版社，1983 年。

7. 任道斌：《方以智、茅元儀著述知見錄》，北京：書目文獻出版社，1985 年。

8. 蔣國保：《方以智哲學思想研究》，合肥：安徽人民出版社，1987 年。

9. 彭迎喜：《方以智與〈周易時論合編〉考》，廣州：中山大學出版社，2007年。

10. 容肇祖：《方以智和他的思想》，《嶺南學報》第 9 卷 1 期，1948 年 12 月；收入《容肇祖集》，齊魯書社，1989 年。

11. 侯外廬：《方以智——中國的百科全書派大哲學家（上、下篇）》，《歷史研究》1957 年第 6、7 期。

12. 侯外廬：《方以智的生平與學術貢獻——方以智全書前言》，上海古籍出版社 1988 年。

13. 儀真：《方以智死難事迹考》，《江淮學刊》，1962 年第 2 期。

14. 冒懷辛：《方以智的哲學思想探討》，《江淮論壇》，1979 年第 2 期。

15. 姜國柱：《讀〈東西均〉札記》，《社會科學輯刊》，1979 年第 3 期。

16. 張岱年：《方以智哲學思想簡析》，《天津師專學報》，1980 年第 2 期。

17. 冒懷辛：《方以智死難事迹續考》，《江淮論壇》，1981 年第 3 期。

18. 金隆德：《關於方以智的宇宙觀的辯證》，《中國哲學》第 3 期，北京：三聯書店，1981 年。

19. 任道斌：《關於方以智的晚年活動——美國余英時教授〈方以智晚節考〉、〈新證〉、〈新考〉讀後》，《清史論叢》第 3 期，北京：中華書局，1982年。

20. 任道斌：《方以智簡論》，《清史論叢》第 4 期，北京：中華書局，1982年。

21. 蔣國保：《方以智哲學範疇體系芻議》，《江淮論壇》，1983 年第 5 期。

22. 蔣國保：《方以智哲學思想研究綜述》，《國內哲學動態》，1983 年第 9 期。

23. 蔣國保：《方以智的「合二而一」新論》，《哲學研究》，1983 年第 10 期。

24. 蔣國保：《方以智哲學思想研究在日本》，《國內哲學動態》，1984 年第 5期。

25. 蔣國保：《〈東西均〉題意辨析》，《學術月刊》，1985 年第 11 月。

26. 蔣國保：《方以智與〈周易圖象幾表〉》，《周易研究》，1990 年第 2 期。

27. 蔣國保：《王夫之與方以智文化選擇同異論》，《船山學刊》，1993 年第 1期。

28. 蔣國保：《方以智〈性故〉芻議》，《安慶師院社會科學學報》，1998 年第 1 期。

29. 蔣國保：《方以智〈一貫問答〉》芻議》，《安慶師範學院學報》，2000 年第 4 期。

30. 蔣國保：《「質測」與「通幾」之學的方法論意義》，收入郭齊勇、吳根友編：《蕭萐父教授八十壽辰紀念文集》，湖北教育出版社，2004 年。

31. 王煜：《讀方以智〈東西均〉》，收入《明清思想家論集》，臺北：聯經出版事業公司，1984 年。

32. 王煜：《方以智倡三教歸易論》，《中華文化月刊》第 56 期，1984 年 6 月。

33. 楊向奎：《關於方以智和中國傳統哲學思想的討論》，《歷史研究》，1985 年第 1 期。

34. 冒懷辛：《方以智、易堂九子與理學》，《中國史研究》，1987 年第 4 期。

35. 陶清：《試論方以智哲學的最高範疇》，《江淮論壇》，1987 年第 5 期。

36. 羅熾：《方以智對西學的批判吸取》，《湖北大學學報》，1988 年第 2 期。

37. 羅熾：《方以智易學方法論評析》，《湖北大學學報》，1989 年第 2 期。

38. 羅熾：《方以智的道家觀》，《湖北大學學報》，1991 年第 6 期。

39. 梅煥庭：《〈東西均〉辯證法思想剖析》，《中山大學學報》，1988 年第 3 期。

40. 呂錫琛：《坐集千古之智：論方以智的治學主張和實踐》，《船山學刊》，1992 年第 1 期。

41. 王俊才：《方以智哲學思想三論》，《河北師院學報》，1993 年第 1 期。

42. 關增建：《方以智「通幾」與「質測」管窺》，《鄭州大學學報》，1995 年第 1 期。

43. 龐樸：《黑格爾的先行者：方以智〈東西均·三徵〉解疏》，《中國文化》，1996 年秋季號。

44. 龐樸：《方以智的圓而神：〈東西均·所以〉篇簡注》，《傳統文化與現代化》，1996 年第 4 期。

45. 龐樸：《認識論的辯證法：方以智〈東西均·全偏〉篇解疏》，《傳統文化與現代化》，1997 年第 2 期。

46. 方任安：《方以智哲學思想的特點》，《安慶師院社會科學學報》，1997 年第 2 期。

47. 陳松郭：《方以智坎坷人生對其哲學思想的影響》，《安慶師院社會科學學報》，1998 年第 1 期。

48. 彭迎春：《〈周易時論合編〉的作者問題》，《清華大學學報》（哲社版），1998 年第 4 期。

49. 張昇：《論陳名夏與方以智的交往》，《安徽史學》，2000 年第 2 期。

50. 田海艦：《論方以智〈東西均〉哲學的歷史定位》，《河北大學學報》，2005 年第 6 期。

51. 〔日〕阪出祥伸著，蔣國保譯：《方以智的思想——圍繞「質測」與「通幾」》，收入《人文論叢》2002 年卷，武漢大學出版社，2003 年。

三、其他相關著作

1. 邵雍：《皇極經世》，北京：九州出版社，2003 年。

2. 朱熹：《周易本義》，上海：上海古籍出版社，1995 年。

3. 郭慶藩：《莊子集釋》，北京：中華書局，1961 年。

4. 普濟：《五燈會元》北京：中華書局，1984 年。

5. 釋道原：《景德傳燈錄》，揚州：江蘇廣陵古籍刻印社，1990 年。

6. 覺浪道盛：《天界覺浪禪師全錄》，嘉興藏本，收入《禪宗全書》第 59 冊，
   北京：北京圖書館出版社，2004 年。

7. 憨山德清：《憨山老人夢遊集》，北京：北京圖書館出版社，2005 年。

8. 魏禧：《魏叔子文集》，北京：中華書局，2003 年。

9. 瞿式耜：《瞿式耜集》，上海：上海古籍出版社，1981 年。

10. 錢澄之：《所知錄》，合肥：黃山書社，2006 年。

11. 錢澄之：《田間易學》，合肥：黃山書社，1998 年。

12. 錢澄之：《田間文集》，合肥：黃山書社，1998 年。

13. 錢澄之：《田間詩集》，合肥：黃山書社，1998 年。

14. 錢澄之：《藏山閣集》，合肥：黃山書社，2004 年。

15. 施閏章：《施愚山集》，合肥：黃山書社，1993 年。

16. 陳子龍：《安雅堂稿》，瀋陽：遼寧教育出版社，2003 年。

17. 錢謙益：《牧齋初學集》，上海：上海古籍出版社，1985 年。

18. 顧炎武：《亭林詩文集》，上海：商務印書館，1937 年。

19. 黃宗羲：《黃宗羲全集》（第一冊），杭州：浙江古籍出版社，1985 年。

20. 黃宗羲：《明儒學案》，北京：中華書局，1985 年。

21. 王夫之：《船山全書》（第十二冊），長沙：嶽麓書社，1996 年。

22. 王夫之：《莊子解》，北京：中華書局，1964 年。

23. 王夫之：《船山思問錄》（附《老子衍》、《莊子通》），上海：上海古籍出
    版社，2000 年。

24. 王夫之：《王船山詩文集》，北京：中華書局，1962 年。

25. 王夫之：《永曆實錄》，上海：上海古籍出版社，1987 年。

26. 瞿昌文：《粵行紀事》，上海：上海古籍出版社，1987 年。

27. 廖大聞等修、金鼎壽纂：《桐城續修縣志》，清道光七年刊本，收入《中
    國方志叢書》華中地方第 242 號。

28. 桐城縣地方志編纂委員會編：《桐城縣志》，合肥：黃山書社，1995 年。

29. 吳道新等纂：《浮山志》，合肥：黃山書社，2007 年。

30. 容肇祖:《明代思想史》,上海:開明書店,1941 年。

31. 謝國楨:《明末清初的學風》,北京:人民出版社,1982 年。

32. 謝國楨:《明清之際黨社運動考》,北京:中華書局,1982 年。

33. 梁啓超:《清代學術概論》,北京:東方出版社,1996 年。

34. 梁啓超:《中國近三百年學術史》,北京:東方出版社,1996 年。

35. 錢穆:《中國近三百年學術史》,北京:商務印書館,1997 年。

36. 嵇文甫:《晚明思想史論》,北京:東方出版社,1996 年。

37. 趙園:《明清之際士大夫研究》,北京:北京大學出版社,1999 年。

38. 洪煥椿:《明清史偶存》,南京:南京大學出版社,1992 年。

39. 孫靜庵:《明遺民錄》,杭州:浙江古籍出版社,1985 年。

40. 蕭萐父、許蘇民:《明清啓蒙學術流變》,遼寧教育出版社,1995 年。

41. 蕭萐父、許蘇民:《王夫之評傳》,南京大學出版社,2002 年。

42. 吳根友:《中國現代價值觀的初生歷程——從李贄到戴震》,武漢大學出版社,2004 年。

43. 趙爾巽等撰:《清史稿》,北京:中華書局,1974 年。

44. 楊向奎主編:《清儒學案新編》(第一卷),濟南:齊魯書社,1985 年。

45. 何齡修、張捷夫主編:《清代人物傳稿》(上編第二卷),北京:中華書局,1986 年。

46. 侯外廬主編:《中國思想通史》(第四卷下冊),北京:人民出版社,1960 年。

47. 侯外廬等主編:《宋明理學史》,北京:人民出版社,1984 年。

48. 蕭萐父、李錦全主編:《中國哲學史》(下) 北京:人民出版社,1983 年。

49. 張學智:《明代哲學史》,北京:北京大學出版社,2000 年。

50. 王茂等:《清代哲學》,合肥:安徽人民出版社,1992 年。

51. 朱伯崑:《易學哲學史》,北京:崑崙出版社,2005 年。

52. 陳鼓應等主編:《明清實學思潮史》,濟南:齊魯書社,1989 年。

53. 汪學群:《清初易學》,北京:商務印書館,2004 年。

54. 馮友蘭:《中國哲學史新編》,北京:人民出版社,1998 年。

55. 陳來:《宋明理學》,上海:華東師範大學出版社,2004 年。

56. 陳來:《有無之境——王陽明哲學的精神》,北京:人民出版社,1997 年。

57. 陳來:《中國近世思想史研究》,北京:商務印書館,2003 年。

58. 彭國翔:《良知學的展開:王龍溪與中晚明的陽明學》,北京:三聯書店,2005。年

59. 〔日〕忽滑谷快天著、朱謙之譯:《中國禪學思想史》,上海:上海古籍出版社,2002 年。

60. 〔日〕岡田武彥著、吳光等譯:《王陽明與明末儒學》,上海:上海古籍出版社,2000 年。

61. 〔日〕荒木見悟著、杜勤、舒志田等譯:《佛教與儒教》,鄭州:中州古籍出版社,2005 年。

62. 〔日〕荒木見悟著、廖肇亨譯:《明末清初的思想與佛教》,臺北:聯經出版事業股份有限公司,2006 年。

63. 林聰舜:《明清之際儒家思想的變遷與發展》,臺北:臺灣學生書局,1990 年。

64. 何冠彪:《明末清初思想研究》,臺北:臺灣學生書局,1991 年。

65. 何冠彪:《生與死:明季士大夫的抉擇》,臺北:聯經出版事業公司,1997 年。

66. 王煜:《明清思想家論集》,臺北:聯經出版事業公司,1981 年。

67. 張永堂:《明末清初理學與科學關係再論》,臺北:臺灣學生書局,1994 年。

68. 詹海雲:《清初學術論文集》,臺北:文津出版社,1992 年。

69. 方豪:《方豪六十自定稿》,臺北:臺灣學生書局,1969 年。

70. 余英時:《歷史與思想》,臺北:聯經出版事業公司,1976 年。

71. 余英時:《中國思想傳統的現代詮釋》,南京:江蘇人民出版社,1989 年。

72. 陳垣:《釋氏疑年錄》,北京:中華書局,1964 年。

73. 陳垣:《清初僧諍記》,北京:中華書局,1962 年。

74. 陳垣:《明季滇黔佛教考》,北京:中華書局,1962 年。

75. 湯用彤:《漢魏兩晉南北朝佛教史》,北京:北京大學出版社,1997 年。

76. 湯用彤:《隋唐佛教史稿》,北京:中華書局,1982 年。

77. 蔣維喬:《中國佛教史》,上海:上海書店,1989 年。

78. 釋聖嚴:《明末佛教研究》,臺北:法鼓文化事業有限公司,2000 年。

四、博碩士論文

1. 張永堂:《方以智的生平與思想》,臺大歷史研究所 1977 年博士論文。

2. 李素娓:《方以智〈藥地炮莊〉中的儒道思想研究》,臺大中文研究所 1978 年碩士論文。

3. 廖肇亨:《明末清初遺民逃禪之風研究》,臺灣大學中國文學研究所 1994 年碩士論文。

4. 謝仁真:《方以智哲學方法學研究》,臺大哲學研究所 1995 年博士論文。

5. 劉浩洋：《方以智〈東西均〉思想研究》，國立政治大學中國文學系 1997 年碩士論文。

6. 張凝：《方以智「統泯隨」思想之比較研究》，北京大學哲學系 2000 年碩士論文。

7. 周勤勤：《方以智均的哲學研究》，中國社會科學院研究生院 2002 年博士論文。

8. 傅咨銘：《對方以智〈東西均〉中「太極」與「均」的思想意涵探討》，輔仁大學哲學研究所 2004 年碩士論文。

9. 劉貽群：《方以智〈東西均〉思想研究》，武漢大學 2006 年博士學位論文。

顧炎武與清初經世學風

黃秀政　著

作者簡介

黃秀政，台灣省彰化縣人，1944 年生。國立台灣師範大學文學博士、高考史料編纂人員及格。曾任中小學教師、國史館助理研究員、私立中山醫學院共同學科講師、國立中興大學歷史學系講師／副教授／教授兼主任／文學院院長、行政院「二二八事件研究小組」研究員、國立編譯館國民中學《認識台灣（歷史篇）》教科用書編審委員會主任委員、國立編譯館高級中學歷史教科用書審查委員會主任委員、行政院二二八事件紀念基金會董事、財團法人高等教育評鑑中心人文相關學門規劃委員／評鑑委員、香港珠海書院亞洲研究中心訪問學人。現任台北市文獻委員會《續修台北市志》約聘總纂。

提　　要

　　本書共六章，試以顧炎武經世思想的形成背景、經世主張、「博學於文」說與「行己有恥」說為討論中心，謀以顧炎武之學，還之顧炎武，以補救清乾嘉時代學者所學「半個亭林」之弊，用能窺得顧炎武學術思想之全貌與真精神，以及顧氏在清初學術思想界之地位；並進一步指出顧炎武所以成就一代經世大師、開創清代考據學風之原因，以及顧炎武與清初民族思想勃興之關係。

　　根據本書的研究，顧炎武之經世思想，其特點有二：一為復古思想濃厚；二為特重風俗教化與世道治亂之關係。顧氏之經世主張，乃針對晚明的諸種弊端，而謀為解決，此可由其《日知錄》治道各卷看出。

　　顧炎武認為要達到經世致用的目的，必須具有廣博的學問以為基礎，因此他提出「博學於文」一說，以研求經世致用之學。顧氏同時強調經世之才，必須輔以高尚的人格，因此他又提出「行己有恥」一說，以為立身行事的準則。顧氏的「博學於文」與「行己有恥」二說，雖分就為學與做人立論，其實相輔相成，缺一不可，必也二者兼備，始足以當經世之任。

　　顧氏的經世思想，以及「博學於文」與「行己有恥」二說，對後世影響深遠。

改 版 序

　　數年前，花木蘭文化出版社來函徵詢拙著《顧炎武與清初經世學風》是否願列入該出版社出版、林慶彰教授主編的《中國學術思想研究輯刊》。由於拙著已於 1978 年 12 月由台灣商務印書館出版，列入《岫廬文庫》，經函台灣商務印書館徵求同意後，始與花木蘭文化出版社簽訂出版合約。

　　本書是 1976 年 6 月在國立台灣師範大學歷史研究所的碩士論文。三十多年來，本人的研究領域已由明清史轉到台灣史；近年來，更擴及台灣方志理論與實務，除持續從事台灣方志理論的探討外，更投入台灣方志的纂修，先後總纂《鹿港鎮志》（2000）、《九二一震災災後重建實錄》（2006）、《台中市志》（2008）、《台灣全志・文化志》（2009）、《台灣全志・教育志》（2009）等台灣方志。目前並應台北市文獻委員會之邀，擔任《續修台北市志》約聘總纂，協助該會推動續修市志的纂修工作。本人所以積極投入台灣方志的纂修，乃師承顧炎武講求經世致用之學，撰寫《日知錄》、《天下郡國利病書》等著作的苦心，希望空疏的史學能轉化為實用之學，有助台灣各地的文化建設。

　　本書當年撰寫期間，承蒙指導教授楊家駱的指導與啟發、李國祁教授之督促與勉勵，以及台灣大學杜維運教授與賀凌虛教授之惠賜寶貴意見，使得本書得以順利完成。書成之後，復承行政院國家科學委員會獎助，以及張朋園教授的推薦，由台灣商務印書館出版發行三十多年。今又承花木蘭文化出版社之美意，校訂若干錯誤，重新打字出版問世。

　　本書因作者才疏學淺，加以付梓匆促，謬誤疏漏之處諒必不少，敬請學界先進與讀者朋友指正，以作為修訂的參考。是為序。

黃秀政　謹識

2012 年 2 月 1 日

目

次

第一章　緒　論

　　顧炎武，初名絳，字忠清，號寧人，江蘇崑山人。滿人入關後，改名炎武，或自署蔣山傭，學者稱亭林先生。生於明萬曆四十一年（1613），卒於清康熙二十一年（1682），享年七十。

　　顧炎武少年，晚明政治已敗壞不堪，國勢日衰；及其中年，復身歷滿人入關之劇變；晚年之時，正值清之盛世，故顧氏雖負用世之略，而不得一遂。因此，顧氏乃將其經世思想筆之於書，以待「王者」之起，而付諸實施。

　　明清之際的大儒，如黃宗羲、王夫之、顏元等，或主以史學植事功根基，發揮民本思想；或重在哲理之探討，泛論史事；或提倡修養工夫，主以實踐力行以見其功。他們皆深富經世思想，然其傳播與影響，皆未如顧炎武之廣之大。故論開創清初經世思想之風氣，影響最大者，世人咸推顧炎武。

　　顧炎武自明亡之後，即汗漫遠遊，足跡半天下，所至結交其賢豪長者，考求山川風俗疾苦利病，援古證今，「凡關家國之制，皆洞悉其所由盛衰利弊，而慨然著其化裁通變之道。」〔註1〕再三強調君子之爲學，應以「明道」與「救世」爲目的，以撥亂反正，「救天下流極之勢」。

　　顧炎武從事經世之學，所標舉的聖人之道：「博學於文」與「行己有恥」二說，對當時與後世皆有很大的影響。「行己有恥」一說，教人要在出入、往來、辭受、取與之間，謹守分寸，以樹立高尚的人格，對清初民族思想的勃興，實具潛移默化之效；而「博學於文」一說，教人要以科學的治學方法，

〔註1〕見黃汝成，〈日知錄集釋〉，收入楊家駱主編，《日知錄集釋》（上），增訂《中國學術名著》第一輯，增補《中國思想名著》第三十七冊，台北：世界書局，民國 61 年 12 月四版，頁 1。

不畏困難的治學精神，以及審愼嚴謹的治學態度，以學「自一身以至於天下國家」之事，尤開創清初考據學之濫觴。

就顧氏的經世致用與其經史考證來說，經史考證只是顧氏治學的手段與方法，經世致用才是其治學的歸宿與目的。「沒有經史考證的功夫來談經世致用，便易流於空疏；沒有經世致用的宏願來談經史考證，便易流於瑣碎。」〔註2〕清代乾嘉時代的考據學者，將之分割爲二，僅從顧氏治學的手段與方法痛下工夫，而略去其治學的歸宿與目的，其結果正如梁啓超所說的：「只算學得『半個亭林』罷了。」〔註3〕實無法窺得顧氏學術思想的全貌與眞精神。

本書之撰寫，首就顧炎武早年環境與其經世思想的形成論起，次及顧氏的經世主張，復及顧氏的「博學」之教，再及顧氏的「有恥」之訓。其目的即在謀求以顧氏之學，還之顧氏，用能探求顧氏學術思想之全貌與眞精神，藉以明瞭顧氏在清初學術思想之地位。

本書所用資料，以顧炎武之著作爲主，清儒張穆等所撰之年譜、小傳爲輔，並參考近人所撰關於顧氏以及清初諸儒學術思想或生平之論文。關於顧氏之著作，因受清初文字獄的影響，故初刻本與傳本不同者甚多，其中尤以涉及明朝之人與事，以及華夷之辨之文字爲然。以《日知錄》一書而言，民國二十二年張繼在北平購得《日知錄》原抄本，持與今日通行之黃汝成集釋本對勘，發現集釋本「或有全章、有全節、有數行，自餘刪句換字不可遽數。凡皆顧子精義所存，今本既失其眞，而汝成雖見原本，亦未敢言。」〔註4〕他如《亭林詩集》等書，亦遭清人竄改，悉經近人之研究校勘，眞相乃見。初刻本或原抄本等原始史料的發現，有助於學者對顧氏經世思想，以及「博學於文」與「行己有恥」二說的進一步研究，並重新加以評價。

〔註2〕見張舜徽，《顧亭林學記》，〈中國近三百年學術史參考資料〉，存萃學社編集，香港：崇文書局發行，1971 年 5 月，頁 12。

〔註3〕見梁啓超，《中國近三百年學術史》，台北：台灣中華書局，民國 55 年 3 月台四版，頁 60。

〔註4〕見張繼，〈日知錄校記〉序二，《原抄本顧亭林日知錄》，台北：平平出版社，民國 63 年 9 月再版，頁 959。

第二章　顧炎武的早年環境與
　　　　其經世思想的形成

第一節　顧炎武的早年環境

　　顧炎武是明清之際講求經世致用之學的大儒。清初學術之所以特富經世思想，原因之一當如美籍學者皮德遜（Willard J. Peterson）的看法，乃因滿清的入主中國，使得學者群起探求明朝何以滅亡，以及清朝因何而興起。〔註1〕其二則為明末遺老的極力提倡與身體力行，如餘姚黃宗羲、衡陽王夫之、餘姚朱之瑜、博野顏元等，〔註2〕皆為此學術思潮的重要人物。然論影響之大，則數崑山顧炎武。梁啓超稱：「當此反動期而從事於『黎明運動』者，則崑山顧炎武其第一人也。」〔註3〕當係平允之論。

〔註1〕 見 Willard J. Peterson. *The Life of Ku Yen-Wu* (1613~1682) Part I: Introduction. Harvard Journal of Asiatic Studies 28 (1968)。

〔註2〕 黃、王、朱、顏諸大儒皆以復古為志，或重博學，或主力行，最後目的同為經世致用。其主張如下：黃宗羲主張以經史植學術與事功之根基，尤重史學；王夫之則認定知以行為功，重哲理探討；朱之瑜主張實踐，排斥談玄，論學問以實用為準；顏元則側重身體力行，主張以用而見學的得失。四人惟之瑜之學見諸實施，惟行於東鄰——日本。參閱錢穆，《中國近三百年學術史》（上），台灣商務印書館，民國61年10月台五版，頁22～200。余英時，〈清代思想史的一個新解釋〉，《中華文化復興月刊》第九卷第一期，民國65年1月，頁20～25。謝國楨，《黃梨洲學譜》；張西堂，《王船山學譜》；《朱舜水文集》；戴望，《顏氏學記》等書。

〔註3〕 見梁啓超，《清代學術概論》，台北：中華書局，民國59年3月台五版，頁8。

顧炎武所以能成就一代開派宗師，主要由於先天的稟賦和後天的環境
——家庭與學校，而後者對他後來從事經世致用學問的研求，矢志不渝，尤
有深遠的影響。因此欲了解顧氏成年以後的爲學態度與人格表現，其家世、
家庭教育、學校生活，以及學友的砥礪等，皆爲吾人探求的對象。

一、家　世

顧炎武是江蘇崑山望族，世代爲儒。〔註4〕顧氏五世祖顧濟爲明武宗正
德丁丑年（1517）進士，歷官行人、刑科給事中。曾祖顧章志爲世宗嘉靖癸
丑年（1553）進士，歷官山東按察使、南京光祿寺卿、應天府尹、南京兵部
右侍郎。祖顧紹芳爲神宗萬曆丁丑年（1577）進士，歷官翰林院檢討、經筵
日講官、左春坊、左贊善、翰林院編修、管理制誥。父顧同應，敏穎好學，
工詩文，嘗爲諸生，七試不中，登萬曆乙卯（1615）、戊午（1618）副榜。生
有五子，顧氏居次。〔註5〕母何氏，性嚴謹，淹洽書史，爲女工師，有過人識
鑒。〔註6〕

顧炎武嗣祖紹芾，嘗爲國子監生，天才俊逸，工詩古文，奇奧秀拔，尤
善書法。〔註7〕據顧氏追述，紹芾生於饒州官舍，曾隨父章志就官廣西、山
東、南京，因此悉諳一切典故，且與當時東林及非東林兩黨之人，皆有交
游。〔註8〕紹芾有子同吉，少聘王氏，未婚而死。王氏，遼東行太僕寺少卿王
宇孫女，太學生王述之女，年未笄，即許嫁顧家。因同吉先死，王氏遂赴顧
家爲望門媳婦。年二十九，始抱顧氏爲嗣。

二、家庭教育

顧炎武出生，即由王氏抱養。六歲，王氏於閨中授以大學。七歲就外傳，

〔註4〕顧炎武先世，不乏學問淵博，能詩善文之士。顧氏祖紹芳、嗣祖紹芾、父同
　　　應、兄湘、嗣父同吉等皆是。參閱謝國楨，《顧寧人學譜》，台灣商務印書館
　　　人人文庫，頁154～157；張穆，《顧亭林先生年譜》卷一，附錄於《中國學術
　　　名著》第五輯，《文學名著》第五集第五冊，台北：世界書局，頁3～4。又《景
　　　孤本蔣山傭殘稿、新校顧亭林詩文集》中，顧氏亦自謂：「自炎武之先人，皆
　　　通經學，亦往往爲詩文。」見《亭林文集》卷二，〈鈔書自序〉，頁32。
〔註5〕見張穆，《顧亭林先生年譜》卷一，頁1～3。
〔註6〕見顧衍生，《憺園集》，〈先姚顧太夫人行狀〉，錄自張穆，《顧亭林先生年譜》
　　　卷一，頁3。
〔註7〕見張穆，《顧亭林先生年譜》卷一，頁3。
〔註8〕見《亭林餘集》，〈三朝紀事闕文序〉，頁162。

九歲讀周易。〔註9〕王氏始授顧氏大學之時，明朝國勢日危，內則白蓮教在山東起事，外有滿清的寇邊。嗣祖紹芾因感時局可憂，急命顧氏「讀古兵家孫子、吳子諸書，及左傳、國語、戰國策、史記。年十一，授以資治通鑑。」〔註10〕並日課顧氏鈔古書數紙，告誡顧氏不可盜前人之書而爲自作說：「世人多習綱目，余所不取。凡作書者，莫病乎其以前人之書而爲自作也。」〔註11〕諄諄勸勉顧氏要「讀書」、「鈔書」，不要輕易「著書」。清人伍崇曜稱：「國朝儒者，學有根柢，以顧亭林先生爲最。」〔註12〕顧氏的學問根柢，實因早年紹芾與王氏的授讀與勉勵，而奠下基礎。

至於顧氏人格的形成，則受王氏的薰陶最大。王氏對傳統禮教所具有的堅定信仰，未婚守節，事姑至孝，〔註13〕且於明室滅亡之後，絕食而死，以女子而蹈首陽之烈，並遺命顧氏勿仕清朝說：「我雖婦人，身受國恩，與國俱亡，義也。汝無爲異國臣子，無負世世國恩，無忘先祖遺訓，則吾可以瞑於地下。」〔註14〕顧氏秉王氏生前教誨與臨終遺言，終身誦之行之，故其學其行，皆足爲當世所推崇，爲後世所取法。

三、學校生活

明熹宗天啓六年，顧氏年方十四，正從嗣祖紹芾讀《左傳》、《資治通鑑》諸書，紹芾的一位朋友勸說：「此兒頗慧，何不令習帖括，乃爲是闊遠者乎？」〔註15〕紹芾因此替顧氏納穀寄學，入學爲生員，庠名繼紳。

顧炎武雖稱聰慧，然在學期間的成績，則未有突出的表現，故科名之途並不順利。據張穆《顧亭林先生年譜》載，顧氏在學期間，參加歲試、科試及鄉試的成績如下：

〔註 9〕同前書，頁 161。
〔註10〕同前註。
〔註11〕見《亭林文集》卷二，〈鈔書自序〉，頁 32。
〔註12〕見伍崇曜，〈跋顧亭林先生年譜〉，附於張譜頁 115。
〔註13〕王氏自爲顧家婦後，視姑眠食，率婢子挫鍼操作，婉淑之行，世鮮其匹。姑病之時，不但「左右服勤，湯糜茗盌，視色以進。」、「連晝夜不少息」；而且斷指和藥以療姑病，爲貞婦，亦爲孝媳，故蒙朝廷旌表其門曰：「貞孝」，見《亭林餘集》，〈先妣王碩人行狀〉，頁 171～172。參閱石錦，〈顧炎武經世思想的界限〉，《史原雜誌》第三期，台灣大學歷史研究所，民國 61 年 9 月，頁 113～115。
〔註14〕見《亭林餘集》，〈先妣王碩人行狀〉，頁 172。
〔註15〕同前書，〈三朝紀事闕文序〉，頁 161。

天啓六年（1626），年十四

　　麻城提學周邦基，取入本學二十二名。

崇禎元年（1628），年十六

　　歲試，惠安提學陳保泰，未發落，即告病去，祇取賞卷蔡復襄以下十二人，顧氏未與。

崇禎三年（1630），年十八

　　科試，上虞提學李懋芳，拔顧氏卷，列一等二十名。同年，首次參加鄉試，不第。

崇禎四年（1631），年十九

　　歲試，提學李懋芳連任。顧氏卷列一等十一名。

崇禎五年（1632），年二十

　　歲試，鄰水提學甘學潤，拔顧氏卷，列一等十四名。

崇禎六年（1633），年二十一

　　科試，提學甘學潤連任，顧氏名列三等。

崇禎八年（1635），年二十三

　　歲試，上虞提學倪元珙，置顧氏卷二等。

崇禎九年（1636），年二十四

　　科試，提學倪元珙連任，置顧氏卷二等。同年，二度參加鄉試，不第。

崇禎十一年（1638），年二十六

　　歲試，濰縣提學方煒，置顧氏卷三等。同年，科試，提學方煒連任，仍置三等。

崇禎十二年（1639），年二十七

　　科試，城固提學張鳳翮，舉顧氏，取遺才二等。同年，三度參加鄉試，不第。

崇禎十三年（1640），年二十八

　　歲試，提學張鳳翮連任，置顧氏卷二等。

總計顧氏在學十五年，計參加入學考試一次、歲試六次、科試四次、鄉試三次。除入學考試以第二十二名通過外，歲試六次，置三等一次、二等二次、前十二名以外一次、一等十一名與十四名各一次，成績約屬中上而已；科試四次，置三等一次、二等二次、一等二十名一次，亦未突出；至於鄉試，三

次皆不第。〔註16〕

　　學校成績的未如理想，以及鄉試的落第，迫使顧氏放棄科名的追求。崇禎十二年（1639）起，顧氏之取一統志、各省府州縣志及二十一史參互閱讀、抄寫，凡閱志書一千餘部，草成《肇域志》和《天下郡國利病書》諸書，自係秋闈被擯，恥經生之寡術，「退而讀書」的結果。〔註17〕

四、學友的砥礪

　　顧炎武自入學後，與江南諸文士交游，其中多屬豪邁尚氣節之士，影響顧氏至大。茲舉數人，以爲說明。

　　（一）歸莊，字玄恭，號恒軒，江蘇崑山人。年十四，補諸生，縱覽六藝百家之書，尤精司馬法。生平最善顧氏，以博雅獨行相推許，有「歸奇顧怪」之稱。〔註18〕顧氏嘗回憶與歸莊交游情形說：「自余所及見，里中二三十年來，號爲文人者，無不以浮名苟得爲務，而余與同邑歸生獨喜爲古文辭，砥行立節，落落不苟於世，人以爲狂。」〔註19〕歸莊爲顧氏早年摯友，影響顧氏學行很大。

　　（二）吳其沆，字同初，江蘇嘉定人，世代以儒傳家。嘗爲嘉定縣學生員，好史書，自左氏傳以下，至南、北史，無不纖悉強記。爲詩屬文，皆激烈悲切，有古文遺風。南明弘光元年（1645），與顧炎武、歸莊等參加崑山守城之戰，城破之後，不屈而死。其沆嘗至顧氏家，持觥爲顧氏嗣母王氏祝壽。死難之後，顧氏三過其家，衰絰見其母，並爲文〈吳同初行狀〉，傳其沆生平行誼。〔註20〕

　　（三）陳臥子，名子龍，江蘇青浦人。崇禎丁丑年（1637）進士，歷官

〔註16〕顧炎武在學十五年，應可參加天啓三年、六年、九年、十二年共四次的鄉試，惟據張譜所載，天啓六年的鄉試，顧氏並未參加，年譜未載明原因，顧氏亦未嘗追述何故未參加該次鄉試。

〔註17〕顧炎武曾指出自己爲學態度的轉變——由科名的追求至實用學問的研求說：「崇禎己卯，秋闈被擯，退而讀書。感四國之多虞，恥經生之寡術，於是歷覽二十一史以及天下郡縣志書，一代名公文集及章奏文冊之類，有得即錄，共成四十餘帙。一爲輿地之記，一爲利病之書。」見《亭林文集》卷六，〈天下郡國利病書序〉，頁137。

〔註18〕見謝國楨，《顧寧人學譜》（四），〈學侶考〉，台灣商務印書館人人文庫，民國56年台一版，頁132。

〔註19〕見《亭林文集》卷五，〈吳同初行狀〉，頁119。

〔註20〕同前書卷五，頁119～120。

兵科給事中，魯王部院職。陳臥子承復社，首創幾社，以復王、李之學爲職
志，卓絕流輩。後與滿清松江提督吳勝兆合謀抗清，事洩之後，臥子投河而
死。顧氏與陳臥子爲友，過從甚久，相知甚深。臥子死後，顧氏嘗爲詩哭之，
盛稱其才說：

> 陳君黿賈才，文采華王國。
>
> 早讀兵家流，千古在胸臆。〔註21〕

（四）楊彝，字子常，江蘇太倉人。楊彝嘗與顧麟士等人糾集三吳名士
共組文社，就所居之園名爲應亭，因名爲應社。楊、顧二人見萬曆末年，士
子爲文，皆喜倡新說，因力主明先儒之說，天下翕然從風。顧氏與楊彝雖爲
忘年之交，然志趣相投，故楊彝建宗祠堂，落成之時，顧氏欣然撰文〈楊氏
祠堂記〉，以記其盛，稱楊彝爲「通經之士」。〔註22〕

（五）吳炎，字赤漠，明亡之後，更號赤民。潘檉章，字聖木。吳、潘
二人皆江蘇吳江人，爲驚隱社之成員，均爲積學之士，爲顧氏之契友。〔註23〕
二人在國變之後，皆有成一代史書，「以繼遷、固之後」之志，嘗借讀顧氏家
藏之史籍，並購實錄，搜集文集、奏疏等，以撰國史。潘檉章且曾刻《國史
考異》三卷，一再寄請顧氏爲之訂正。後來，二人皆因莊廷鑨史禍被殺，顧
氏曾爲撰文〈書吳潘二子事〉，傳二人生平行誼，稱讚二人「好學篤行」、「高
才」。〔註24〕顧氏生平不喜歡講學，不願收徒，然因潘檉章遺託，而收檉章胞
弟潘耒爲徒。〔註25〕

（六）耿橘，字蘭陽，浙江獻縣人。耿橘工於水利，著有《水利全書》，
立說以水利用湖而不用江。謝國楨嘗稱：「寧人著《郡國利病書》，即采其說
頗備。」〔註26〕誠然，顧氏日後有關水利、河渠等興革主張，受耿橘影響很
大。〔註27〕

〔註21〕見《亭林詩集》卷一，〈哭陳太僕〉，頁282。

〔註22〕見《亭林文集》卷五，〈楊氏祠堂記〉，頁113。

〔註23〕見謝國楨，《顧寧人學譜》（四），〈學侶考〉，頁135。

〔註24〕見《亭林文集》卷五，〈書吳潘二子事〉，頁120～122。

〔註25〕潘耒於康熙八年，歲次己酉，謁顧氏於平原，始受學。見張穆，《顧亭林先生
年譜》卷三，頁59。

〔註26〕見謝國楨，《顧寧人學譜》（四），〈學侶考〉，頁139。

〔註27〕顧炎武於水利、河渠的主張，如「河湖溝澗，天設之水利也；池塘堰壩，人
爲之水利也。有能興舉而疏濬之，其爲田功，利孰大焉！」（天下郡國利病書）、
「築堰漑田，爲利最大，厥工亦最鉅。……水利者信乎其爲美利而積於不涸

第二節 顧炎武的時代背景

一個人的思想、觀念的形成，與時代的政治背景、經濟情況與社會環境，具有不可分的關係。清初學術思潮的主流——經世學風，爲學務求能有補於世道人心，厭倦主觀、空虛無用的冥想，而傾向客觀的考察，排斥理論，提倡實踐；〔註28〕做人講求樹立高尚的人格，恥謀一身的榮華富貴，具淑人救世的心志者，即是當時多數學者共同努力的目標。其中，顧炎武不但身體力行，而且倡導最力，故實爲清初經世學風的關鍵人物。因顧氏的主張，多係針對晚明的種種弊端，謀爲解決，「以興太平之事」，〔註29〕故晚明政治、經濟與社會風氣等情形，實皆爲其經世主張形成的張本，〔註30〕爲吾人亟待了解者。

一、政　治

明代自洪武十三年，丞相胡惟庸謀反伏誅後，遂罷中書省，以六部直隸皇帝，因而造成君主獨裁之局。絕對王權政治的良窳，一皆取決於君主之賢明與否。而明代自正德以後，因武宗的縱情聲色與世宗的專事禱祀靜攝，政事遂告大壞。神宗親政後，二十餘年不視朝，不省章奏，綱紀更加廢弛，造成東林黨和非東林黨紛爭的局面，朝政益不堪聞問。

熹宗繼位後，東林黨當政，盡斥非東林黨，被黜者力圖報復，群附太監魏忠賢。熹宗童昏，因予魏忠賢專政的機會。魏忠賢以其私人掌錦衣衛，大興廠衛之禍，與東林黨有關的，或下獄死，或被罷斥，朝中善類一空。思宗嗣統，誅魏忠賢，頗思有爲，但黨局已成，思宗又闇於知人，多疑尚氣；加以天災發生，飢饉汰臻，政繁賦重，內訌外叛，遂至不可收拾，明室因以滅亡。

之源，流于不竭之潴也。」《天下郡國利病書》〈陝西〉（上）等，皆與耿橘用湖用江之水利說相通。

〔註28〕見梁啓超，《中國三百年學術史》，台北：中華書局，民國55年3月台四版，頁1～2。

〔註29〕見《亭林文集》卷三，〈初刻日知錄自序〉，頁29。

〔註30〕顧炎武的經世主張，散見於《日知錄》、《天下郡國利病書》、《區言》、《菰中隨筆》、《肇域志》諸書。其論政治、經濟或社會的各種意見，皆以補救晚明的缺失而發，如論政治，特重治道的盛衰與反對專制；論經濟，著眼於謀求天下之大富與藏富於民；論社會，強調風俗人心爲治亂的關鍵，皆以晚明的時代背景爲其立說之根據，求其有以匡救時弊而然。

　　顧炎武生當萬曆末年，幼而目睹明季秕政，長而身逢鼎革之變。政治之良窳，關係一國的興衰存亡，自爲其日後致力研求「治道」，〔註31〕探求歷代政治得失，以有力之刺激。至於東林諸子，有時不免「議論高而事功疏」之譏，亦予顧氏以深刻的啓示，即爲學不可徒託空言，學者必須有起而行的精神。他的終身致力於經世致用學問的研求，「以待撫世宰物者之求」，〔註32〕自非偶然。

二、經　濟

　　明代初期，因太祖的留心移墾和水利興修，山東、河南等元末大亂之地人煙漸稠，江南各省亦因而汙田大興。然至中葉以後，因承平已久，人口滋生，耕地遂覺不足，故武宗之時，已迭有飢民之變。其後，歷經世宗、穆宗，至神宗初年，張居正當國，史家譽爲中興之局，然整個經濟並未轉好。神宗萬曆以後，復因開礦增稅、〔註33〕占田〔註34〕等騷亂，使得生產驟減，國計

〔註31〕顧炎武所著《日知錄》一書，共三十二卷，凡分三篇，中篇是爲「治道」，顧
　　　　氏有關政治的興革意見，皆載其中。
〔註32〕見《亭林文集》卷二，〈初刻日知錄自序〉，頁 29。
〔註33〕明世宗嘉靖年間，曾開銀礦於各處，因得不償失，而告中止。神宗萬曆中葉，
　　　　因邊疆多事，國用不足；加以營建乾清、坤寧兩宮，戶部無法籌措，故依前
　　　　衛千戶仲春建議，開礦以助大工，經神宗首肯，於是各地獻礦峒者，接踵而
　　　　至。萬曆二十四年，首先在畿內開礦，由中官主持。嗣後，無省不開礦，中
　　　　使四出，都給以關防，並偕原奏官前往。如礦脈微細，毫無收穫，則勒民補
　　　　償。而奸人假借開礦的名義，乘機橫索民財。地方官如爲民請命，即彈劾其
　　　　阻撓開礦，加以逮治。富家巨族，則誣以盜礦；良田美宅，則指爲地下有礦
　　　　脈；率役圍捕，劫掠財物，無所不爲。萬曆二十七年，又增設各省稅使，天
　　　　津有店租，廣州有珠監，兩淮有餘鹽，閩浙粵有市舶，成都有茶鹽，重慶有
　　　　名木，湖口長江有船稅，荊州有店稅，寶坻有魚葦等。礦使、稅使遍於天下，
　　　　到處樹旗建廠，納奸民爲爪牙，雖窮鄉僻壤，亦搜括無遺，中人之家，大半
　　　　破產。以上見趙翼，《廿二史箚記》卷三十五，「萬曆中礦稅之害」條。又參
　　　　見龔化龍，〈明代採礦事業的發達和流毒〉，《明史論叢》之八〈明代經濟〉，
　　　　台灣學生書局，民國 57 年 7 月，頁 121～164。（原文載《食貨月刊》第一卷
　　　　第十二期）
〔註34〕占田乙事，亦擾民至鉅，爲晚明經濟的致命傷之一。據《明史・食貨志》載，
　　　　太祖洪武二十六年，全國耕地面積計八百五十萬七千六百二十三頃，然至弘
　　　　治十五年，全國耕地祇剩四百二十二萬八千零五十八頃，天下額田已減大半，
　　　　此係因「非撥給於王府，則欺隱於猾民」之故。萬曆初年，張居正清丈全國
　　　　田畝，視弘治時贏三百萬頃，然「居正尚綜核，頗以溢額爲功，有司爭改小
　　　　弓以求田多，或括克見田以充虛額，北直隸、湖廣、大同、宣府遂先後按溢
　　　　額田增賦。」故其清丈田畝之實際溢額，當距三百萬頃遠甚。由此可知，晚

民生益壞。

熹宗以後，內外交逼，餉費浩繁，於是有所謂「遼餉」、「剿餉」等的加派，〔註35〕人民負荷益重。因經濟的面臨崩潰，飢民飢兵鼓噪結聚，與清兵相爲表裏，當係明室速亡的主要原因之一。〔註36〕

顧炎武講求經世致用之學，關於國計民生者，如貨幣流通、賦稅徵收、農業經濟、民生政策、工商發展等，創獲獨多，顯然是鑒於晚明經濟的崩潰，關係明室之亡，因而用力謀求富國裕民之道。

三、社會風氣

明代社會風氣之日趨下流，緣於政治的黑暗、經濟的崩潰與學術的流於空疏浮僞，三者循環相生，於武宗之時已啓其端，神宗親政後更趨嚴重。今人忱農撰文指出晚明社會的不良風氣有五：一爲宮廷、官吏的奢侈貪污；二爲士大夫心存黨同伐異的門戶之見；三爲特權階級日事聚歛；四爲禮義廉恥的淪喪；五爲書生空言高論、放誕風流。〔註37〕實頗能洞察晚明社會的眞相。

顧炎武對於晚明社會風氣的敗壞，非常痛恨，因而致力於考求歷代風俗的得失，指陳南北學者之病，〔註38〕痛斥行僞而詭者流，強調風俗教化與世道治亂之關係，認爲「目擊世趨，方知治亂之關，必在人心風俗，而所以轉移人心，整頓風俗，則教化紀綱爲不可缺矣。」〔註39〕主張振清議、立名教、貶鄉愿，以維持善良風俗。凡此皆是針對晚明社會風氣的敗壞，以求

明之實際田畝，較之明初相去已多。然神宗萬曆四十一年，尚傳旨福王洵就國洛陽，賜河南、山東、湖廣田爲王莊，共四萬頃，較一郡之田畝爲大。又據明末清初文人李漁在戲劇小說中反映，晚明隨處都有皇裔、官府、縉紳剝削農民的例子，財富懸殊，日甚一日，「富者愈富，貧者愈貧，最後鋌而走險成爲盜賊的人日多。」見駱雪倫，〈李漁戲劇小說中所反映的思想與時代〉，《大陸雜誌》第五十卷第二期，台北，民國64年2月，頁73。

〔註35〕見趙翼，《廿二史劄記》卷三十六，「明末遼餉剿餉練餉」條。

〔註36〕見《原抄本顧亭林日知錄》卷十六，「盜賊課」條，顧氏從歷史上考求歷代盜賊發生的原因，而歸結於「賦田受廛」與「民安其業」與否。明末流寇之起，原因固多，災荒飢饉，飢民變成飢兵，當爲原因之一。

〔註37〕見忱農，〈晚明的社會風氣〉，《民主評論》第六卷第十七、十八期，台北，民國44年9、10月。

〔註38〕見《原抄本顧亭林日知錄》卷十七，「南北學者之病」條，顧氏指出南北學者之病：「飽食終日無所用心，難矣哉！今日北方之學者是也。群居終日言不及義，好行小慧，難矣哉！今日南方之學者是也。」

〔註39〕見《亭林文集》四卷，〈與人書九〉，頁97。

補偏救弊。

第三節　顧炎武的參與抗清運動

　　明末遺老如顧炎武、黃宗羲、王夫之等人，都深富民族思想。因民族思想濃厚，故當甲申之難後，他們都曾參與抗清運動，保鄉衛國，圖謀明室的再造。抗清運動失敗之後，則競相敦勵名節，將經世思想寓於學術著作之中，以待後王之採用。〔註40〕

　　崇禎十七年（1644），歲次甲申，流寇李自成率眾進逼北京，思宗急召吳三桂入關。吳三桂率師自寧遠入關，行至豐潤，因京師已陷，思宗殉國，遂頓兵山海關，觀望形勢。既而聞愛姬為李自成部將所掠，怒而乞師於清，遂予清兵以入關，進據北京之機會。

　　是時，明鳳陽總督馬士英等擁立嗣福王由崧即位於南京，仍稱崇禎十七年，詔以明年為弘光元年。因馬士英等非真心為延續明祚而擁立福王，故雖大敵當前，猶把持朝政，大興東廠緝事，翻刻三朝要典，〔註41〕以排斥正人君子為能事。因此，南明政府雖有東閣大學士史可法督師揚州，忠心耿耿，亦難以獨撐大局。顧氏見之，自是痛惜萬分，因寫〈大行皇帝哀詩〉一首，表達「小臣王室淚，無路哭橋陵。」〔註42〕的亡國悲痛；又寫有感事詩六首，「日角膺符早，天枝主鬯臨。安危宗社計，擁立大臣心。」記南都擁立福王之事；「告天傳玉冊，哭廟見諸侯。詔令屯雷動，恩波解澤流。」載群臣勸福王即位之事；「上宰承王命，專征指大江。出關收漢卒，分陝寄周邦。……登壇推大將，國士定無雙。」寄託復興之希望於史可法督師揚州；「聽律音非吉，焚旗火乍紅。恐聞劉展亂，父老泣江東。」則敘述督師標總兵于永綏等兵與浙江兵鬨於鎮江西門外，焚民居數百家一事，〔註43〕深致痛惋之意。彼時，顧氏雖係一介書生，無與南明朝政，然於詩中流露出對國事的關切，志切匡

〔註40〕見杜維運，〈顧炎武與清代歷史考據學派之形成〉（上），《故宮文獻》第三卷第四期，頁 29。

〔註41〕見謝國楨，《明清之際黨社運動考》，〈南明三朝之黨爭〉，台北：台灣商務印書館人人文庫，民國 57 年 6 月台二版，頁 101。

〔註42〕傳本《亭林詩集》第一首即是〈大行哀詩〉，「大行」，下無「皇帝」二字，惟潘耒原鈔本有此二字，此處據潘耒原鈔本。參見《亭林詩集》卷一，〈大行哀詩〉，頁 265。

〔註43〕見《亭林詩集》卷一，〈感事〉，頁 266～267。

復，於此可見。

顧炎武不但在詩中流露出對國事的關切，更自弘光元年春起，〔註44〕先後完成軍制論等四篇救國復國的方策，就明代衛所軍制的變革因應、〔註45〕南明政府戰守策略的運用、〔註46〕南明政府軍糧民食的籌措、〔註47〕明代錢幣的發行與流通〔註48〕等問題，提出興革的芻議，以為南明政府鞏固基礎，徐圖光復的參考。

顧炎武上述四篇救國復國的方策，有一個實施的先決條件，即南明政府——弘光朝，能與北方的滿清政權對峙而立。〔註49〕然局勢的發展，並未如此，南明政府僅支持一年，即告滅亡，故顧氏所論軍制、形勢、田功、錢法各節，皆未能付諸實施。

當南明政府成立之初，崑山縣令楊永言曾向朝廷推薦顧氏，南明政府遂徵召顧氏為兵部司務。次年，顧氏膺楊永言之荐到京口。四月，偕從叔父穆庵到南京，隨即入拜曾祖顧章志——故兵部侍郎公祠。拜祠完畢，即回常熟縣界的語濂涇，未就兵部司務之職。〔註50〕旋即傳來南京陷落的消息。

清軍既攻陷南京，隨即併吞江浙一帶，分軍駐紮南京、鎮江、杭州、吳淞等處。是時，明朝的抵抗部隊有江南總兵吳志葵陳兵海上，士將官屯兵陳湖中，陳湖旁諸生陸世鑰等，亦擁眾千餘。不久，明兵科給事中陳子龍、舉

〔註44〕 關於該四篇方策的寫作時間，張穆的《顧亭林先生年譜》僅載完成於弘光元年，而未說明月份。美國普林斯頓大學皮德遜（Willard J. Peterson）教授則據吳映奎的《亭林先生年譜》第 7 頁——軍制論寫成於弘光元年春的記載，推斷該四篇方策完成時間，當在五月初十日清軍攻陷南京之前，此一推論大致可信。見 Willard J. Peterson. *The Life of Ku Yen-Wu* (1613~1682) Part I, p.134~135。

〔註45〕 見《亭林文集》卷六，〈軍制論〉，頁 128～129。

〔註46〕 同前書卷七，〈形勢論〉，頁 130～131。

〔註47〕 同前書卷六，〈田功論〉，頁 131～132。

〔註48〕 同前書卷六，〈錢法論〉，頁 133～134。

〔註49〕 見 Willard J. Peterson. *The Life of Ku Yen-Wu* (1613~1682) Part I, p.137。

〔註50〕 見張穆，《顧亭林先生年譜》卷一，頁 15～16。顧氏之偕從叔父穆庵至南京，係應崑山縣令楊永言之荐，但無任何資料顯示，顧氏至南京時，是否曾與南京的南明政府有過接觸。張穆在年譜中，亦僅提到顧氏入拜曾祖顧章志祠後，即回常熟之語濂涇。就常理推斷，彼時南京面臨陷落前夕，軍務吃緊，似不易接觸。又據顧氏自述：「南渡之元，相與赴南京，寓朝天宮，即先兵部侍郎公之祠而共拜焉，亦竟不能有以自樹。」則顧氏大約是因投效無門，始回語濂涇。見《亭林餘集》，〈從叔父穆庵府君行狀〉，頁 169。

人徐孚遠、章簡等亦起兵松江，與陳湖兵相合，並馳書檄告江南，聯絡士大夫共赴國難。華亭有總督兵部侍郎沈猶龍、下江監軍道荊本徹、中書舍人李侍問，嘉定有左通政司侯峒曾、進士黃淳耀、總兵蔣若來，崑山有鄖陽巡撫兼僉都御史王永祚、編修朱天麟，吳江有職方吳易、總兵王蜚，太倉有總兵張士儀，宜興有行人盧象觀等，互為聲援。

顧炎武得悉南京陷落消息之後，遂偕崑山縣令楊永言、吳其沆、歸莊等加入王永祚軍，從事抗清運動。抗清各軍議謀以松江兵攻杭州、嘉定，太倉兵攻沿海，宜興兵趨南京，約定伏艦江中，由吳志葵進向蘇州，等候捷報傳來，即剋日同發。顧氏有詩〈千里〉一首：

> 千里吳封大，三州震澤通。
>
> 戈矛連海外，文檄動江東。
>
> 王子新開邸，將軍舊總戎。
>
> 登壇多慷慨，誰復似臧洪。〔註51〕

即為描寫當時赴吳從軍之事。

吳志葵既從眾議進向蘇州，參將魯之璵以三百人先登城上，斬胥門而入，而清軍匿騎於學宮，俟魯之璵撤退之時，盡出匿騎，遂殲魯之璵等三百人。既而松江城陷落，陳子龍敗走；嘉定城亦陷落，侯峒曾死難，於是顧氏回到崑山。適逢崑山縣民組織義師，與清軍塵戰。清軍夜渡城濠，攻陷崑山城，〔註52〕吳其沆死難，楊永言遁赴蘭谿，而顧氏與歸莊乘間得脫，倖免於

〔註51〕見《亭林詩集》卷一，〈千里〉，頁271。又本文所述，清人攻江南的軍隊部署等，係依張譜卷一，頁15～16，加以整理。揆之實情，當不僅此，本文但取與顧氏有直接間接關係者。

〔註52〕弘光元年五月初一日，清軍攻陷南京。五月初七日，崑山居民聞清軍已入南京，紛紛移遁四鄉，而張浦、蒹葭、安亭諸村鎮，奸民乘機劫掠，縣令楊永言遂於二十二日盡放獄囚。五月末，郡中大吏及守令皆先期逃遁。六月初七日，豫親王多鐸正駐軍南京，派遣刑部侍郎李延齡、巡撫王國寶統兵莅蘇州，新郡守王鏌發安民榜。至崑山，索取圖籍，楊永言棄印潛逃於泗橋陳宏勳家。崑山縣水利縣丞閻茂才偕邑紳耆老，於初八日赴胥門納款。十二日，清遣郡人周荃至崑山安撫士民。十八日，以閻茂才為崑山縣新任縣令。閏六月十一日，清軍下薙髮令。十三日，閻茂才出示薙髮，且親持名刺謁縉紳。於是城中大譁，焚縣治，殺茂才。十五日，貢生陳大任等議推狼山鎮總兵王佐才為主帥。十七日，楊永言及陳宏勳等，亦以所募兵數百人入城。楊永言遂為崑山縣監紀，仍知縣事，偕城中縉紳裏糧移檄，為長久防守之計。七月初二，清軍東下。越二日，崑山縣西邊真義村出兵迎戰，大敗而回。初五日黎明，清軍渡過城濠。七月六日，清軍遂攻下崑山縣城。參閱張穆，《顧亭林先生年

難。〔註53〕

　　當清軍於弘光元年五月攻陷南京之後，黃道周、鄭芝龍等隨即擁立唐王即位於福州，改元隆武。唐王即位之初，曾遙授顧氏爲兵部職方司主事。〔註54〕

　　次年，唐王遣使迎接顧氏。顧氏與族父顧咸正商議，擬應唐王徵召，旋因母喪未葬，而未赴任。〔註55〕顧氏有詩〈延平使至〉一首，記唐王使者李定自延平歸賚至御札事：

　　　　春風一夕動三山，使者持旌出漢關。

　　　　萬里干戈傳御札，十行書字識天顏。

　　　　身留絕塞援枹伍，夢在行朝執戟班。

　　　　一聽綸言同感激，收京遙待翠華還。〔註56〕

因福王已被執遇害，顧氏遂將恢復明室的希望，全部寄託在唐王。〔註57〕

　　唐王爲明太祖八世孫，志切復仇，勤政愛民，求賢好學，與福王之好遊樂、縱聲色，截然不同。然因鄭芝龍把持朝政，與清人暗通款曲，不能有所作爲，故建國僅二年餘，即爲清軍所破。

　　唐王遇害後，南明賴有桂王領導，瞿式耜、何騰蛟、李定國的奮戰，繼續從事恢復明室的大業。惟顧氏並未參與桂王政府的抗清運動。〔註58〕

　　顧炎武在唐王遇害之次年，曾在太湖流域及江浙沿海等地遊歷考察，與昔日抗清的摯友陳子龍、楊廷樞等相結。及陳、楊等因參加清松江提督吳勝兆反清密謀事洩，先後死難，顧氏遂返常熟縣界之語濂涇，奉嗣母王氏靈柩，卜葬於先人墓塋。隨後數年，顧氏出入南京、淮南、揚州、蕪湖、松江、崑

譜》卷一，頁17。

〔註53〕見《亭林文集》卷五，〈吳同初行狀〉，頁119。

〔註54〕見張穆，《顧亭林先生年譜》卷一，頁18。

〔註55〕同前書卷一，頁19。

〔註56〕見《亭林詩集》卷一，〈延平使至〉，頁274。

〔註57〕顧炎武曾寫〈聞詔〉詩一首，寄中興之望於唐王，略謂：「聞道今天子，中興自福州。二京皆望幸，四海願同仇。滅虜須名將，尊王仗列侯。殊方傳尺一，不覺淚頻流。」見《亭林詩集》卷一，頁273。因唐王志切復仇，求賢好學，確有中興之主之概，故唐王被執遇害後，顧氏仍以唐王「隆武」年號紀事。見潘重規，〈顧亭林元日詩之研究〉，《新亞生活雙周刊》第四卷第十九期，香港，民國51年5月，頁1112。

〔註58〕見《明史》卷二八○，〈何騰蛟、瞿式耜傳〉。又見謝國楨，《明清之際黨社運動考》，〈南明三朝之黨爭〉，頁111～116。

山各地，〔註59〕結交江南志士，擊筑投筆，渡瀘聞雞，以示不忘恢復之志。〔註60〕其間，嘗六謁孝陵，並謁太祖御容於靈谷寺，以寄託故國之思。因念神州陸沉，圖籍湮沒，特作孝陵圖，考究江南名勝古蹟，藉以感興奮發後人，並存留一代圖籍。〔註61〕

第四節　顧炎武的北游

　　南明桂王永曆十一年（清順治十四年，1657），歲次丁酉，顧炎武束裝北游。此為顧氏新階段生活的開始，〔註62〕對他日後從事經世致用學問的研求，關係至大。

　　顧氏北游的動機，據他在詩文集中顯示，大約有二：一為從塞上立業，〔註63〕二為避仇。〔註64〕然吾人從顧氏北游的種種活動和其自述平生志業

〔註59〕張譜引徐譜語：「先生此數年中，往來無定，而金陵、揚州市井皆屢至。」見張穆，《顧亭林先生年譜》卷一，頁27。又顧氏詩亦謂：「流轉吳會間，何地為吾土？……卻念五年來，守此良辛苦。」見《亭林詩集》卷二，〈流轉〉，頁30。

〔註60〕顧炎武在永曆二年所作之詩，如〈賦得越鳥巢南枝用枝字〉一首、〈賦得江介多悲風用風字〉一首、擬唐人五言八韻——〈申包胥乞師〉、〈高漸離擊筑〉、〈班定投筆〉、〈諸葛丞相渡瀘〉、〈祖豫州聞雞〉、〈陶彭澤歸里〉共六首等，皆寓深意，「深思危大業，隆眷切先朝。更有親賢表，宮廷告百僚。」等，志切恢復之意，溢於詩中。見《亭林詩集》卷一各首，頁286～288。

〔註61〕永曆七年，顧炎武二度謁孝陵後，賦詩〈再謁孝陵〉、〈孝陵圖〉二首，其中〈孝陵圖〉序言云：「念山陵一代典故，以革除之事，實錄、會典並無紀述；當先朝時，又為禁地，非陵官不得入焉，其官於陵者，非中貴則武弁，又不能通語國制；以故其傳鮮矣。今既不盡知，知亦不能盡圖，而其錄於圖者且不盡有，恐天下之人同此心而不獲至者多也，故寫而傳之。」見《亭林詩集》卷二，〈孝陵圖序〉，頁312。

〔註62〕見 Willard J. Peterson. *The Life of Ku Yen-Wu* (1613~1682) Part II, p.201。

〔註63〕顧炎武早在永曆四年賦詩〈秀州〉一首，即有「將從馬伏波，田牧邊郡北。」之語，已萌北游之念。見《亭林詩集》卷一，頁300。又顧氏在〈與潘次耕〉一文中，亦有「使我有澤中千牛羊，則江南不足懷也。……文淵、子春並於邊地立業，足下倘有此意，則彼中亦足以豪。」見《亭林文集》卷六，頁147。可見從塞上立業，顧氏是非常嚮往的。

〔註64〕顧炎武在〈贈路光祿太平〉詩之序說：「先是，有僕陸恩，服事余家三世矣，見門祚日微，叛而投里豪，余持之急，乃欲陷余重案。余聞，亟擒之，數其罪，沈諸水。其壻復投豪，訟之郡，行千金求殺余。余既待訊，法當囚繫，乃不之獄曹而執豪奴之家，同人不平，為代愬之。兵備使者移獄松江府，以殺奴論。豪計不行，而余有戒心，乃浩然有山東之行矣。」見《亭林詩集》

看，尋找反清復明的機會、從事學術的考證工作和訪友等，當皆爲顧氏北游的原因。〔註65〕

　　就尋找反清復明的機會說，清人的入關，征服江南各地，顧氏雖僅參加有限的抗清運動，然他忠於明室之心志，則始終不渝。北游之前，他的六謁孝陵，考究江南名勝古蹟，製繪孝陵圖等，皆能說明其故國之思之強烈。北游期間，顧氏所至多爲形勢險要之地，每至一地必記其險要之處與用兵之道。他嘗稱讚華陰的形勢說：「華陰縊轂關河之口，雖足不出戶，而能見天下之人，聞天下之事。一旦有警，入山守險，不十里之遙。若志在四方，一出關門，亦有建瓴之便。」〔註66〕顯然地，顧氏晚年的定居華陰，實寓有深意。〔註67〕

　　顧炎武爲學不尙空談，喜就古籍所載，與實地相對勘。作實地的考證工作，自非身歷各地，無以爲功。他說：「頻年足跡所至，無三月之淹，……以二馬二騾，裝馱書卷，所雇從役，多有步行，一年之中，牛宿旅居。」〔註68〕顧氏的僕僕風塵，實欲就平日所聞與書籍的記載對勘，以求取眞知實學。如顧氏至直隸永平之昌黎，著《營平二州史事》六卷；〔註69〕抵山東鄒平，訂其縣志；至山東濟南，輯成考古錄；至山東德州，訂其州志等，〔註70〕皆顯示從事學術的實地考證工作，爲顧氏北游原因之一。

　　滿清的征服江南，使得顧氏昔日在江南的文友零落乖離，而顧氏爲學亦已由早年的「注蟲魚、吟風月」，〔註71〕轉變爲積極的經世態度，因之北方的

　　　　卷二，頁319。又同書卷二，〈流轉〉詩中，亦有「畏途窮水陸，仇讐在門戶。故鄉不可宿，飄然去其宇。」之語。

〔註65〕美國皮德遜（Willard J. Peterson）教授在談及顧氏北游動機時，加列一「生性好動」原因，因乏可靠資料，本文不予採用。見 *The Life of Ku Yen-Wu* (1613~1682) Part II, p.201。

〔註66〕見《亭林文集》卷四，〈與三姪書〉，頁91。

〔註67〕顧炎武北游期間，寓關中甚久，蓋「關中僻遠，是時清人勢力尚未能顧及，故明末宗室及二三遺老，尙得盤遊其間，遯影無涯。是以遠方之士若屈大均、顧寧人，皆不遠千里而來，亦即其因。」見謝國楨，《顧寧人學譜》，〈學侶考〉，頁145。

〔註68〕見《亭林文集》卷六，〈與潘次耕書〉，頁147。

〔註69〕顧炎武自述著〈營平二州史事〉的原因有二：一爲恨燕史之書不存；二爲其地官長及士大夫之請。見《亭林文集》卷二，〈營平二州史事序〉，頁30。

〔註70〕見張穆，《顧亭林先生年譜》卷二，頁36～57。

〔註71〕顧炎武與黃宗義書有：「伏念炎武自中年以前，不過從諸文士之後，注蟲魚、吟風月而已。」等語，見《亭林佚文輯補》，〈與黃太冲書〉，頁246。

學者友人，顧氏皆有一訪之願。如顧氏至濟南，與徐東癡、張稷若訂交；過鄒平，與馬驌同訪碑郊外；抵章邱，訪張隱君；歷太原，訪傅山；游五台，遇李因篤；往驪山，訪明宗室朱存杠；適輝縣，訪孫夏峯；歸山陽，主王起田家；赴祁縣，主戴廷栻家；入華陰，訪王山史等等，皆對顧氏日後各巨著的完成，有重大的影響。

　　顧炎武北游期間所訪之友人，大多爲篤行好學、志節皎然之士。顧氏曾稱道他們說：

> 夫學究天人，確乎不拔，吾不如王寅旭；
>
> 　讀書爲己，探頤深微，吾不如楊雪臣；
>
> 　獨精三禮，卓然經師，吾不如張稷若；
>
> 　蕭然物外，自得天機，吾不如傅青主；
>
> 　堅苦力學，無師而成，吾不如李中孚；
>
> 　險阻備嘗，與時屈伸，吾不如路安卿；
>
> 　博聞強記，群書之府，吾不如吳任臣；
>
> 　文章爾雅，宅心和厚，吾不如朱錫鬯；
>
> 　好學不倦，篤於朋友，吾不如王山史；
>
> 　精心六書，信而好古，吾不如張力臣。〔註72〕

上述雖爲顧氏謙詞，然其北方友人之學行，各有獨到之處，則爲事實。由此亦可得知，顧氏與其友人相知之深。北游以訪諸友，當爲顧氏平生之願。

　　顧炎武北游期間，西至大同、太原、西安，東達山東半島，北出山海關、居庸關、長城，亦曾南抵杭州，足跡遍佈天下。總計顧氏北游二十餘年，所歷省份如下：

> 明桂王永曆十一年（清順治十四年，1657）：江蘇─山東。
>
> 明桂王永曆十二年（清順治十五年，1658）：山東─直隸。
>
> 明桂王永曆十三年（清順治十六年，1659）：直隸─山東─江蘇─山東。
>
> 明桂王永曆十四年（清順治十七年，1660）：山東─直隸─山東─江蘇。
>
> 明桂王永曆十五年（清順治十八年，1661）：江蘇─浙江─江蘇─山東。

〔註72〕見《亭林文集》卷六，〈廣師〉，頁140。

清康熙元年（1662）：山東－直隸－山西。

清康熙二年（1663）：山西－陝西－山西。

清康熙三年（1664）：山西－直隸－河南－山東。

清康熙四年（1665）：山東。

清康熙五年（1666）：山東－直隸－山西－直隸－山東。

清康熙六年（1667）：山東－江蘇－山東－直隸－山東。

清康熙七年（1668）：山東－直隸－山東。

清康熙八年（1669）：山東－直隸－山東－直隸－山東－直隸－山東
－直隸。

清康熙九年（1670）：山東－直隸－山西。

清康熙十年（1671）：山西。

清康熙十一年（1672）：山西－直隸－山東－直隸－山東－河南－山
西。

清康熙十二年（1673）：山西－山東－直隸－山東－直隸。

清康熙十三年（1674）：直隸－山西－山東。

清康熙十四年（1675）：山東－河南－山西。

清康熙十五年（1676）：山西－山東－直隸－山東－直隸。

清康熙十六年（1677）：直隸－山東－直隸－山西－陝西－山西。

清康熙十七年（1678）：山西－陝西。

清康熙十八年（1679）：陝西－河南－直隸－河南－山西－陝西。

清康熙十九年（1680）：陝西－山西。

清康熙二〇年（1681）：山西－陝西－山西。

清康熙二十一年（1682）：山西。〔註73〕

顧炎武北游，足跡如此之廣，來往各省如此頻繁，二十餘年未嘗安居，所至
以二馬二騾，載書自隨，並雇從役相伴，費用至鉅。然顧氏未嘗匱乏，所至
隨遇而足，除因家饒資產外，墾田度地，經營得法，當係主因。〔註74〕

〔註73〕 見 Willard J. Peterson, *The Life of Ku Yen-Wu* (1613~1682) Part II, p.247-Appendix。

〔註74〕 據皮德遜（Willard J. Peterson）教授的意見，顧氏北游的經濟來源為土地的歲入、學術工作的報酬、官吏的贈與、私人的贊助和經商所得五項。見 *The Life of Ku Yen-Wu* (1613~1682) Part II, p.202。個人認為其中當以第一項——土地的歲入與第五項——經商所得為主要來源，其他三項僅為不定時之收入而已。

　　顧炎武一生的經歷，約略可以北游分爲前後兩個階段。北游前又可以崇禎十二年（1639），秋試被擯爲準，再分爲兩個時期。北游前的第一時期，顧氏對國事並不關心。〔註75〕第二個時期開始關心國事，爲學態度亦趨積極，然尚未具備成就一代經世大儒的條件。

　　顧炎武所以能成就一代經世大儒，北游實爲其重要關鍵。顧氏的北游，非如一般遊歷者的追求賞心悅目而已，實寓深意，已如前述。因此，顧氏雖北游二十餘年，奔走黃河南北各地，每至一地，少則留寓三數日，多則數月半載，無一定的居所，其生活實近於行人性質，旅途勞頓，自無舒適可言。然顧氏卻在旅途勞頓中，因能「遍觀四方」，〔註76〕「天下五嶽已游其四」，

就土地的歲入説，顧氏出身江南世家，家資本饒，雖經同里葉氏霸佔田地八百畝，且經盜匪兩次的洗劫，然尚不失爲崑山地主之一。北游之後，他曾在山東章邱之大桑家莊廣置田宅，大事開墾，以爲遊歷之資，其詩集中「刈禾長白山下」條，即敘述在桑家莊田產割禾之事。據顧氏〈與顏修來手札〉稱：「汶陽歸我，治之四年，始得爲良田。今將覓主售之，然後束書西行，爲入山讀書之計。」又據〈與三姪書〉稱：「……吾亦須自買堡中書室一所，水田四五十畝，爲餐飧之計。」可見顧氏在山東、山西皆有相當的土地，以爲北游之資。又顧氏亦嘗會同友人李子德等，集資墾田，如他在〈與潘次耕〉信中稱：「近則稍貸貲本，于雁門之北，五台之東，應募墾荒。同事者二十餘人，闢草萊，披荊棘，而立室廬于彼。然其地苦寒特甚，僕則遨遊四方，亦不能留住也。彼地有水而不能用，當事遣人到南方，求能造水車、水碾、水磨之人，與夫能出資以耕者。大抵北方開山之利，過于墾荒、畜牧之獲，饒于耕耨，使我有澤中千牛羊，則江南不足懷也。」由上述可知，土地的歲入當爲顧氏北游的主要經濟來源。以經商所得而言，顧氏長於貨殖，爲一經濟之學者，近人鄭行巽認爲顧氏之經濟思想較同時期的西洋經濟學者，有超過之處，稱讚顧氏「于近代生計學上之學理多所發明」，當非過譽。見《國聞週報》第七卷第三十二期，〈顧亭林之經濟思想研究〉，頁 1。今人錢穆亦列舉明末遺民的生活狀況爲第七項：一爲出家；二爲行醫；三爲務農；四爲處館；五爲苦隱；六爲游幕；而將顧氏列爲第七項——經濟。錢氏同時認爲「顧氏浪迹北方，對耕殖經商，均甚留意，其私人經濟，可無問題。」見《國史大綱》下冊，第八編第四十章，頁 612。又章炳麟亦稱：「近聞山西人言，亭林嘗得李自成窖金，因設票號，屬傅青主主之。始明時，票號規則不善，亭林與青主更立新制，天下信從。以是饒於財用，清一代票號制度，皆亭林青主所創也。」見《華國月刊》第一卷第六期，〈書顧亭林軼事〉。章氏亭林青主創山西票號之傳聞，雖乏文獻佐證，要亦説明顧氏爲一經濟之學者，非僅爲一著作等身之學者而已。

〔註75〕顧炎武嘗追憶北游前第一個時期的生活説：「少年好游，往往從諸文士賦詩飲酒，不知古人愛日之義，而又果以爲書生無與國家之故。」見《亭林餘集》，〈三朝紀事闕文序〉，頁 162。

〔註76〕見全祖望，《鮚埼亭集》卷十二，〈顧亭林先生神道表〉。

〔註 77〕獲非常人所能及的閱歷和見識，養成堅苦卓絕的性格。顧氏晚年，二甥徐乾學、元文鼎貴，爲顧氏置田買舍，欲迎顧氏南歸故里，而顧氏終不南歸者，原因之一當係經北游生活的歷練，已習於北方之刻苦生活。

　　北游之前，顧炎武雖已著手編纂輿地與利病之書，然距定稿尚遠，其臻於定稿階段，端賴北游期間的實地考證，加以增補。顧氏的巨著，如《日知錄》的增補改訂，《音學五書》的寫作完成，《營平二州史事》的編纂考訂，《金石文字記》的考求搜討等，皆完成於北游期間。北游一則予顧氏與友人過從問學的機會，以補苴罅漏。如顧氏至萊州，「從唐臣假吳才老韻譜，讀而校之。」〔註 78〕至山西，遇閻百詩於太原，顧氏以所撰《日知錄》相質，百詩爲改訂數條等是。〔註 79〕二則予顧氏以增廣見識的機會，以確定學問的方向，如顧氏自己的追述：「積以歲月，窮探古今，然後知後海先河，爲山履簣。而於聖賢六經之旨，國家治亂之原，生民根本之計，漸有所窺。」〔註 80〕即充分顯示，北游對顧氏識見的增廣，有密切的關係。

　　此外，北游更予顧氏以身歷考證、訪求遺賢的機會，以參互搜討，明其異同得失。如顧氏談及《金石文字記》的成書經過說：「比二十年間，周游天下，所至名山、巨鎮、祠廟、伽藍之跡，無不尋求，登危峯，探窈壑，捫落石，履荒榛，伐頹垣，畚朽壤，其可讀者，必手自鈔錄，得一文爲前人所未見者，輒喜而不寐。一二先達之士知余好古，出其所蓄，以至蘭台之墜文，天祿之逸字，旁搜博討，夜以繼日。遂乃抉剔史傳，發揮經典，頗有歐陽、趙二錄之所未具者，積爲一帙，序之以貽後人。」〔註 81〕由此可見，顧氏完成該書的艱難，實非案牘舉手者可比。其書之充實，有歐陽、趙二錄所未具者，實拜北游之賜。清儒全祖望曾述顧氏北游實地考證的情形說：「凡先生之游，以二馬二騾，載書自隨。所至阸塞，即呼老兵退卒，詢其曲折，或與平日所聞不合，則即坊肆中發書而對勘之。」〔註 82〕全氏的敘述，實爲顧氏北游期間研求實在學問的寫照，亦爲顧氏能成就一代經世大儒，開創清初經世學風的原因。

〔註 77〕見《蔣山傭殘稿》卷三，〈與陳介眉〉，頁 217。

〔註 78〕見張穆，《顧亭林先生年譜》卷二，頁 34。

〔註 79〕同前書卷三，頁 64。

〔註 80〕見《亭林佚文輯補》，〈與黃太冲書〉，頁 246。

〔註 81〕見《亭林文集》卷二，〈金石文字記序〉，頁 31。

〔註 82〕見全祖望，《鮚埼亭集》卷十二，〈顧亭林先生神道表〉。

第三章　顧炎武的經世主張與
　　　　清初的經世思想

第一節　顧炎武的經世致用說

　　學術思想發展的趨向，與時代的盛衰，息息相關。時值盛世，天下昇平，民康物阜，學者易於沉醉在學術之中，而忘卻學術所以經世的大目標，於是其學術愈精愈醇，愈與世道無關，漢、清二代學術的走向訓詁考據之路，富於徵實精神者即然。〔註1〕衰世則不然，學者身世逢亂世，目睹社會失調，秩序擾亂，政治、經濟、法律、倫理，甚而一切傳統皆脫節失軌，各種組織、生活與觀念，皆不能互相調和，以致各種現象愈形紊亂，問題愈趨嚴重，因之起而謀求時亂的解決途徑，故特富經世思想。〔註2〕春秋戰國時代，諸子百家的競起，各引一端，崇其所善，形成學術思想的黃金時代，其原因在此。

　　顧炎武生於萬曆末年，幼承庭訓，研讀實用之學；長而目睹晚明政治、經濟與社會風氣的敗壞，學者「競以空疏無學之讕言，以苟得當世之名譽」，〔註3〕身逢天下大亂，乃至明室滅亡的劇變，因此痛矯晚明學者之失，致力於

〔註1〕見杜維運，〈學術與世變〉，《學術與世變》，台北：環宇出版社，民國60年5月初版，頁1～10。

〔註2〕見逯扶東，《西洋政治思想史》，台北：三民書局，民國55年5月再版，頁1～3。

〔註3〕見林尹，〈顧炎武之學術思想〉，《師大學報》第一期，台北，民國45年6月，

經世濟民實用之學的研求，深富濃厚的經世思想。他認為為學有崇高的目的，即「明道」與「救世」，明經常之道，存淑人救世之心，非如科舉之為利己而已，亦非如文辭著書一切可傳之事之為名而已。〔註4〕真正的好學者，當超脫於一己的利與名，為撥亂反正、救天下流極之勢而為學。他說：

> 君子之為學也，非利己而已也，有明道淑人之心，有撥亂反正之事，知天下之勢之何以流極而至於此，則思起而有以救之。〔註5〕

又說：

> 君子之為學，以明道也，以救世也。徒以詩文而已，所謂「雕蟲篆刻」，亦何益哉！〔註6〕

顧氏所強調的為學目的：明道與救世，兩者是不可分的。明道為救世之先決條件，救世乃明道之具體表現，誠如錢穆所說的：「明道即所以救世，亭林之意如是。」〔註7〕

顧炎武既強調為學的目的在於明道與救世，故而「凡文不關於六經之旨，當世之務者，一切不為。」〔註8〕他認為明道必先通經，然經籍自曹、劉以下，今音行而古音亡，音學已變；宋理宗以後，宋韻行而唐韻亡，音學再變，「世日遠而傳日訛，此道之亡，蓋二千餘歲矣。」〔註9〕因此一再強調「讀九經自考文始，考文自知音始。以至於諸子百家之書，亦莫不然。」〔註10〕他之所以費三十餘年的時間纂輯《音學五書》，所過山川亭障，無日不以自隨，凡五易稿而手書者三次，其目的即在等待聖人復起，「舉今日之音，而還之於淳古者」，〔註11〕使六經之文皆可讀，人人因此可成為經學修明之人。必經學修明之後，始能知孔孟之精義，深習六藝之文，詳考百工之典，綜究當代之務，而達到救世的目的。顧氏纂輯《音學五書》寓有如此「羽翼六經」的深意，若但以考據之精詳視之，是有失顧氏本意的。〔註12〕

　　　頁139。

〔註4〕見《亭林餘集》，〈與潘次耕札〉，頁173。

〔註5〕同前註。

〔註6〕見《亭林文集》卷四，〈與人書二十五〉，頁103。

〔註7〕見錢穆，《中國近三百年學術史》（上）第四章，頁134。

〔註8〕見《亭林文集》卷四，〈與人書三〉，頁95。

〔註9〕同前書卷二，〈音學五書序〉，頁27。

〔註10〕同前書卷四，〈答李子德書〉，頁76。

〔註11〕同前書卷二，〈音學五書序〉，頁28。

〔註12〕見黃秀政，〈博文知恥〉，《中央日報副刊》，台北，民國64年5月28日。又

　　通經以明道，明道即所以救世，然則如何本此明道救世之心，見諸行事，而有補於世道之心？易言之，「學以明道，學以救世」的具體主張如何？顧氏曾揭示兩點：「愚所謂聖人之道者如之何？曰：『博學於文』，曰：『行己有恥』。」〔註13〕「博學於文」與「行己有恥」，同為聖人之道，一就為學而論，一從做人而言，兩者相輔相成。有學而無行，其學將淪於俗學；有行而無學，則乏所以經世之術，無以見功。

　　顧炎武認為的經世，並非載之空言，而以見諸行事為準。他解釋空言與見諸行事的分別，認為孔子的刪述六經，作春秋，亦可視同「見諸行事」。他說：「孔子之刪述六經，即伊尹、太公救民於水火之心，而今之注蟲魚、命草木者，皆不足語此也。……夫春秋之作，言焉而已，而謂之行事者，天下後世用以治人之書，將欲謂之空言而不可也。」〔註14〕由此可知，真正的見諸行事，當如伊尹、太公具救民於水火之心，並付諸實施。然非所有具伊尹、太公救民之心者，皆能登乎大道，而付諸實施，故退而將救民之心，筆之於書，以為天下後世用以治人之書者，亦庶幾近之。〔註15〕

　　終顧炎武一生，迄未得志，以實現其經世主張。故顧氏祇得將經世思想寓於著作之中，如《音學五書》、《詩文集》、《天下郡國利病書》、《區言》、《營平二州史事》、《肇域志》等書之作皆然。但最能代表其經世致用說之書者，當推《日知錄》一書。他說：

> 某自五十以後，篤志經史，……著日知錄，上篇經術，中篇治道，下篇博聞，共三十餘卷。有王者起，將以見諸行事，以躋斯世於治古之隆，而未敢為今人道也。向時所刻傳本，乃其餘緒耳。〔註16〕

又說：

> 向者日知錄之刻，……意在撥亂滌污，法古用夏，啟多聞於來學，

參見黃秀政，〈淑人救世顧炎武〉，《明道文藝》第一期，台灣省台中縣，民國65年3月。

〔註13〕見《亭林文集》卷三，〈與友人論學書〉，頁44。

〔註14〕同前書卷四，〈與人書三〉，頁95。

〔註15〕關於載之空言與見諸行事的分別，顧炎武固認為如孔子的刪述六經，作春秋，亦可視同「見諸行事」，然他在〈答王茂衍〉一文，則持不同意見說：「翹望七之年，衰頹已甚，有志三代之英，恨未登乎大道，不忘百姓之病，徒自託於空言。」似不同意著作可視同「見諸行事」。見蔣山傭《殘稿》卷二，頁201。

〔註16〕見《亭林文集》卷四，〈與人書二十五〉，頁103。

待一治于後王，自信其書之必傳，而未敢以示人也。〔註17〕

又說：

所著日知錄三十餘卷，平生之志與業皆在其中，惟多寫數本以貽
之同好，庶不爲惡其害己者之所去，而有王者起，得以酌取焉。

〔註18〕

顧炎武《日知錄》一書之作，自年少讀書即已開始，有所得輒爲箚記，遇
古人先得之見，遂即削去。早夜誦讀，反復尋究，一年僅得十餘條，積三
十餘年乃成一編，爲其平生志業所在，故顧氏將它比擬於孔子之刪述六經，
同爲「天下後世用以治人之書」。顧氏期待有「王者」之起，以見諸行事，
撥亂滌污，以躋斯世於治古之隆，其寓經世思想於著作之中的苦心，於此
可見。

　　概括言之，顧炎武本著儒家關切生民休戚的態度，而形成其經世觀念。
他強調爲學非爲一己之利與名，爲學須存淑人救世之心，以明道，以救世，
以撥亂反正，「仁以爲己任，死而後已。」〔註19〕至於他所認爲的經世方式，
則不脫德籍教授施唐格所謂的「得君行道」，〔註20〕須靠外緣來決定，即透過
「王者」之起，將「博學」之教與「有恥」之訓，擴而充之，以建立一個完
善和諧的社會，躋斯世於治古之隆。顧氏自述其《日知錄》之刻，係「藏之
名山，以待撫世宰物者之求」，〔註21〕即可作如此解釋。

〔註17〕同前書卷六，〈與楊雪臣〉，頁145～146。
〔註18〕同前書卷三，〈與友人論門人書〉，頁51。
〔註19〕同前書卷三，〈病起與薊門當事書〉，頁52。
〔註20〕德籍教授施唐格對於儒家經世學派的經世方式，曾作解釋説：「中國從古代
　　　　起，……自孔子……，直到兩漢或更後，中國的哲學家、政論家、學者們都
　　　　主張如何得君行道，如何事君盡忠，如何注重經驗，指出前事不忘，後事之
　　　　師的道理。他們説話的對象不是群衆，而是君主。……簡單説，中國哲學的
　　　　政論，注重得君行道。」見〈中德在文化學術上的交流〉，《大陸雜誌》第十
　　　　二卷第十二期，台北，民國45年6月，頁32。又據石錦的意見，顧氏的經世
　　　　方式有三種：第一種是求得一官半職後，親自來幹一番事業；第二種是把經
　　　　世的辦法寫下來，預備給以後的人採用；第三種是把自己的經世主張提供給
　　　　當時在位的人，借重他們的力量去達成。見〈顧炎武經世思想的界限〉，《史
　　　　原雜誌》第三期，台大歷史研究所出版，民國61年9月，頁120～121。又參
　　　　見余英時，〈清代思想史的一個新解釋〉，《中華文化復興月刊》第九卷第一
　　　　期，頁20～21。
〔註21〕見《亭林文集》卷二，〈初刻日知錄自序〉，頁29。

第二節　顧炎武的經世主張

顧炎武講求經世致用之學，他認為「載之空言，不如見諸行事」，已如上節所述。有明末年，他的「奮欲有所自樹」，〔註22〕不願以文人名世，〔註23〕其原因在此。因客觀環境的限制，終顧氏一生，迄無得志行道的機會，然他悲天憫人的心志，則始終如一。他足跡半天下，所至結交賢豪長者，凡山川風俗疾苦利病，事關民生國命者，窮源溯本，一一考究其得失之故。其立說以匡時救世為鵠，務求明體適用，如《日知錄》等書之作皆然。清人黃汝成盛稱其說「俟諸百事而不惑」云：「先生因時立言，頗綜覈名實。意雖救偏，而議極峻正，直俟諸百事而不惑，而使天下曉然於儒術之果可尊信者也。」〔註24〕黃氏曾集釋《日知錄》一書，刊行於世，故其言不免溢美之詞。然顧氏由經史諸籍與實地對勘而得到的各種補偏救弊方策，確有可資「王者」參酌採行之處，則不容置疑。

吾人今就顧炎武所著各書，試分為「分權眾治的治國原則」等四小節，分別加以討論。

一、分權眾治的治國原則

顧炎武論治的最大特色，在分權眾治的原則。分權原則，以現代的政治學理論衡之，實為一進步之觀點。中國政治學者但燾蓀在論及集權與分權的問題時說：「至十八世紀，分權問題隨民主潮流而發展，且一致公認，為謀自由之發展，政府的各種權力，決不宜任其集中一處，而應予以分立，以適應時代與社會的需要。」〔註25〕顧氏生於明末，他在〈郡縣論〉、〈法制〉、〈守令〉等篇，所主張的分權眾治原則，自不及現代民主政治分權理論的嚴謹，然其基本精神——強調分權與眾治，則顯有相通之處。

顧炎武分權眾治的原則，舉要而言，約可分為分層負責和地方自治兩點。

〔註22〕見潘耒，〈日知錄序〉，收在黃汝成《日知錄集釋》（上），增訂《中國學術名著》第一輯，增補《中國思想名著》第三十七冊，台北：世界書局，民國61年12月四版，頁1。
〔註23〕顧炎武曾有「以文人名於世，焉足重哉？」之語，可見他是不願以文人名世的。見《原抄本顧亭林日知錄》卷二十一，「文人之多」條，頁552。
〔註24〕見黃汝成，《日知錄集釋》敘。
〔註25〕見但燾蓀，《政治學概要》第七章，台北：聯合圖書公司，民國57年8月八版，頁130。

就分層負責而言，顧氏認爲萬幾之廣，非天子一人所能操持，故不可盡天下之權，都收在天子手中。天子是執天下大權者，其執大權的辦法爲：「以天下之權，寄之天下之人，而權乃歸之天子。自公卿大夫，至於百里之宰，一命之官，莫不分天子之權，以各治其事。」〔註26〕顧氏一再強調，百官是天子恃以平治天下者，是天子的股肱耳目，天子僅須具知人之明，「得其人而與之以權」，使令率意導民，己則「居敬而行簡，以臨其民。」如此，自天子以至百官，層層相統，構成一類如金字塔式的政府組織結構，分司其職，以推行政令。反之，如盡天下之權都收在天子手中，則天子因事實上無法躬理凡百庶政，故必須多設法網，以禁防百官的弄權，結果百官之中雖有賢智者，亦僅能兢兢奉法，以求無過而已。〔註27〕加以天子在奪百官之權後，必寄權於吏胥，不但易於造成吏胥專權的機會，而且因吏胥所奉行者，「不過已往之舊牘，歷年之成規，不敢分毫踰越。」〔註28〕故吏治每下愈況，殆爲必然的結果。〔註29〕顧氏又舉秦始皇爲例，以說明「分層負責」的必要云：「秦始皇之治，天下之事，無大小皆決於上，上至以衡石量書，日夜有呈，不中呈不得休息，而秦遂以亡。」〔註30〕秦亡原因不止一端，而顧氏以「天下之事，無大小皆決於上」爲秦亡之因，絕非昧於史實，殆亦藉以強調「分層負責」之深意而已。

　　顧炎武「分層負責」之主張，實針對有明一代君主過度集權而發。有明一代，因太祖「家天下」觀念太重，立嚴刑峻法以御下，「用法最嚴」，〔註31〕造成吏治上的諸種弊端，〔註32〕卒至於亡。清人以東胡異族，重建統治華夏之專制政權，君主之集權尤甚於明代，故當時學者如黃宗羲亦極力闡揚反專

〔註26〕見《原抄本亭林日知錄》卷十一，「守令」條，頁270。

〔註27〕同前註。

〔註28〕同前書卷十一，「吏胥」條，頁239。

〔註29〕關於胥吏對於吏治的影響，請參閱繆全吉，《明代胥吏》第七章，嘉新文化基金會研究論文第一四八種，台北，民國58年11月初版，頁231～244。

〔註30〕見《原抄本顧亭林日知錄》卷十一，「法制」條，頁239。

〔註31〕見趙翼，《廿二史箚記》卷三十六，「明祖用法最嚴」條，楊家駱主編，增訂《中國學術名著》第一輯，增補《中國史學名著》第一二三集，合編第二十四冊，台北：世界書局，民國59年1月四版，頁528。

〔註32〕根據蕭公權的分析，明代源於君主專制一事，其所造成弊端，約有四點：一曰吏事之弊；二曰兵制之弊；三曰開礦之弊；四曰田賦之弊。見蕭著，《中國政治思想史》（五），台北：中華文化出版事業委員會，民國43年10月再版。

制之民本思想，發揮「原君」之義，強調「官者，分身之君也。」〔註33〕其
說實與顧氏「分層負責」之分權眾治原則，不謀而合。

至於顧炎武所主張的地方自治，其主要內容厥爲郡縣自治與鄉亭自治二
項。所謂郡縣自治，即中央（朝廷）予地方（郡縣）以自治之權，由郡縣守
令負郡縣政事執行之全權，中央僅負監督考核之責而已。其具體辦法爲：「尊
令長之秩，而予之以生財治人之權，罷監司之任，行辟屬之法。」〔註34〕詳
言之，即升七品知縣爲五品官，正其名爲縣令，由千里以內，熟習風土之人
擔任其職。試用三年，如一切稱職，即予眞除。眞除之後，行之三年，依其
功績，分別獎賞。任職十二年後，一切稱職，則予進階益祿，封爲世官，准
其世襲。至於不稱職者，則依情節輕重，或流或殺。〔註35〕縣令以下，設一
丞，由吏部選授；丞以下之屬僚，皆由縣令自擇，向吏部報備即可。〔註36〕
一縣土地田野的闢治，城郭溝洫的修築，以及一切生財之業，皆由縣令全權
處理，不必「一事必報數衙門，往復駁勘必數次」，〔註37〕以使一縣用度，能
寬然有餘。又合三四縣或五六縣爲一郡，郡設太守，三年一代。盡罷督撫司
道，而由一年一代的欽差御史，負巡方之責。〔註38〕

顧炎武上述「郡縣自治」的主張，係鑒於歷代實施封建或郡縣之制，皆
有缺失而謀爲解決變通。他認爲秦之廢封建，乃勢所必然，雖聖人復起，亦
將變封建而行郡縣。此因「封建之失，其專在下」，郡縣之制適可補救其缺失。
然郡縣亦有其缺失，即「其專在上」。有明末年，郡縣之弊叢出，而向無聖人
出而謀爲補偏救弊，一切仍其故事，故民生日貧，國勢日弱。「知封建之所以
變爲郡縣，則知郡縣之弊而將復變。」因郡縣既係封建發生流弊，而謀爲補
救者，故郡縣發生流弊，自不宜復變爲封建之制，道理甚明。顧氏因此提出
「寓封建之意於郡縣之中」的折衷辦法，兼採二制的優點，以求厚民生，強
國勢，復振二千年以來的郡縣積弊。〔註39〕

郡縣論爲顧炎武論政之重心，凡撰文九篇，以爲討論。其立說，如主

〔註33〕見黃宗羲，《明夷待訪錄》之〈原君〉、〈置相〉各篇。參見高準，《黃梨洲政治
　　　　思想研究》第三章，台北：中國文化學院，民國56年4月初版，頁72〜78。
〔註34〕見《亭林文集》卷一，〈郡縣論一〉，頁12〜13。
〔註35〕同前書卷一，〈郡縣論二〉，頁13。
〔註36〕同前註。
〔註37〕見《亭林文集》卷一，〈郡縣論三〉、〈郡縣論六〉，頁14〜16。
〔註38〕同前書卷一，〈郡縣論二〉，頁13。
〔註39〕同前書卷一，〈郡縣論一〉，頁12〜13。

「設世官之獎」，不僅違背現代地方自治人人參與之精神，即以當時視之，亦不免有復古思想之譏，期期難行；且顧氏論政，每有理想化之嫌，只見其利，〔註40〕而未見其弊。然吾人討論其立說之得失，自不宜以現代的尺寸為討論依據，亦非求其能實行於今日，而要在探求其立說的時代意義。個人以為，顧氏立論於明亡之後，顯然是鑒於清人入關，明朝地方力量薄弱，「至一州則一州破，至一縣則一縣殘」，馴至大明河山淪於異族手中，故特別著眼於郡縣之富與強，以求地方之自衛。吾人試就《日知錄》〈藩鎮〉諸條對照研讀，顧氏所以再三致意，宋太祖罷節度使，雖能矯唐末五代藩鎮尾大不掉之弊於一時，然奪州縣之兵與財，其為害至數百年而未已。而有明一代之大患與宋相同等等，當有痛惜歷史重演之意。又顧氏生當清順治、康熙時期，是時滿清之勢力正趨於極盛時期，君主的專制獨裁，尤甚於明代，故他以分權為立說根據，而提出的郡縣自治說，當亦寓反對有清的專制集權之意。

至於鄉亭之自治，顧炎武以為首要在罷監司之任，去重立之牧伯，而將鄉亭之職，悉委予公廉勤幹之吏，任以為治。一鄉之官必備而法務詳，使如網之在綱，有條不紊。關於鄉亭之職，顧氏強調必須申明洪武舊制，「命有司擇民間高年老人，公正可任事者，理其鄉之詞訟。若戶婚田宅鬥毆者，則會里胥決之。事涉重者，始白於官。」〔註41〕以使「其大小相維，詳要之各執」。朝廷對於老人宜如漢世之於三老：「命之以秩，頒之以祿。」如此，則「老人」皆知自好，而賢才亦能出其間。又掌一鄉賦稅徵收的糧長，每倍收糧石，包攬詞訟，把持官府，勢陵老人，亦有待改革。至於巡檢之設，顧氏認為不但應特別重視，如明初的「特賜之敕」，定考課之法，而且應酌情增置，以遏亂事於未萌，安靖地方。鄉亭之下的里鄰，則「各立一長，由鄉人彊謹者任之。」以求里鄰「口算平均，義興訟息。」〔註42〕

顧炎武有關地方自治的主張，實遠紹周代的鄉遂之制。他接受陳梅的意見，認為「五家為比，比有長。五比為閭，閭有胥。四胥為族，族有師。五

〔註40〕例如顧氏強調郡縣制的實行有七利：一為可使一縣之民安居樂業；二為可強固地方；三為可使天下大治；四為可使一縣變貧為富；五為可使一縣財用有餘；六為可去一縣弊政；七為可使縣無遺才，士不競於功名等即是。見《亭林文集》卷一，〈郡縣論三～九〉，頁14～17。

〔註41〕見《原抄本顧亭林日知錄》卷十一，「鄉亭之職」條，頁230～233。

〔註42〕同前註。

族爲黨，黨有正。五黨爲州，州有長。五州爲鄉，鄉有大夫。其間大小相維，輕重相制，綱舉目張，周詳細密，無以加矣。而要之自上而下，所治皆不過五人。」之制，可於詳密之中，而得易簡之意，是周代的良法美意。顧氏主張以一縣治十鄉，其制雖倍於周制，然亦能得詳密易簡之意。至於一鄉幾保，顧氏認爲須以民居而定，不必作硬性規定。要而言之，顧氏「地方自治」的主張，在以郡縣分中央之權，鄉亭分郡縣之權，里鄰分鄉亭之權而自治，以建立一組織完密的行政系統。其以地方之人治理地方之構想，可補明清二代「任官迴避本籍」〔註 43〕規定的缺失，亦符合三民主義地方自治的原則，實爲一超時代的創見。

二、富國裕民的經濟生活

明亡原因不止一端，而國庫空虛，民不聊生，當爲主因之一。顧氏目睹晚明經濟的崩潰，卒至於亡，乃致力於民生疾苦利病的考求，舉凡耕牧、工商、財政、賦役等，事關國計民生者，「皆洞悉其所由興衰利弊，而慨然著其化裁通變之道。」〔註 44〕以謀求富國裕民的經濟生活。

顧炎武認爲富國裕民的首要之策：「上曰耕，次曰牧」。〔註 45〕必耕與牧，以增加生產，而後民生根本問題——食，始能獲得解決。至於何地宜於耕，何地宜於牧，則須視各地水土而定。大體而言，顧氏認爲南方「厥土塗泥」，〔註 46〕宜於耕耨；北方因水土不若南方肥美，故「畜牧之獲，饒于耕耨」。〔註 47〕

南方宜於耕耨，然明代自官田制度破壞以來，官田與私田不分，人民受累不堪，尤以江南爲甚。故顧氏認爲「惟學田屯田，乃謂之官田。」由佃戶租耕；至於民田，則「宜遣使按行吳中，逐縣清丈，定其肥瘠高下爲三等。」〔註 48〕按等則課糧，使人民樂業，田賦亦因而易於完納。又後魏的墾田、均田之制，墾田以求生產之增加，「儲蓄既積，黎元永安」；均田以求分配之合理，「均給天下之田，勸課農桑，興富民之本。」顧氏認爲二者皆「王者」之

〔註 43〕 見李國祁、周天生，〈清代基層地方官人事嬗遞現象之量化分析〉，《歷史學報》第二期，台北，民國 63 年 2 月，頁 330。
〔註 44〕 見黃汝成，《日知錄集釋》敘。
〔註 45〕 見《亭林文集》卷六，〈田功論〉，頁 131。
〔註 46〕 同前註。
〔註 47〕 同前書卷六，〈與潘次耕〉，頁 147。
〔註 48〕 見《原抄本顧亭林日知錄》卷十四，「蘇松二府田賦之重」條，頁 306。

具，「有足爲後世法者」。〔註49〕

對於田畝經界之釐正，顧氏認爲乃當務之急，「宜遣使分按郡邑，圖寫地形，奠以山川，正其經界，地邑民居必參相得。」〔註50〕經界既正，田畝大小齊一，人民遂無法因緣取巧。

北方宜於畜牧，畜牧雖不比墾田之利，然亦爲天下大富之一，故顧氏曾有「使我有澤中千牛羊，則江南不足懷也。」〔註51〕之說。至於馬政之興，顧氏認爲不獨可以富民，抑且可以強國。他盛稱文景時代的富庶說：「文景之富眾庶，街巷有馬，仟伯之間成群。乘牸牡者，擯而不得會聚。……橋姚致馬千匹。班壹避墜，於樓煩致馬牛羊數千群，則民間之馬，其盛可知。」〔註52〕顧氏又稱道漢武帝、唐玄宗等鼓勵民間養馬之措施，以強漢人；而斥後魏、元人禁馬之令，認爲係「夷狄之君忌漢人之強，而不欲其有馬之故。」明代承元朝禁馬之後，故永樂元年有解馬禁之諭，洪熙元年復令民間畜官馬者，二歲納駒一匹，裨得以餘力養私馬。故至宣德六年，已有民間獻馬官府。然顧氏認爲「此則小爲之，而小效者也。」未及修漢唐「復馬之令」，〔註53〕爲其可惜之處。由上述可知，顧氏的提倡馬政，在富民、強國之外，尚深望漢人之強，以驅胡虜，此當係源於其濃厚的民族思想。

對於工商業的發展，顧氏亦頗爲重視，認爲係「救乏之上務，富國之本業」。就工業說，有明一代，人民日常生活之所需僅爲衣與食。食有賴於耕與牧，而衣則非興紡織工業不可。

顧炎武強調，中國素產棉麻，而北邊之人仍有號寒之苦，其原因爲「不知織，雖有材力，而安於游惰。」〔註54〕顧氏進一步分析，邊郡之民其所以安於游惰，其原因爲無教化。他舉延安一府爲例，以說明紡織之利與教化推行的關係說：

> 計延安一府，四萬五千餘户，户不下三女子，固已十三萬餘人，其
> 爲利益，豈不甚多？按鹽鐵論曰：「邊民無桑麻之制，仰中國絲絮
> 而後衣之。夏不釋復，冬不離窟。父子夫婦，內藏於專室土圜之

〔註49〕同前書卷十四，「後魏田制」條，頁298～299。

〔註50〕同前書卷十四，「州縣界域」條，頁298。

〔註51〕見《亭林文集》卷六，〈與潘次耕〉，頁147。

〔註52〕見《原抄本顧亭林日知錄》十六，「馬政」條，頁349。

〔註53〕同前註。

〔註54〕同前書卷十四，「紡織之利」條，頁310。

中。」……率而行之，富強之效，惇厖之化，豈難致哉？〔註55〕
可見顧氏的提倡紡織工業，不但爲解決人民穿衣問題，尚寓「勸民教化」之
意。顧氏論政，特重風俗教化，此爲一明證。

就商業說，顧氏認爲通商是勸農之官謀求邊粟富足的辦法之一，〔註56〕
他認爲百貨應使流通，不使滯積。他解釋「懋遷有無化居」之旨說：「化者貨
也，運而不積，則謂之化。留而不散，則謂之貨。唐虞之世，曰化而已。至
殷人始以貨名，仲虺有不殖貨利之言，三風有殉於貨色之儆，而盤庚之誥，
則曰不肩好貨，於是移化之字爲化生化成之化，而厚斂之君，發財之主，多
不化之物矣。」〔註57〕至於如何使百貨流通，顧氏認爲須行兩個利商之法：
其一爲「達其道路」，〔註58〕修葺橋樑。〔註59〕使津梁相接，舟車所至人力所
通，皆能通暢無阻。其二爲罷鈔關，省榷課。〔註60〕關市之征，務求簡約，
則百貨遂不至於滯擱。

此外，顧氏復強調物價之貴賤盈虛，足以影響百貨之流通。他引白氏長
慶集策說：「王者平均其貴賤，調節其輕重，使百貨流通，四人交利，然後上
無乏用，而下亦阜安。」〔註61〕必也百貨流通，「懋遷有無」之後，始可達到
「化居」阜民之財的目的。〔註62〕

財政的平衡，亦爲顧炎武的富國裕民措施之一。顧氏認爲要求得財政的
平衡，進而富國裕民，首須注意「交換之媒介」、「價值之尺度」──「貨幣」
的發行與流通。就貨幣的發行而言，幣制必求統一；幣制統一，則貨幣可
以維持物價，市價因可齊一；市價既一，則交易便；交易便，則民不困。
明代中前期的貨幣，其形狀與質地皆一，且甚精良，長期沿用，而無所變
更，實具上述之優點。顧氏曾指出說：「莫善於國朝之錢法，……國朝自洪
武至正德十帝而僅四鑄，以後帝一鑄，至萬曆而制益精。……輪郭周正，字
文明潔。……而又三百年來無改變之，令市價有恒，錢文不亂，民稱便焉。」

〔註55〕同前註。
〔註56〕顧炎武認爲勸農之官謀求邊粟富足的辦法，除通商外，另一辦法爲疾耕。見
　　　　《亭林文集》卷六，〈田功論〉，頁132。
〔註57〕見《原抄本顧亭林日知錄》卷二，「懋遷有無化居」條，頁33。
〔註58〕同前書卷十六，「街道」條，頁354。
〔註59〕同前書卷十六，「橋梁」條，頁356。
〔註60〕同前書卷十五，「鈔」條，頁335～337。
〔註61〕同前書卷十五，「以錢爲賦」條，頁326。
〔註62〕同前書卷二，「懋遷有無化居」條，頁33。

〔註 63〕至於貨幣流通之數量，亦宜爲適量之控制。貨少幣多，則物價日昂；貨多幣少，則易造成「錢荒」〔註64〕之現象，爲害至鉅。

就貨幣的流通而言，貨幣是「上所操以衡萬物之權」〔註65〕錢自上而下，自下而上，流而不窮者，乃錢幣通行之法則。而明代末期，錢僅下而不上，且制錢常變，輕重無常，故僞錢通行，乃有「劣幣驅逐良幣」之現象，即顧氏所謂的「僞錢日售，制錢日壅」，行錢至爲不善。顧氏因此參酌前代行錢之制，而提出改革之道，即「收之而上」。他說「凡州縣之存留支放，一切以錢代之。使天下非制錢不敢入於官，而錢重；錢重，而上之權重。……今市肆之錢惡，而制錢亦與俱惡，以故市肆之錢賤，而制錢亦與俱惡，是上無權，以下爲權也。上亦何利之有？此無他，上不收錢，錢不重也」。〔註66〕錢幣視流通情形，適時「收之而上」，此即今日「貨幣回籠」之金融政策。錢幣之流通，必也自上而下，亦自下而上，川流不息，始可維護制錢的信用，亦可免於通貨浮濫之弊。

其次，進而講求國家之歲出與歲入，以謀財政之寬裕有餘。顧氏談及國家歲出者有二：其一爲官吏之俸祿，即行政費；其二爲生員之考試科舉費，即教育費。關於行政費，顧氏認爲官吏俸祿的厚薄，影響政風至大，因此國家不宜但求節樽開支，而薄俸祿，以致祿不代耕，影響官吏之操守。〔註67〕對於生員的考試科舉費，顧氏認爲宜設法節樽歲出，嚴生員的考課，限以名額，避免天下分利之人多，生利之人少的教育費濫支之現象。〔註68〕

至於國家歲入，顧氏認爲「必有阜財之方，而後賦稅可得收也。」〔註69〕

〔註63〕見《亭林文集》卷六，〈錢法論〉，頁133。

〔註64〕見《原抄本顧亭林日知錄》卷十五，「以錢爲賦」條，頁326。又參見鄭行巽，〈顧亭林之經濟思想研究〉，《國聞週報》第七卷第三十三期，頁5～8。

〔註65〕見《亭林文集》卷六，〈錢法論〉，頁133。

〔註66〕同前書卷六，〈錢法論〉，頁134。

〔註67〕顧炎武認爲官吏俸祿薄，乃至無以贍其家，則必取諸於民，形成貪取之風，無法維持其清廉操守。見《原抄本顧亭林日知錄》卷十六，「俸祿」條，頁344～345。又明代官俸最薄，且定有折色之規定，流弊叢出，清人趙翼曾作詳細的考證，自係事實之論。見趙翼，《廿二史劄記》（下）卷三十二，「明官俸最薄」條，頁473。

〔註68〕關於生員考試科舉之費的濫支，顧炎武曾撰〈生員論〉三篇，加以討論，認爲「生員之於其邑，無秋毫之益，而有丘山之累。然而一切考試科舉之費，猶皆派取之民，故病民之尤者，生員也。」強調廢天下之生員，以蘇百姓之困。見《亭林文集》卷一，〈生員論〉（中），頁24。

〔註69〕見《原抄本顧亭林日知錄》卷十六，「財用」條，頁343。

故爲求國家歲入之增加，其根本乃在藏富於民。顧氏引唐末因「日月徵收」，終於「民窮而盜起」之例說：「唐憲宗時，白居易策言：『今天下之錢日以減耗，或積於內府，或滯於私家，若復日月徵收，歲時輸納，臣恐穀帛之價轉賤，農桑之業益傷，十年之後，其弊必更甚於今日。』至於竭涸，而無以繼上之求，然後民窮而盜起矣」。〔註70〕可見顧氏反對專事聚歛，只爲國家財政的目的，忽視民間經濟的竭澤搜括政策，強調財散於民，民富則國家亦隨之而富。顧氏又強調國家徵收人民錢糧之後，須講求流通之術，不以徵貯京庫爲已足，方能保證歲入之日以增加。〔註71〕

關於賦稅的徵收和力役的歛募，顧炎武亦提出積極的興革意見，以謀國家之富與民生之裕。首先，他認爲各郡縣的輸納中央，必按土地肥瘠等則以分派各州縣的賦稅，「審形勢以制統轄，度幅員以界郡縣，則土地以起，徵科乃平。」此係天下之先務，「不可以慮始之難，而廢萬年之利。」〔註72〕因此，顧氏極力抨擊蘇、松、常、嘉諸府田賦特重，認爲係最不合理者。顧氏以洪武中葉爲例，是時全國夏稅秋糧，以石爲計，共二千九百四十三萬餘，而浙江布政司二百七十五萬二千餘，蘇州府二百八十萬九千餘，松江府一百二十萬九千餘，常州府五十五萬一千餘，即此一藩三府之地，其田租幾占全國四分之一，其糧額之多，於此可見。他又進一步以蘇州一府墾田、田賦與全國比較，蘇州一府七縣，其墾田九萬六千五百餘頃，僅居全國八百四十九萬六千頃墾田的九十分之一，而輸納中央二百八十萬九千石稅糧，幾占全國二千九百四十三萬餘的十分之一，科徵特重，故民力涸竭，形成「農夫蠶婦，凍而織，餒而耕，供歲不足，則賣兒鬻女。又不足，然後不得已而逃。」〔註73〕的悲慘境況，終至田地荒蕪，錢糧年年拖欠，民生因之困弊，國家歲入亦因而減少。

其次，關於田賦之豫借，即豫徵來年應納之田賦，以支國用者，顧炎武亦指出其弊端，認爲亟待革除說：「詩云：『碩鼠碩鼠，無食我苗。』……今之爲豫借者，食苗之政也，有不驅民而適樂郊者乎？」〔註74〕至於人民之繳納賦

〔註70〕同前書卷十六，「財用」條，頁339。
〔註71〕同前註。
〔註72〕見《原抄本顧亭林日知錄》卷十一，「州縣賦稅」條，頁226。
〔註73〕同前書卷十四，「蘇松二府田賦之重」條，頁301。
〔註74〕同前書卷十四，「豫借」條，頁309。又參見鄭行巽，〈顧亭林之經濟思想研究〉
　　　　（下），頁3。

稅，顧氏認爲必取民之所有，田賦宜以徵本色爲準。他說「愚以爲天下稅糧，當一切盡徵本色。除漕運京倉外，其餘則儲之於通都大邑。而使司計之臣，略倣劉晏之遺意，量其歲之豐凶，稽其價之高下，糶銀解京，以資國用。一年計之不足，十年計之有餘。而小民免稱貸之苦，官府省敲朴之煩，郡國有凶荒之備，一舉而三善隨之矣。」〔註75〕顧氏指出不徵本色，而徵錢徵銀之弊有二，除造成「錢荒銀荒」外，尚有「火耗」之弊。「火耗」往往有出於正款數額之上者，即所謂「國中飽」。「國中飽」係國家之所峻防，而污官猾吏之所世守以爲子孫之寶者，是窮民之根，匱財之源，啓盜之門。〔註76〕顧氏強調，若在上位者，實欲錢銀，則不妨爲變通之道，即山僻之區，徵賦以本色爲主；不得已，則酌徵以錢，但不可徵銀；至於通都大邑、行商麇集之地，則可徵銀。蓋山僻之區與通都大邑有別，前者係遐陬僻壤，舟車不至之處，「即以什之三徵之，而猶不可得」；後者商賈薈萃，「雖盡徵之以銀，而民不告病。」〔註77〕

關於力役的僉募，《孟子・梁惠王上篇》：「不違農時」一語，一直爲歷代奉爲使民的準則。明初，「府州縣驗冊丁口多寡，事產厚薄，以均適其力。」〔註78〕亦能得其遺意。然中葉以後，稽虛實於簿籍，寄耳目於里胥，豪民巨室終身未服勞役，而下戶單丁三年卻有兩役，因此造成奸胥取巧與詭寄的弊端，力役遂至爲不平均，故萬曆九年，張居正改行「一條鞭法」，總括州縣賦役，併爲一條，力役改由官府僉募。然張居正之辦法雖稱簡便，人民可免差役，而田賦則因而增多。加以萬曆末年，諸役繁興，隨時徵發人民服役，「一條鞭法」的精神遂告喪失。力役愈繁，因緣取巧者愈多。

明末力役的不均，尤以生員與僧道爲其兩大弊端。生員「無雜泛之差，於是雜泛之差，乃盡歸於小民。」〔註79〕僧道「多或數百頃，而役徭未嘗及之。貧民無田，往往爲徭役所困。」〔註80〕顧氏因此力主廢天下之生員，以蘇解百姓之困疲，而對「一條鞭法」之行，糧差合一，計畝而征，使僧道無所逃役，則力表贊同。〔註81〕

〔註75〕見《原抄本顧亭林日知錄》卷十五，「以錢爲賦」條，頁328。

〔註76〕見《亭林文集》卷一，〈錢糧論〉（下），頁19～20。

〔註77〕同前書卷一，〈錢糧論〉（上），頁19。

〔註78〕《明史》卷七十八，〈食貨志二賦役〉。

〔註79〕見《亭林文集》卷一，〈生員論〉（中），頁24。

〔註80〕見《原抄本顧亭林日知錄》卷十四，「豫借」條，頁309。

〔註81〕見熊德元，〈顧亭林之經濟思想〉，《史學年報》第二卷第五期，四川成都：燕京大學歷史學會，民國27年12月出版，頁159。

綜觀顧炎武有關耕牧、工商、財政與賦役等各項富國裕民的主張，大抵皆能切中時弊，不落於空談，遠非書生泛泛之見可比。此固係顧氏深通歷史，窮源溯本，能就歷代得失興衰討論其所以然，而其足跡半天下，閱歷特廣，深悉山川風俗疾苦利病，當亦爲主因之一。

三、安和社會的形成

顧炎武爲一儒家學者，對傳統具有極爲堅定的信仰，他一本儒家重視世道人心的傳統，論政特重風俗人心。顧氏希望社會能形成安和淳厚的風氣，臻於「治古之隆」，故其《日知錄》一書中篇各卷，對「正人心急於抑洪水」之觀念，再三致其拳拳之意。

顧炎武由考求歷代風俗的厚薄得失，而得到兩個結論：其一爲風俗教化爲治亂的關鍵；其二爲風俗的可變性。顧氏的強調「治亂之關，必在人心風俗。」〔註82〕當係他「歎禮教之衰遲，傷風俗之頹敗」，〔註83〕有以致之。他認爲風俗可變，變好變壞，全在於人。

在「人」的因素中，主政者實居關鍵地位。顧氏舉漢光武帝有鑒於新莽居攝，頌德獻符者徧於天下，故特別「尊崇節義，敦厲名實，所舉用者莫非經明行修之人，而風俗爲之一變。」〔註84〕可見風俗由壞變好，並非難事。他又舉曹操爲例，「崇獎跅弛之士，……下令再三，至於求負汙辱之名，見笑之行，不仁不孝，而有治國用兵之術者。」於是權詐迭進，姦逆萌生，〔註85〕可見風俗由好變壞，尤非難事，它常隨主政者的好惡而定。至於社會賢達人士的趨嚮，有時亦能影響風俗的厚薄，如北宋眞宗、仁宗之世，田錫、王禹偁、范仲淹、歐陽修、唐介諸賢，以直言讜論倡於朝，於是「中外縉紳知以名節，廉恥相尚，盡去五季之陋。」〔註86〕又一般人對社會風氣的變好變壞，雖無顯著影響，亦同負維繫良好社會風氣的責任，以免社會道德的淪亡，所謂「保天下者，匹夫之賤，與有責焉耳矣。」〔註87〕即是此意。

顧炎武不但強調風俗人心之重要，指出風俗厚薄的人爲因素，更進一步

〔註82〕見《亭林文集》卷四，〈與人書九〉，頁97。
〔註83〕見黃汝成，〈日知錄集釋敍〉。
〔註84〕見《原抄本顧亭林日知錄》卷十七，「兩漢風俗」條，頁377。
〔註85〕同前註。
〔註86〕同前書卷十七，「宋世風俗」條，頁379。
〔註87〕同前書卷十七，「正始」條，頁379。

提出一套變化人心，蕩滌汙俗的改造方案。他認為「教化紀綱」與「為民制產」二者，同為改革社會頹風，培養社會良好風氣，所不可或缺者。一從心理改造入手，一就物質生活著眼，二者相輔相成。〔註88〕

　　就教化紀綱而言，顧炎武認為積極方面宜建立社會道德的偶像人物，以供人民之取法。詳言之，其一宜拔取忠義之士。顧氏認為忠義乃人之本性，忠臣義士雖非為求名而表現其忠義之行，然就國家而言，名者係國家所以回報忠臣義士者，足以獎勸後之忠臣義士，並使社會興忠義之風。〔註89〕其二宜引獎重厚之臣。顧氏認為因世道之日衰，人才之不振，故王任之吳語、鄭綮之歇後、薛昭緯之浣溪紗、李邦彥之俚語辭曲，莫不登諸巖廊，用為輔弼。風化所趨，遂令在下之人，慕其風流，以為通脫，因而棟折榱崩，天下無所託庇，乃有中原板蕩之禍。故有國者宜引獎重厚之臣，抑退輕浮之士，以杜絕倖進，培養篤實風尚。〔註90〕其三宜立名教。顧氏認為名之所在，上之所庸，使忠信廉潔者得以顯榮於世。名之所去，上之所擯，而怙侈貪得者，遂廢錮於家。名教之立，雖難免尚有一二矯偽之徒，然猶勝於肆然為利之風，有國者雖不能使天下之人以義為利，然可使天下之人以名為利。使天下之人以名為利，雖非純王之風，亦可以救積汙之俗，不至於人人懷利以相接。〔註91〕其四宜進真賢，舉實廉。顧氏認為有國者宜進真賢，舉實廉，貴孝悌，除贖罪之法。凡守相選舉不實及有贓者輒行誅戮，不止免官而已，則天下之人爭學真賢實廉，而後郅治可興，太平可致。〔註92〕其五宜表彰氣節。顧氏認為漢自孝武帝表彰六經後，師儒雖盛而大義未明，故王莽居攝之時，頌德獻符者徧於天下。故光武帝即位後，特別表彰氣節，敦勵名實，於是風俗為之一變，人人競以節義相尚，高風亮節之士因之成為社會的中堅人物，風俗之淳美因此越邁前代。〔註93〕

　　消極方面，顧炎武認為宜整頓紀綱，建立社會輿論力量，用以約束不良之風俗，制裁不法之徒。詳言之，其一宜振清議，正百辟。顧氏認為有國者

〔註88〕見何貽焜，《亭林學術述評》，台北：正中書局，民國60年12月台四版，頁32〜41。

〔註89〕見《亭林文集》卷五，〈拽梯郎君祠記〉，頁110。

〔註90〕見《原抄本顧亭林日知錄》卷十七，「重厚」條，頁390。

〔註91〕同前書卷十七，「名教」條，頁384〜385。

〔註92〕同前書卷十七，「貴廉」條，頁396〜397。

〔註93〕同前書卷十七，「兩漢風俗」條，頁377。

不但要制官制徵於有位，而且要立閭師、設鄉校，存清議於州里，以佐刑罰之窮。他強調「崇月旦以佐秋官，進鄉評以扶國是」，〔註94〕係四聰之所先，為王治之不可闕者。其二為嚴別流品。顧氏認為晉宋以來，雖蕞爾一方，而猶能立國者，以重流品之故。他強調明朝自萬曆末年，縉紳之士不知以禮飭躬，而聲氣及於宵人，詩字頒於輿皁，至於公卿上壽，宰執稱兒，而神州陸沉，中原左袵。故有國者欲補偏救弊，惟有從嚴別流品，以禮飭躬入手。〔註95〕其三宜貶鄉愿。顧氏認為必嚴斥似是而非的鄉愿，使孔子所謂的「德之賊」，無所遁形，社會風氣因能趨於端正。〔註96〕其四為治惡。顧氏強調，欲端正風俗，對武斷之豪，舞文之吏，主訟之師等，皆宜得而訪察，案致其罪，以收殺一儆百之效，則不仁者皆知所畏懼而改行自新，善良人民獲得保全，民風因此歸於淳樸敦厚。〔註97〕

就為民制產而言，孔子「先富而教」，管仲「倉廩實而知禮節，衣食足而知榮辱」的見解，對於顧氏社會改造方案的提出，皆有很大的影響。故顧氏不但指出教化紀綱為轉移人心，整頓風俗之不可闕者，〔註98〕同時亦強調：「今將盡百姓之心而改其行，必在制民之產，使之甘其食美其服，而後教化可行，風俗可善乎？」〔註99〕以「制民之產」為「教化可行」之先決條件，乃探本之論，故能不落於空言。

顧炎武接受孟子無恒產者，難有恒心的主張，故對於民食問題，最為留意，一再強調民食不足，故人民產生爭心。有國者要立宗法，必先養人之欲，而給人之求。〔註100〕他強調為民生財是使民興孝興悌之先決條件說：

> 治化之隆，則遺秉滯穗之利及於寡婦；恩情之薄，則欐耜箕帚之色加於父母。故欲使民興孝興弟，莫急於生財。以好仁之君，用不肯聚斂之臣，則財足而化行；人人親其親，長其長，而天下平矣。
> 〔註101〕

〔註94〕同前書卷十七，「清議」條，頁383～384。
〔註95〕同前書卷十七，「流品」條，頁389～390。
〔註96〕同前書卷十七，「鄉原」條，頁391。
〔註97〕同前書卷十六，「訪惡」條，頁358。
〔註98〕見《亭林文集》卷四，〈與人書九〉，頁97。
〔註99〕見《原抄本顧亭林日知錄》卷十六，「人聚」條，頁357。
〔註100〕同前書卷八，「庶民安故財用足」條，頁177～178。
〔註101〕同前書卷九，「未有上好仁而下不好義者也」條，頁185。參見何貽焜，《亭林學術述評》，頁37～41。

顧氏因重視爲民制產，以興教化，故對於官吏俸祿厚薄問題，特爲留意。他認爲明代官吏俸祿少，「不過唐人之什二三」，〔註102〕既無以自瞻，故取諸民，以爲補償，吏治不但因之未能上軌道，社會風俗亦因而敗壞。要形成安和淳厚的社會風氣，革去「貪取之風」，則於官吏之俸祿，宜酌爲增益，俾足以養廉。必官吏俸祿足以養廉，人民財用不虞匱乏，矜寡孤獨廢疾者皆有所養，而後民德歸厚，安和之社會因能形成。

四、人才教育的改進

人才是國家賴以平治的根本，人才盛，則政治易臻昌明清平；人才衰，則禍敗亂亡，即無所不至。有明一代，因科舉制度的敗壞人才，而學校亦未能負起作育人才的職責，故人才日衰，馴至造成「書生誤國」〔註103〕的亡國之禍。顧氏嘗爲諸生，亦曾應科舉考試，故對有關科舉制度與學校教育的流弊，認識極爲深刻，不但指出二者的弊端，同時提出改進的辦法。

就科舉制度而言，科舉制度是隋唐以來，國家取士任官的主要依據，其立法精神在於客觀與公平。然利之所在，弊亦隨之。至有明末年，弊端滋生，故顧氏大加評斥說：「八股之害等於焚書，而敗壞人才，有甚於咸陽之郊。」〔註104〕實乃有感而發。

顧炎武指出明季科舉制度的弊端有三：其一爲偏重進士科，取士之途過於狹窄。偏重進士科的結果，致他科出身人才，皆無由進用，〔註105〕不但扼塞舉人、貢生出身才智之士的出路，而且易因而造成資格與朋黨之局，彼此傾軋，爭權奪利，敗壞國事。〔註106〕其二爲考試內容的狹窄不當。由於考試內容僅限於經義論策，故最便於空疏不學之人。學者因此專門習其所爲三經新義與穿鑿無用之空言而已，不再研治春秋、史漢之書，故科名所得，十人之中，其八九皆是白徒。又因科名中人白徒爲多，故一舉於鄉，即以營求關說爲治生之計，在州里則無人非勢豪，適四方則無地非游客，民風因而日趨澆薄，社會因之不寧。〔註107〕其三爲試文格式太嚴。明代的經義之文——八股，初

〔註102〕同前書卷十六，「俸祿」條，頁344。
〔註103〕見趙翼，《廿二史箚記》卷三十五，「明末書生誤國」條，頁508～509。
〔註104〕見《原抄本顧亭林日知錄》卷十九，「擬題」條，頁477。
〔註105〕同前書卷十九，「科目」條，頁469。
〔註106〕同前書卷十九，「進士得人」條，頁494。
〔註107〕同前書卷十九，「經義論策」條，頁473～474。

期「不過敷演傳註，或對或散，初無定式。」〔註 108〕然自成化以後，即就破題、承題、原起、大結等，限定句數，每四股之中一反一正，一虛一實，一淺一深，皆須符合格式。加以明初之制，尚可論及當代時事，後因功令益密，恐藉以自衒者，遂規定許言前代，不及當朝，萬曆中葉以後，大結又限定止三四句。士子相沿成習，墨守舊規，俊異之士既無以出，而卓絕之見，更無法發揮。同時，士子既於試文中，每恐有違禁令，而不敢慨言當朝時事，久之遂養成畏首畏尾之習，一旦出仕，則乏所以擔當重任之氣魄。〔註 109〕

　　顧炎武針對上述之弊端，而提出三點改進辦法，以謀補偏救弊。其一為以考試為教化之一環。考試之時，不宜「求才之道不足，而防姦之法有餘」，應以君子長者之道對待被試者，使被試者亦能表現其君子長者之行。顧氏強調：「誠能反今日之弊，而以教化為先，賢才得而治具張，不難致也。」〔註 110〕如此以考試為教化方式之一，則科舉所得人才，不僅為實學之才，亦為具君子長者行誼者。其二為增多科舉科目。顧氏認為必須「於科舉之外，倣漢唐舊制，更設數科，以收天下之奇士。」〔註 111〕科目既多，則取士之途寬；取士之途寬，則天下奇才有可進之路；天下奇才有可進之路，則國事自有可為。國家用人不偏於進士一科，使他科出身人才皆可為國家所用，則科第遂不與資格合流，吏掾不與朋黨結緣，所謂「資格與朋黨」之局，即無以形成。〔註 112〕其三為擴大考試內容。顧氏認為，考試內容不但要以經義論策衡其文才，更要配合以騎射書算律試其實學，必如此則「經明行修，博通古今，文質得中，名實相稱」之士，因能出現。至於命題之適當與否，關係人才的拔取至大，故顧氏強調：「所出之題，不限盛衰治亂，使人不得意擬，而其文必出於場中之所作，則士之通經與否，可得而知；其能文與否，亦可得而驗矣。又不然，則姑用唐宋賦韻之法，猶可以杜節抄剽盜之弊。蓋題可擬，而韻不可必，文之工拙，猶其所自作，必不至以他人之文，抄謄一過而中式者矣。其表題專出唐宋，策題兼問古今，人自不得不讀通鑑矣。」〔註 113〕

〔註 108〕同前書卷十九，「試文格式」條，頁 479。
〔註 109〕同前書卷十九，「試文格式」條，頁 479～481。
〔註 110〕同前書卷十九，「搜索」條，頁 501～502。
〔註 111〕同前書卷十九，「科目」條，頁 469。
〔註 112〕見秦汝炎，〈顧亭林教育思想之研究〉，《師大教育研究所集刊》第四輯，台北，民國 50 年 12 月，頁 204。
〔註 113〕見《原抄本顧亭林日知錄》卷十九，「擬題」條，頁 477。

因所出之題，不限於常論者，故被試者無法預先意擬。於是，可從其於場中之所自作文，而知其通經與否，亦可驗其能文與否。至於表題專出唐宋，策題兼問古今，被試者非博通史書，即無以作答。此命題之改革，促使考試內容擴大，因此闇劣之徒，無所僥倖，科場自此而清，科舉之制因能達到拔取眞才實學、術德兼修之士的目的。

就學校教育而言，明代的學校，中央有國子監、宗學等，地方有府州縣學和衛學。明初，國子監生頗受政府之重視，監生亦知勤於所學。然自景帝景泰元年以後，因國家需財孔急，有所謂「例監」之名目，流品遂雜，監生素質因之低落，國子監遂不再受社會之重視。仁宣以後，取士偏重科舉，國子監益衰。顧氏嘗入學爲生員，而未嘗入讀國子監，故他所指出的學校弊端，係就地方學校而言。

顧炎武指出明代地方學校教育之弊端有三，其一爲生員制度的不善。顧氏認爲國家設生員之目的，「蓋以收天下之才俊子弟，養之於庠序之中，使之成德達材，明先王之道，通當世之務，出爲公卿大夫，與天子分猷共治者也。」〔註114〕然明季之府州縣學生員，每舍聖人之經典，先儒之注疏，與前代之史不讀，而讀其所謂時文——場屋之文，因此求其成文者，數十人不得其一，通經知古今，可爲天子所用者，數千人不得其一。加以不少生員，功名亦不慕求，其入學爲生員，僅在求「免於編氓之役，不受侵於里胥；齒於衣冠，得以禮見官長，而無笞捶之辱。……保身家也。」〔註115〕故連時文亦不研習，荒疏至極。因此，生員或出入公門，以撓官府；或倚勢以武斷鄉里；或與胥吏爲緣，甚至有身自爲胥吏者；或官府一拂其意，即群起而鬨者，或把持官府之陰事，而與之爲市者，不一而足。凡此皆因生員之制不善之故，故顧氏有「廢天下之生員，而用世之材出也。」〔註116〕之呼籲。其二爲政府忽視師道。顧氏認爲明初尚能篤守古制，府衛州縣置師一人或二人，必擇經明行修者署之，稱其職者，或擢爲國子祭酒，或升爲翰林侍從之職，師道甚尊。然至英宗以後，例錄天下歲貢之士爲師，間有縣舉人進士除授者。因州縣長官及監司待之如薄書升斗之吏，而不復崇以禮貌，「其取之也太濫，其待之也太卑，而其錄之也太輕。」〔註117〕因此學校之師，有不知教養之法者，有不知

〔註114〕見《亭林文集》卷一，〈生員論〉（上），頁22。
〔註115〕同前註。
〔註116〕同前書卷一，〈生員論〉（中），頁25。
〔註117〕見《原抄本顧亭林日知錄》卷十九，「教官」條，頁511。

聖賢之道者，師道之卑已極，故教術不興，而人才亦無由造就。其三爲督課不嚴與資格浮濫。顧氏認爲明初「每學生員不過數十人，故考試易精，程科易密。」〔註118〕加以督課甚嚴，洪武二十四年，曾有歲貢生員不中，其廩食五年者罰爲吏，不及五年者遣還讀書之詔令，故是時生員皆兢兢於進德修業，不敢怠忽。然至中葉以後，學無定額，入學不限資格；同時，師道不尊，濫竽充數爲師者，比比皆是，課既不嚴，教又不專，故學校日濫，無以明先王教化之功。

學校教育既如科舉制度，流弊叢生，顧氏因此提出二點改革之道。其一爲廢生員鬻賣諸生之制。顧氏強調，處於專制之時代，人民爲保障財產之安全，免受惡吏劣胥之侵擾，而孜孜營求能與官府交通之特殊地位，係人之常情，未可厚非，然不可假借學校以爲其庇佑之處。蓋學校係培養俊異之場所，故其入學資格，應憑其智慧與學力，而非憑藉財富或門第。若學校不問入學者之稟賦如何？動機如何？是否實心向學？而僅視其符合某一條件，如捐資救災，或爲大臣子弟等，皆一概允其入學，則不但敗壞學校制度，無法培養眞才實學之士，而且此種不公不實之學風，更予人心風俗以無窮之患。顧氏因此主張爲順應事實需要，可仿秦漢之制，另立賜爵之法，使人民「入粟拜爵」而保身家，「其名尙公，非若鬻諸生以亂學校者之爲害也。」〔註119〕至於學校功名，係國家名器，不得輕易權宜而啓開惡例。

其二爲辟舉之法與生員之制並存。明代學校教育之弊端固多，然其爲國儲才之功能仍在，而國家求有用之人才，亦以學校最爲便捷。故顧氏強調生員之制，仍宜保留，惟就其已有之缺點，加以徹底改革而已。生員名額與資格，「爲之限額」，則取之不濫。師資之選，「必聘其鄉之賢者以爲師，而無隸於仕籍。」則潛移默化，收效必宏。學校考察之事，「領其事於郡守」，則不至懈怠。生員之出路，「有薦舉而入仕者，有考試而成進士者。」則學以致用，愈能激發其上進之心。至於因學校生員減少，而無法爲之造就之士，則兼用辟舉之法，以補生員之制之不足。「無問其生員與否，皆得舉而薦之於朝廷，則取士之方，不特諸生之一途而已也。」〔註120〕必也如此，故野無遺才，人皆得貢獻其才智於國家。

〔註118〕同前書卷十九，「生員額數」條，頁486。
〔註119〕見《亭林文集》卷一，〈生員論〉（上），頁22～23。
〔註120〕同前書卷一，〈生員論〉（下），頁25～26。參見秦汝炎，〈顧亭林教育思想之研究〉，頁202～208。

　　科舉制度與學校教育二者之關係至為密切，前者係國家登庸人才之制，後者為國家作育人才之所。有國者必先求人才之作育，而後始足以講人才之登庸，故後者實為前者之所本。有明一代，因八股取士之制發生弊端，取士專重進士科，以經義論策為考試內容，故學校教育亦僅教讀時文，忽視經史諸籍之研讀與人格之陶冶，未能發揮百年樹人之任務，造成「不教不學之徒滿於天下」〔註121〕之流弊。顧氏因此詳究二者的立制與實施情形，指出其弊端所在，並且提出改革之道，用能達到「人盡其才」之目的，其救世心志的熱切，於此又得一例證。

第三節　顧炎武與清初思潮的主流——經世思想

　　自從漢武帝罷黜百家，獨尊儒術之後，儒家思想即成為中國思想的主流。儒家思想的內涵，可分為外王的體用之學和內聖的講學論道，而外王的理想，以「用」為其最終目的，故儒者皆有用世之願望。此種願望在缺乏外在的條件下，即隱藏不露，如孔子所謂的「用之則行，舍之則藏」。然一旦外在情況發生變化，特別是「政治社會有深刻的危機的時代」，〔註122〕「經世致用」的思想即特別發達。明末的東林運動，晚清經世學派皆為顯著之例子。

　　清初是一個「天崩地解」的時代，〔註123〕政治、經濟、社會與學術思想等，皆如余英時所謂的「有深刻的危機的時代」，因此儒家經世致用的觀念顯得特別活躍，學者群起謀求社會秩序的安排與重建。黃宗羲、王夫之、顏元、朱之瑜等，皆為此思想界主流的重要人物。

　　黃、王、朱三大儒，於滿清入關後，皆曾起兵抗清。朱之瑜且曾乞師日本，復奔走安南、暹羅等地，圖謀明室的再復。及大勢不可為，皆矢志不仕異族，或以傳一代史事自任，搜集明室經營恢復事蹟，以寄故國之思；〔註124〕

〔註121〕見《原抄本顧亭林日知錄》卷三，「不弔不祥」條，頁78。
〔註122〕見余英時，〈清代思想史的一個新解釋〉，《中華文化復興月刊》第九卷第一期，頁21。
〔註123〕見華山、王賡唐，〈論顧炎武思想〉（上），《中國近三百年學術史》參考資料《中國近三百年學術思想論集》三編，存萃學社編集，香港：崇文書局印行，1972年3月，頁2。
〔註124〕黃氏於明亡之後，棲身浙東，自以孤臣之淚，無補於故國之亡，因搜集南明經營恢復的事蹟，寫成行朝錄九種：《隆武紀年》、《贛州失事記》、《紹武爭立

或避隱林谷，隨地託迹，寄經世思想於著作之中，以至於歿；〔註125〕或客死異邦，傳經世思想於日本。〔註126〕顏元雖因其生也晚，〔註127〕未曾參與抗清運動，然出關瀋陽，萬里尋父屍骨歸葬；以明聖道，救蒼生自任，〔註128〕其志行較之黃、王、朱三大儒，亦不多讓。

黃、王、顏、朱諸大儒皆講經世致用之學，其共同之點，即皆尚身體力行，反對空談，對晚明王學末流，皆持排拒態度。其中，顏元則進一步連程、朱亦一併排斥，態度最爲堅決。〔註129〕其爲學，則皆尚實用，以能見諸實用爲鵠。然諸儒各依其所學與會通，成就各有不同。黃宗羲之爲學，務博綜，尚實證，兼通經史藝數。生平以「多讀書」與「反求之心」二語，爲其體用之兼盡；而讀書又以經史二途論體用，〔註130〕特別強調學者必先通經，而以史學植事功之根基。所著《明夷待訪錄》一書，〔註131〕發揮民本思

記》、《魯紀年》、《舟山興廢》、《日本乞師記》、《四明山寨記》、《永曆紀年》、《沙定洲紀亂》；另外《賜姓始末》一種，爲記述鄭成功的大節，許其以一旅存故國的衣冠；《南雷文約》、《南雷文案》、《南雷文定》諸集，尤爲保存明末歷史的總匯，凡桑海之交，殉國的烈士，守節的遺民，宗羲都替他們作墓誌銘，作行狀事略。見杜維運，〈史學上純眞精神〉，《學術與世變》，頁17。

〔註125〕清道光、咸豐年間，鄧湘臬始蒐集王夫之著作，編成一張書目，係以敘論說：「先生生當鼎革，竊自維先世爲明世臣，存亡與共。甲申後，崎嶇嶺表，備嘗險阻，既知事不可爲，乃退而著書，竄伏祁永漣邵山中，流離困苦，一歲數徙其處，……故國之戚，生死不忘。……當是時，海內儒碩，北有容城，西有盩屋，東南則有崑山餘姚。先生刻苦似二曲，貞晦過夏峯，多聞博學，志節皎然，不愧顧黃兩先生。顧諸君子，肥遯自甘，聲名交炳，雖隱逸之薦，鴻博之徵，皆以死拒，而公卿交口，天子動容，其志易白，其書易行。先生竄身猺峒，絕跡人間，席棘飴荼，聲影不出林莽，門人故舊，又無一有氣力者爲之推挽，歿後遺書散佚，後生小子，至不能舉其名姓，可哀也已。」讀之可以想見夫子的爲人。見梁啓超，《中國近三百年學術史》，頁75。

〔註126〕參見梁啓超，《中國近三百年學術史》，頁81～83。

〔註127〕諸大儒以顏元出生最晚。黃宗羲生於明萬曆三十八年，王夫之生於萬曆四十七年，朱之瑜生於明萬曆二十八年，當清人入關之時，三人皆已年長，知奔走國難，舉兵抗清。顏元生於明崇禎八年，當清人入關之時，年僅九歲，故未參與抗清運動。

〔註128〕見戴望，《顏氏學記》卷一，台灣商務印書館人人文庫，民國59年4月台一版，頁1～2。

〔註129〕顏元不僅反對王學，即程、朱理學，亦持排斥態度，認爲程、朱理學係與孔門敵對，與孔孟爲判然二途，必破一分程朱，始入一分孔孟。見戴望，《顏氏學記》卷一，頁5～37。

〔註130〕見錢穆，《中國近三百年學術史》（上）第三章，頁32。

〔註131〕黃宗羲著作甚富，除《明夷待訪錄》外，其他較重要者，有《宋元學案》百

想，反對君主專制政治最力；他如中央與地方政府的組織，教育、土地、財經、國防、官吏任用等，〔註132〕書中皆曾作精闢之討論，所見與顧炎武略同。〔註133〕

黃宗羲著重史學，王夫之則重哲理之探討。王夫之於哲理之探討，幽微精警，其論知論性，本體論，心物、身心、己物之說等，皆甚圓通，足成一家之言。其治學，博大精深，取精用宏，一切以實用為鵠。他強調天下之用，皆其有者，從其用而知其體之有。所著《讀通鑑論》、《宋論》二書，〔註134〕泛論史事，而時標獨見，雜論政治、社會、人生種種問題，而運以一貫之精思，以寄託其政治理想，強調法制不能泥古，為政最要之綱領在「簡」而已。〔註135〕又著《噩夢》、《黃書》二書，專言經制，略如黃宗羲的《明夷待訪錄》，而《黃書》於種姓夷夏之防，尤再三致意。

黃、王二儒，皆以著作傳其經世思想，顏元則異其道而行。顏元生平最反對讀書與著書，譬之為吞砒霜與販砒霜之事，故僅著存學、存性、存治、存人四編以立教，以及《會典大政記》一書，推論明制之得失，所當因革者，〔註136〕以寄託其經世思想而已。生平極力提倡「習」字，認定凡學一件事，都要用實地練習工夫，否則無以見功。顏元論學，講求實用，認為凡學問都要以有益人生，可施諸政治為主，此點與顧氏論學目的——明道與救世，不謀

卷（未完），《明儒學案》六十二卷，《易學象數論》六卷，《南雷文案》十一卷，《南雷文定》三十二卷，《南雷文約》四卷，《四明山志》等。清人蔣塵振編《黃梨洲遺書》十種，（光緒乙巳杭州群學社石印本），薛鳳昌編《梨洲遺書彙刊》（上海時中書局石印本），頗便參考。

〔註132〕見高準，《黃梨洲政治思想研究》第三章，中國文化學院，民國56年4月初版，頁52～127。

〔註133〕黃宗羲極自負其《明夷待訪錄》一書，顧氏致函宗羲時，亦極稱讚其書說：「出大著待訪錄讀之再三，於是知天下之未嘗無人，百王之敝可以復起，而三代之盛可以徐還也。……炎武以管見為日知錄一書，竊自幸其中所論，同於先生者十之六七。」見《亭林佚文輯補》，〈與黃太冲書〉，頁246。

〔註134〕王夫之的著作，據同治年間曾國荃刻成《船山遺書》，共七十七種二百五十卷，其中說經之書，計有《周易內傳》等二十二種；解釋諸子之書，計有《老子衍》五種；解釋宋儒之書，計有《張子正蒙注》等二種；史評之書，計有《讀通鑑論》等二種；史料之書，則有《永曆實錄》；雜著，計有《思問錄》內外篇等六種。此外，詩文集、詩餘、詩話及詩選、文選等又若干種。參見張西堂，《王船山學譜》，台灣商務印書館人人文庫，民國61年4月台二版。

〔註135〕見錢穆，《中國近三百年學術史》（上）第三章，頁116～120。

〔註136〕見戴望，《顏氏學記》卷一，頁1～2。

而合。至於強調「正其誼以謀其利，明其道以計其功」，富功利主義的色彩，則爲其獨特之處。顏元之學，賴其弟子李塨而彰於世，故世稱「顏李學派」。李塨曾四方交游，思得同志以實現其師之經世思想，惜終無機會。〔註137〕

朱之瑜「深藏若虛」，因不肯薙髮，故亡命日本以終老。其生平「無有言而不能行者，無有行而不如其言者。」〔註138〕獨行其是，而不問有非之者，其德行之純粹，意志之堅強，皆非常人所及。之瑜博學精藝數，然不尙著書，惟存文集而已。生平主張實踐，排斥談玄。其論學問，以實用爲歸；而其所謂實用者，一爲有益自己身心，二爲有益於社會而已。比較言之，之瑜之學，與顧炎武、顏元皆有相近之處。其博學於文的工夫不如顧炎武，而守約易簡或過之；摧陷廓清之功不如顏元，而氣象比顏元博大。梁啓超稱，之瑜的經世之學，「不行於中國，是中國的不幸；然行於日本，也算是人類之幸了。」〔註139〕自係有感而發。

黃、王、顏、朱諸大儒，皆爲開創清初思潮主流——經世思想的重要人物，已如上述。然論倡導最力，且有示範性之著作，影響後世最大者，則世推顧炎武。顧氏因鑒於晚明學風的流於空疏浮僞，故「對於晚明學風，首施猛烈之攻擊」，〔註140〕大聲疾呼以促成思潮的轉捩。他強調爲學的兩大目標爲「明道」與「救世」；「救世」是屬「用」的方面，而「明道」則非研究經學不可，故極力鼓吹讀經通經。他的努力完成音韻學的巨著：《音學五書》，即爲便於學者通經以明道，進而達到「救世」的目標而然。其通經致用的主張與黃宗羲的「學者必先窮經」，以及方以智的「藏理學於經學」的說法，實如出一口。〔註141〕顧氏考求山川風俗疾苦利病，以及歷代興衰得失，而提出的一套補偏救弊的經世主張，雖終無見諸實施之機會，然亦予學者們以莫大的啓示。而其提出「博學於文」與「行己有恥」二說，以作爲其經世的基礎，對有清一代學術的研究與教育的施行，尤有很大的影響。又顧氏所說的「保天下者，匹夫之賤，與有責焉耳矣。」〔註142〕亦衍成後來中國一般知識

〔註137〕見戴望，《顏氏學記》卷四，頁73～75。
〔註138〕見《舜水文集》卷九，〈答安東守約書〉。
〔註139〕見梁啓超，《中國近三百年學術史》，頁83。
〔註140〕見梁啓超，《清代學術概論》，頁8。
〔註141〕見余英時，〈清代思想史的一個新解釋〉，《中華文化復興月刊》第九卷第一期，頁23。
〔註142〕見《原抄本顧亭林日知錄》卷十七，「正始」條，頁379。

階級的口頭禪：「天下興亡，匹夫有責」二語，人人視天下興亡爲己任。其把保天下的責任，推至匹夫之賤之身上，很足以說明顧氏的經世思想，實有其廣闊的一面，非僅局限在儒士之間而已。凡此皆能說明，顧氏在清初思潮主流──經世思想，實居創開風氣之地位。余英時認爲，顧氏之所以特別爲群流所共仰，「不僅是因爲他有理論、口號，更重要的是他有示範性的著作，足爲後人所取法。《日知錄》中關於經學的幾卷以及《音學五書》都是這樣的著作。」余英時又認爲，顧氏反對晚明純主觀一路的心學，「口氣最爲堅決，又處身於儒學傳統的樞紐的地位，因此影響也最大。」〔註143〕當係平允之論。

〔註143〕見余英時，〈清代思想史的一個新解釋〉，《中華文化復興月刊》第九卷第一
　　　　期，頁23～24。

第四章 顧炎武的「博學」之教與清初的考據學風

第一節 顧炎武「博學」之教的由來

　　明代初期，朱學盛行，或講博學致知，或主涵養躬行，[註1] 皆能傳朱學之精神。然因八股取士制度的偏差，考試內容限就四書五經命題，試文格式皆作嚴格之規定，學子只許代聖人立言，不許自作議論，因此弊端叢出，敗壞人才至甚，[註2] 而朱學之真精神逐漸變質。學者每依託於復性與躬行，而不事著作，不做學問，走上宗教事天「主敬主靜」之路，無復自覺的自由思想。因此，乃有陳獻章、王守仁諸儒的理學革命，希望將個人的思想由書本的束縛與古人的奴隸之下掙脫出來，陳獻章「學貴知疑，小疑則小進，大疑則大進。」[註3] 的主張，首開思想自由的先聲，而王守仁力倡「心即理」，主張「良知」之說，強調以己心為是非衡量，拒絕拜倒聖賢偶像的「求諸我

〔註1〕根據容肇祖的說法，明初朱學的博學致知派以宋濂、王禕與方孝孺為代表，涵養躬行派以薛瑄與吳與弼為代表。見容肇祖，《明代思想史》，台灣開明書店，民國 62 年 6 月台三版，頁 7～23。

〔註2〕顧炎武抨擊明代的八股取士制度，不遺餘力。他曾有「愚以為八股之害等於焚書，而敗壞人材，有甚於咸陽之郊。」之語。（見《原抄本顧亭林日知錄》卷十九，「擬題」條，頁 477）中國科舉制度，自隋唐施行以來，歷代學者提出改進意見者，代不乏人。見 *Wolfgang Franke, The Reform and Abolition of the Traditional Chinese Examination System*, CH II: Criticism of the System, p.16~27。

〔註3〕見陳獻章，《白沙子全集》，〈與張廷實主事〉卷二，頁 37。

心」之見解，更是思想界的一大革命。王學之起，「像打藥針一般，令人興奮，所以能做五百年道學結束，吐很大光芒。」〔註4〕故信徒頗眾。王守仁死後，其門生之在朝者如鄒守益、歐陽德，在野者如錢德洪、王畿、羅汝芳、王艮等，皆有絕大之氣魄，能發揚光大師門宗旨，〔註5〕王學因取代朱學而成為思想界的主流。然王守仁的「良知」說，係其個人歷經百死千難而得者，後來者未經「百死千難」之奮鬥，即接受其「良知」之說，故僅為「現成良知」或「偽良知」〔註6〕而已，未必適用；加以王守仁「求諸我心」之見解，亦僅是聖賢者始足以為之，常人未必具此是非衡量之能力，故參差不齊的信徒，或習靜談性，以求頓悟；或故作奇誕之論，驚世駭俗；甚或放蕩恣肆，不拘禮法，以追求一己的適性與自由為旨歸，因而造成種種弊端。〔註7〕萬曆之時，已有學者鑒於王學「高明」一流無補時艱，於是由「高明」一流復轉入「篤實」一路，如東林諸子即是。東林諸子，一則想矯挽王學末流的弊端，一則抨彈政治之現狀，〔註8〕講學治學不忘經世致用，如顧憲成之強調：「官輦轂，念頭不在君父上；官封疆，念頭不在百姓上；至於水間林下，三三兩兩，相與講求性命，切磨德義，念頭不在世道上；即有他美，君子不齒也。」〔註9〕顧憲成的救世主張，實已開清初經世學風的先河。〔註10〕惟當此時期，王學末流——狂禪的理學，依然很盛行，信徒隨處都有。

顧炎武早年出入有「小東林」之稱的復社，東林學派「以澄清海內為己任」〔註11〕的學風，對他日後從事實在學問的研求，自有相當的影響。顧氏又目睹晚明部份學者，常聚賓客門人數十百人，以言心言性，「舍多學而識，

〔註4〕 見梁啓超，《中國近三百年學術史》，頁3。

〔註5〕 同前註。

〔註6〕 見余英時，〈清代思想史的一個新解釋〉，《中華文化復興月刊》第九卷第一期，頁18。

〔註7〕 見 Wm. Theodore de Bary, *Individualiam and Humanitarianism in Late Ming Thought, in Self and Society in Ming Thought* p.145~222。又參閱黃秀政，〈評介狄別瑞「晚明的個人主義與博愛主義思潮」〉，《食貨月刊復刊》第四卷第十一期，台北，民國64年2月。

〔註8〕 見錢穆，《中國近三百年學術史》（上），〈引論〉，台灣商務印書館，民國61年10月台五版，頁9。

〔註9〕 見顧憲成，〈小心齋箚記〉卷十一，收在《顧端文公遺書》，光緒丁丑涇里宗祠重刊本，頁3。

〔註10〕 今人錢穆亦有「即謂清初學風盡出東林，亦無不可。」之語。見錢著，《中國近三百年學術史》（上），〈引論〉，頁20。

〔註11〕 見陳叔諒、李心莊合編，《重編儒學案》冊一，〈導言〉。

以求一貫之方；置四海之困窮不言，而終日講危微精一之說。」〔註12〕偶有所窺，即欲盡廢先儒之言而駕乎其上，學問之固陋，實達於極點，因此亟謀改進，高標聖人之道：「博學於文」與「行己有恥」二說，教人學自一身以至於天下國家之事，並注重人格的修養，反對聚徒講學，〔註13〕反對不講經學的理學，〔註14〕對於王學信徒之一李贄，曾予最嚴厲的批評，即王守仁的「心即理」與「良知」之說，亦在排斥之列。〔註15〕顧氏再三強調，為學之目的

〔註12〕見《亭林文集》卷三，〈與友人論學書〉，頁43。

〔註13〕顧炎武生平不喜講學，認為聚徒講學，係「專以聚徒立幟為心，而其教不肅，方將賦茅鴟之不暇，何問其餘哉？」（江藩，《國朝漢學師承記》卷八）而於性命之理，尤不願講。他嘗嘆說：「比往來南北，頗承友朋推一日之長，問道於盲。竊嘆夫百餘年以來之為學者，往往言心言性，而茫乎不得其解也。命與仁，夫子之所罕言也；性與天道，子貢之所未得聞也。」（《亭林文集》卷三，〈與友人論學書〉，頁43）然講學之於世道人心，實亦良有神益，故顧氏之深斥講學，亦有商榷之餘地。顧氏嘗以〈與友人論學書〉示張爾岐，張爾岐頗持異見，謂：「論學書特拈博學行己二事，真足砭好高無實之病。愚見又有欲質者，性命之理，騰說不可也，未始不可默喻；侈言於人不可也，未始不可驗之己；強探力索於一日不可也，未始不可優裕漸漬，以俟自悟。如謂於學人分上，了無交涉，是將格盡天下之理，而反遺身以內之理也。」（《蒿菴文集》卷一，〈答顧亭林書〉）其言極足箴砭顧氏之說。顧氏摯友歸莊亦有「以講學為諱，而人心日喪矣。……以講學為事，……人心正而天下知學術，人才出而天下有事功。氣運之亨，國家之興，恒必由之。然則講學又曷可少哉？」（《歸玄恭遺書》，〈靜觀樓講義序〉）之語。張、歸二氏對於講學之看法，實較顧氏平允。

〔註14〕梁啟超在《清代學術概論》一書（頁9）中，根據全祖望〈亭林先生神道表〉：「古今安得別有所謂理學者，經學即理學也。」之語，讜論顧氏以經學代理學，是推翻一偶像而別供一偶像。其實，顧氏僅反對王學，而於朱學則甚推崇，其著作《日知錄》、《亭林文集》諸書，僅有「古之所謂理學，經學也，非數十年不能通也。」之語，而未斷言「經學即理學」。又顧氏嘗撰〈華陰縣朱子祠堂上梁文〉（《亭林文集》卷五），表示其對朱子的崇敬；而於程朱以外的宋代理學家，如蔡沈、胡安國、呂祖謙、張載、邵雍等，亦極稱道（《原抄本顧亭林日知錄》卷十八，「嘉靖更定從祠」條），可見顧氏並未反對宋人之理學。見杜維運，〈顧炎武與清代歷史考據學派之形成〉（上），《故宮文獻》第三卷第四期，台北，民國61年9月，頁20。又柳詒徵在〈顧氏學述〉一文中，對此亦有辨正，見《學衡》第五期，上海中華書局出版，民國11年5月，頁4～5。

〔註15〕顧氏係一講求經世致用的儒家學者，他一本傳統的眼光，痛斥李贄為「自古以來，小人之無忌憚，而敢於叛聖人者，莫甚於李贄。」（見《原抄本顧亭林日知錄》卷二十，頁540）實未瞭解李贄擺脫聖賢的藩籬，追求個人思想與行為自由的時代意義。至於顧氏本著「博學於文」與「行己有恥」二說，排斥王守仁的「心即理」與「良知」之說，認為王守仁的學說，與王夷甫的清談

在於「明道」與「救世」；而欲「明道」，則非考論古今，博通經史不可。此即其「博學」之教之由來。

第二節　顧炎武「博學」的內涵與方法

自從漢武帝設立「五經博士」以來，中國學者研究學問的方向，即朝著兩條不同的道路發展，一為專精，一為博通。兩漢時期所謂專家──「五經博士及其弟子員」，謹守師法，集畢生精力研治一經，治學範圍至為褊狹，結果發生「局隘」與「破碎」的流弊。〔註16〕而同時期的學者，如司馬遷、揚雄、劉向、鄭玄諸人，則循博通的道路，或「厥協六經異傳，整齊百家殊語」，或校定天下群書，或會通古今經文，而為群經作注，其治學範圍皆至為寬廣，其學問領域皆至為博大，適與「專家」相反。後世學者，如宋代的鄭樵、朱熹，明清之際的黃宗羲、王夫之等，其治學亦循博通的道路發展。「博通」一路的學者，學術不專主一家，故能會通群籍，識見因之高遠，其學其術，每足為當世所資取，而有補於世道人心。

顧炎武係一講求經世致用的學者，他認為學問必須有用於當世，明道救世，因此其治學亦主博通，範圍至為廣博。他提出「博學於文」一說，其目的即在強調學問的範圍包括至廣，不僅指一切文字記載的書籍之類，而且包括宇宙間之一切事理事物。他說：

> 自一身以至於天下國家，皆學之事也。〔註17〕

又說：

> 夫子之文章，無非夫子之言性與天道。〔註18〕

又說：

> 自身而至於家國天下，制之為數度，發之為音容，莫非文也。品節斯斯之謂禮。〔註19〕

及王介甫的新說，同是「以一人而易天下」的禍首，亦未免失之嚴屬，而未能認識王學之真價值。顧氏對王學的態度，係一值得探討的問題，當另撰專文，以為討論。

〔註16〕見張舜徽，《顧亭林學記》，收於《中國近三百年學術史》參考資料，存萃學社編集，香港：崇文書店印行，1971年5月，頁1～2。

〔註17〕見《亭林文集》卷三，〈與友人論學書〉，頁44。

〔註18〕見《原抄本顧亭林日知錄》卷九，「夫子之言性與天道」條，頁195。

〔註19〕同前書卷九，「博學於文」條，頁197。

由上述可知，顧炎武之所謂「學」與「文」，範圍極廣，絕非單指「讀書」與「文章」而已。惟顧氏基於傳統儒家「經世致用」之觀點，其「博學」之對象，主要限於人類社會的範圍之內，而把對於自然的研究放在次要的地位，認為「鳥獸草本之名」皆係「末矣」，而非當務之急。〔註20〕

顧炎武提倡學者研讀經史，摘取適宜的經史精義，配合上適合時勢需要的形式，去應付或解決現實的問題。〔註21〕他的「載書自隨」，「凡經義、史學、官方、吏治、財賦、典禮、輿地、藝文之屬，一一疏通其源流，考正其謬誤。」〔註22〕皆係本「經世致用」的目的而然。

就傳統學術的眼光看，顧氏本「經世」之觀點，而撰述之各書，已足使他成為明清之際最為博通的學者之一。他在經濟（經世濟民）學、經學、音韻學、史學、地理學、目錄學、金石學等之極大成就，著作之豐，並世難有其匹。茲試依經、史、子、集四部的分類，分別顧氏之重要著作，並提要說明於後，藉明顧氏治學範圍廣博之一斑。

一、經　部

1. 《左傳杜解補正》三卷：此書博考典籍，以補杜預《左傳集解》的闕失。《四庫全書》收入經部春秋類。

2. 《九經誤字》一卷：此書根據石經及各種舊刻，以勘正監本和坊間刻本的誤字。《四庫全書》收入五經總義類。

3. 《音學五書》三十五卷：此書包括音論、詩本音、易音、唐韻正、古音表等五部份。《四庫全書》收入經部小學類。

4. 《韻補正》一卷：此書訂正吳棫《韻補》中，關於古音叶讀的錯誤和今韻通用的失當。《四庫全書》收入經部小學類。

5. 《五經同異》三卷：此書考證易、書、詩、春秋、三禮等經典之問題。

二、史　部

1. 《顧氏譜系考》一卷，此書辨得姓之本，以及吳郡顧氏之世系。《四

〔註20〕同前書卷九，「致知」條，頁183。參見華山、王廣唐，〈論顧炎武思想〉（下），《中國近三百年學術史》參考資料《中國近三百年學術思想論集》三編，存萃學社編集，香港：崇文書店印行，1972年3月，頁7。

〔註21〕見石錦，〈顧炎武經世思想的界限〉，《史原雜誌》第三期，頁137～138。

〔註22〕見潘耒，〈日知錄序〉。

庫全書》收入史部傳記類。

2. 《歷代帝王宅京記》二十卷：此書所錄爲歷代建都之制。前二卷爲總論，後十八卷詳載城郭、宮室、都邑、寺觀等建置之本末。《四庫全書》收入史部地理類。

3. 《營平二州地名記》一卷：此書爲《營平二州史事》六卷之一部份，載二州古地名，至五代止，爲未完之書。《四庫全書》收入史部地理類。

4. 《天下郡國利病書》一百二十卷：此書搜集史籍、實錄、方志、文集、說部、邸鈔中，有關國計民生之記載，隨讀隨錄；並參以實地考察所得，爲之考證。規模極大，是一部歷史的政治地理學專著。《四庫全書》收入史部地理類。

5. 《肇域志》一百卷：此書係《天下郡國利病書》之副產品，雜鈔圖經、方志而成，記載明代以前中國的經濟和自然狀況。

6. 《昌平山水記》二卷：此書雜記明十三陵的建造規制和近京一帶形勝之地，多實地考察所得，條錄而成。《四庫全書》收入史部地理類。

7. 《山東考古錄》一卷：此書雜考山東古代地名、人名和史傳記載的錯誤，其中以辨正地名者較多。《四庫全書》收入史部地理類。

8. 《京東考古錄》一卷：此書京東地名爲多。《四庫全書》收入史部地理類。

9. 《譎觚十事》一卷：講地理之書。時有樂安李煥章，僞稱與顧氏書駁正地理十事，顧氏特作此書，力加辨正。《四庫全書》收入史部地理類。

10. 《求古錄》一卷：此書所錄，上自漢「曹全碑」，下至明建文「霍山碑」，共五十六種。輯錄全文，並加注釋考證。《四庫全書》收入史部目錄類。

11. 《金石文字記》六卷：此書錄漢以後碑刻，共三百餘種。每種各綴跋語，述其源流，辨其譌誤。《四庫全書》收入史部目錄類。

12. 《石經考》一卷：此書考證歷代石經源流、得失、博列眾說，互相參校。《四庫全書》收入史部目錄類。

13. 《聖安紀事》二卷：此書爲「明季稗史」本。

14. 《明季實錄》（無卷數）：此書爲「明季稗史」續編本。

三、子　部

1. 《日知錄》三十二卷：此書為顧氏平生志與業之所在。上篇經術，中篇治道，下篇博聞。《四庫全書》收入子部雜家類。

2. 《日知錄之餘》四卷：宣統二年，元和鄒福保重刻本，今本附刊在《日知錄》後。

3. 《菰中隨筆》三卷：此書係顧氏平日讀書筆記。《四庫全書》收入子部雜家類。

4. 《救文格論》一卷：此書專考古人有關歲時、年號、官兵、地名等之記載。《四庫全書》收入子部雜家類。

5. 《雜錄》一卷：此書分條別記，內容不多。《四庫全書》收入子部雜家類。

6. 《經世篇》十二卷：此書門類，悉依場屋策目，每目一篇，專供科舉應試之用。《四庫全書》收入子部類書類。

四、集　部

1. 《亭林文集》六卷：此書分論說、序跋、書札、記敘與碑志、補遺等六卷。

2. 《亭林餘集》一卷：此書為乾隆初年，長洲彭紹升所輯錄。

3. 《亭林詩集》五卷：此書多係顧氏寄託亡國悲痛之詩篇，其中隱語甚多。

4. 《亭林佚詩》一卷：此書凡輯存佚詩十三首。

以上按四部分類之各書，多係已刊，少部份未刊，而有鈔本流傳於世。此外，尚有但存其目，而無刻本者二十三種：

1. 《區言》五十卷。

2. 《營平二州史事》六卷。

3. 《北平古今記》十卷。

4. 《建康古今記》十卷。

5. 《岱岳記》八卷。

6. 《萬歲山考記》一卷。

7. 《官田始末考》一卷。

8. 《下學指南》一卷。

9. 《當務書》六卷。

10. 《菲錄》十五卷。

11. 《二十一史年表》十卷。

12. 《聖朝紀事》一卷。

13. 《十九陵圖志》六卷。

14. 《詩律蒙古》一卷。

15. 《昭夏遺聲》二卷。

16. 《懼謀錄》四卷。

17. 《唐宋韻補異同》。

18. 《一統志案說》。

19. 《海道經》。

20. 《三朝紀事闕文》。

21. 《熹廟諒陰記》。

22. 《皇明修文備史》。

23. 《海甸野史》。〔註23〕

顧炎武治學範圍之廣博，著作之豐富，已如上述。然大抵而言，顧氏在學術上的成就，並不僅在其豐富之著作，而在其解決過去學者所遇到的問題，替後人指出治學的新途徑，尤其是他治學方法之富於科學精神，開創清初的考據學風。

吾人試由顧氏之著作分析，得知顧氏富於科學精神之治學方法：其可得而言者，至少有如下幾點：

（一）注重證據

顧炎武治學，最重證據。他一生勤於鈔書，即在聚集材料，加以批評、組織與歸納，而爲其創見性結論之證據。〔註24〕顧氏之提出一新說，或推翻已有成說，每蒐集眾多之證據，以爲佐證。誠如其門人潘耒所說的：

> 有一獨見，援古證今，必暢其說而後止。〔註25〕

胡適亦指出：

〔註23〕見張舜徽，《顧亭林學記》，頁4～9。

〔註24〕參見杜維運，〈顧炎武與清代歷史考據學派之形成〉（上），《故宮文獻》第三卷第四期，頁29～37。

〔註25〕見潘耒，〈日知錄序〉。

顧炎武作詩本音，於「服」字下舉出

　　　本證十七條，

　　　旁證十五條，

　　顧氏作唐韻正，於「服」字下，共舉出一百六十二個證據。〔註26〕
然顧氏雖提出本證、旁證，並未遽予相信，自以為是，尚須經過「早夜誦讀，
反覆尋究」的過程，不斷地思考，發掘其疏漏，必至近乎「采山之銅」〔註27〕
而後已。

　　顧炎武不僅注重文獻之證據，尤重直接之證據，以直接之證據，補文獻
證據之不足。例如他敘述蒐集直接證據，以完成《金石文字記》一書說：「余
自少時，即好訪求古人金石之文，而猶不甚解，及讀歐陽公集古錄。乃知
其事多與史書相證明，可以闡幽表微，補闕正誤，不但詞翰之工而已。比
二十年間，周游天下，所至名山、巨鎮、祠廟、伽藍之跡無不尋求，登危
峯，探窈壑，捫落石，履荒榛，伐頹垣，畚朽壤，其可讀者，必手自鈔錄，
得一文為前人所未見者，輒喜而不寐，一二先達之士，知余好古，出其所
蓄，以至蘭臺之墜文，天祿之逸字，旁搜博討，夜以繼日。遂乃抉剔史傳，
發揮經典，頗有歐陽、趙氏二錄之所未具者，積為一帙，序以以貽後人。」
〔註28〕顧氏為搜集金石文字之直接證據，不惜「登危峯，探窈壑，捫落石，
履荒榛，伐頹垣，畚朽壤。」足見他對證據之注重。顧氏因注重證據，「故
引據浩繁，而牴牾者少。」〔註29〕注重證據，實為顧氏治學方法之一大特
點。

（二）精研深入

　　顧炎武治學，先求其廣博，然後繼之以精研深入。他認為著作貴精不貴
多，如司馬光著《資治通鑑》、馬端臨著《文獻通考》，「皆以一生精力成之」，

〔註26〕見胡適，《戴東原的哲學》，〈引論〉，台灣商務印書館人人文庫，民國60年3
　　　　月台三版，頁17。

〔註27〕顧炎武嘗答友人問別後一年又成《日知錄》幾卷說：「嘗謂今人纂輯之書，正
　　　　如今人之鑄錢。古人采銅於山，今人則買舊錢，名之曰廢銅，以充鑄而已。
　　　　所鑄之錢既已麤惡，而又將古人傳世之寶，舂剉碎散，不存於後，豈不兩失
　　　　之乎？承問《日知錄》又成幾卷，蓋期之以廢銅；而某自別來一載，早夜誦
　　　　讀，反復尋究，僅得十餘條，然庶幾采山之銅也。」此所謂「采山之銅」，當
　　　　係指有充分證據之結論。見《亭林文集》卷四，〈與人書十〉，頁97～98。

〔註28〕見《亭林文集》卷二，〈金石文字序〉，頁31。

〔註29〕見四庫全書《日知錄》提要。

〔註30〕故能達到「精研深入」的境界，而成爲後世不可無之書。設如求多求速，則「愈多而愈舛漏，愈速而愈不傳。」〔註31〕顧氏之「自少至老，未嘗一日廢書，出必載書數簏自隨，旅店少休，披尋搜討，曾無倦色。」〔註32〕實即其對有疑問之問題，能精研深入，獲得確切解答之故。

顧炎武因治學講求「精研深入」，故最反對「視成書太易，而急於求名。」之人。他強調：「著述之家，最不利乎以未定之書，傳之於人」〔註33〕顧氏爲求其學之精粹，故有錯不憚改，著作撰成之後，每送請他人閱覽改正，如：「近日力臣札來，五書改正約有一二百處：詩祈父：『靡所底止』，小旻：『伊于胡底』誤作底，注云：十一薺，而不知其爲五旨也。」〔註34〕又如顧氏之跋廣韻，後來因未愜意，故不惜「廢之而別作一篇，並送覽，以志吾過。」〔註35〕即充分顯示顧氏求「精研深入」之一斑。

顧炎武舉揚雄之言，以說明治學之方法，宜先求廣博，繼求精研深入說：「揚子有云：『多聞則守之以約，多見則守之以卓。少聞則無約也，少見則無卓也。』此其語有所自來，不可以其出於子雲而廢之也。世之君子，苦博學明善之難。而樂夫一超頓悟之易，滔滔者天下皆是也，無人而不論學矣，弗畔於道者誰乎？」〔註36〕揚雄之所謂「多聞多見」，實即廣博；而其「卓約」者，即係精研深入。顧氏之嘆當時學者「苦博學明善之難，而樂夫一超頓悟之易。」實因顧氏精研深入之治學方法，乃由廣博入手之故。

顧炎武以「精研深入」方法治學之例，隨處可見。例如《日知錄》卷十七，顧氏探求歷代風俗之轉變，即先考求周末、秦、兩漢、魏晉、宋代各朝風俗之轉變因素與轉變情形，撰成「周末風俗」、「秦紀會稽山刻石」、「兩漢風俗」、「正始」、「宋世風俗」各條，各條之末皆作一小結論，而於「宋世風俗」條作一總結論：「天下無不可變之風俗也」。〔註37〕又如顧氏之論蘇松二府田賦之重，即先探求江南所出田賦占全國之比例，進而求兩浙占江南田賦之比例，再進而求浙江布政司、蘇州府、松江府與常州府占兩浙田賦之比例，

〔註30〕見《原抄本顧亭林日知錄》卷二十一，「著書之難」條，頁548～549。
〔註31〕同前註。
〔註32〕見潘耒，〈日知錄序〉。
〔註33〕見《亭林文集》卷四，〈與潘次耕書〉，頁79。
〔註34〕同前書卷四，〈與潘次耕書〉，頁79～80。
〔註35〕見《亭林餘集》，〈與潘次耕札〉，頁176。
〔註36〕見《亭林文集》卷六，〈答友人論學書〉，頁142。
〔註37〕見《原抄本顧亭林日知錄》卷十七，「宋世風俗」條，頁380。

最後以蘇州一府之田畝、田賦與全國作比較，由蘇州府的田畝僅居全國田畝的九十分之一，然田賦竟占全國的十分之一，而歸納出「蘇松二府田賦之重」〔註38〕之結論。其結論之不落於空泛，實因「精研深入」之故。

（三）創造發明

顧炎武治學，要求能有所創造發明，而不以蹈襲古人之成說爲然，他自述《日知錄》之成書經過說：「愚自少讀書，有所得，輒記之；其有不合，時復改定，或古人先我而有者，則遂削之。」〔註39〕顧氏強調，凡是治學或著書，皆應有所創見，而後爲之：「其必古人之所未及，就後世之所不可無，而後爲之，庶乎其傳也與？」〔註40〕

因顧炎武之治學方法，尚「創造發明」，故他極力反對摹倣之作，強調摹倣之作，絕非原作可比說：「近代文章之弊，全在摹倣。即使逼肖古人，已非極詣；況遺其神理而得其皮毛者乎？」〔註41〕又說：「效楚辭者必不如楚辭，效七發者必不如七發，蓋其意中先有一人在前，既恐失之，而其筆力復不能自遂，此壽陵餘子學步邯鄲之說也。」〔註42〕然顧氏之所謂創造發明，並非「妄爲優劣之辨，……多設游揚之辭。」〔註43〕而係有所依據而言，貫通古今，融會眾說，以客觀之態度，作獨立之判斷，而提出精確之新說，其非「徒混淆失實」〔註44〕者流可比，自不待言。

（四）探求本源

顧炎武爲清代史學之建設者，於乾嘉時代歷史考據學派之形成，影響至大，〔註45〕其治學每就歷史之方法，從事本源的探求。他認爲治學必先辨別源流，再旁及他支，始能知其異同離合之指。他說：「經學自有源流，自漢而六朝、而唐、而宋，必一一考究，而後及於近儒之所著，然後可以知其異同離合之指。如論字者，必本於說文，未有據隸楷而論古文者也。」〔註46〕又

〔註38〕同前書卷十四，「蘇松二府田賦之重」條，頁300～308。
〔註39〕見顧炎武，〈日知錄自序〉。
〔註40〕見《原抄本顧亭林日知錄》卷二十一，「著書之難」條，頁548。
〔註41〕同前書卷二十一，「文人摹倣之病」條，頁554～555。
〔註42〕同前註。
〔註43〕見《原抄本顧亭林日知錄》卷二十一，「書不當兩序」條，頁561。
〔註44〕同前書卷二十一，「文人求古之病」條，頁558。
〔註45〕見杜維運，〈顧炎武與清代歷史考據學派之形成〉（下），《故宮文獻》第四卷第一期，頁14。
〔註46〕見《亭林文集》卷四，〈與人書四〉，頁95～96。

說：「試問百年以來，其能通十三經注疏者幾人哉？以一家之學，有限之書，人間之所共有者，而猶苦其難讀也，況進而求之儒者之林，群書之府乎？」〔註47〕顧氏之所以反覆申論探求本源爲治學之要，蓋認爲與其誦習宋明儒者論經學之著作，莫若求通於十三經注疏，並進而窮本於先秦諸子之原文。本源既通，枝節自可迎刃而解，左右逢源，上下貫通，學問因此有成。

　　顧炎武「探求本源」之治學方法，一爲引書注出處。顧氏強調，士子作文，除出於四書者不注出處外，「其五經子史，古文句法，一一注之，如李善之注文選，方爲合式。」〔註48〕顧氏之撰《肇域志》，「本行不盡，則注之旁；旁又不盡，則別爲一集曰備錄。」〔註49〕即皆注引書出處。他如《日知錄》中，援古證今，亦皆注明古書之出處。二爲查原書。顧氏利用查原書，以對勘後出之書之誤，如《日知錄》卷二十六，「通鑑」條中，糾通鑑之誤七處，皆極精到，其所用之方法，主要爲通鑑之文與通鑑所依據之原文相比較，爲極客觀之批評方法。〔註50〕

（五）實地考證

　　顧炎武治學方法之最大特點，在於「實地考證」，此即今日治學之「腳到」工夫。中國歷史上的大學者，如司馬遷、鄭玄、鄭樵等，其學問的成就，皆得力於出游，然未有如顧氏出游之勤之久者。顧氏自明永曆十一年（清順治十四年）開始北游，至清康熙二十一年，死於山西曲沃爲止，凡二十六年，皆奔波於大河南北。經歷地區既廣，每至一地，又皆作深入地調查研究之工作，並以書中之記載與實地所見相對勘，其情形誠如全祖望所說的：

> 凡先生之遊，以二馬二騾，載書自隨。所至阨塞，即呼老兵退卒，詢其曲折，或與平日所聞不合，則即坊肆中發書而對勘之。〔註51〕

亦如潘耒所說的：

> 足跡半天下，所至交其賢豪長者，考其山川風俗，疾苦利病，如指諸掌。〔註52〕

〔註47〕同前書卷三，〈與友人論易書〉，頁45。
〔註48〕同前書卷三，〈與彥和甥書〉，頁61。
〔註49〕同前書卷六，〈肇域志序〉，頁137。
〔註50〕見杜維運，〈顧炎武與清代歷史考據學派之形成〉（上），《故宮文獻》第三卷第四期，頁32～33。
〔註51〕見全祖望，《鮚埼亭集》卷十二，〈顧亭林先生神道表〉。
〔註52〕見潘耒，〈日知錄序〉。

全、潘二氏之言，道出顧氏治學方法之最大特點，亦爲顧氏追求實在學問之眞實寫照。吾人試讀顧氏之著作，如《山東考古錄》、《京東考古錄》、《營平二州地名記》諸書，得知這些書皆經過實地考察，將調查所得之材料結合書本之記載，加以研究分析而寫成者。又如《日知錄》一書，其中關於歷代制度、風俗與民生疾苦利病等，多半係由於身歷各地，實地考證而得者。「實地考證」之治學方法，實爲顧氏能成就一代經世大儒的最大原因。

第三節　顧炎武「博學」的精神與態度

顧炎武之成爲一代經世大儒，除緣於其治學範圍的寬廣博大與治學方法的富於科學精神外，其治學精神之始終不懈與治學態度之審愼嚴謹，亦爲重要因素之一。

顧炎武一生治學，具有不畏困難、始終不懈之精神。他強調學問是學者終身之工作說：「君子之學，死而後已。」〔註53〕因顧氏認爲學問是他的終身工作，故他一生未嘗一日廢書，刻苦鑽研之精神，始終如一，誠如其門人潘耒所說的：

> 精力絕人，無他嗜好，自少至老，未嘗一日廢書。出必載書數簏自隨，旅店少休，披尋搜討，曾無倦色。有一疑義，反覆參考，必歸於至當；有一獨見，援古證今，必暢其說而後止。〔註54〕

又如王宏撰的敘述：

> 顧亭林，古所謂義士，不合於時，以游爲隱者也。……四方之游，必以圖書自隨。手所鈔錄，皆作蠅頭行楷，萬字如一。每見予輩或宴飲終日，輒爲攢眉。客退，必戒曰：「可惜一日虛度矣！」其勤屬如此。所著《昌平山水記》二卷，巨細咸存，尺寸不爽，凡親歷對證，三易稿矣，而亭林猶以爲未愜。〔註55〕

潘、王二氏之言，實能將顧氏平日刻苦鑽研、努力不懈的治學精神，描繪大略輪廓。

顧炎武平居溫經，皆有定程，「每年以春夏溫經，請文學中聲音宏敞者四人，設左右坐，置注疏本於前。先生居中，其前亦置經本，使一人誦而己

〔註53〕見《亭林文集》卷四，〈與人書六〉，頁96。
〔註54〕見潘耒，〈日知錄序〉。
〔註55〕見王宏撰，〈山志〉。此處引自張舜徽，《顧亭林學記》，頁19～20。

聽之，遇其中字句不同或偶忘者，詳問而辨論之。凡讀二十紙，再易一人。四人周而復始，計一日溫書二百紙，十三經畢，接溫『三史』或『南北史』。」〔註56〕顧氏之學，所以習熟而纖悉不遺，實因始終不懈的反覆溫習之故。

顧炎武平日旅行，徑行平原大野，無足留意，「則於鞍上默誦諸經。偶有遺忘，則於坊肆中發書而熟復之。」〔註57〕其善於支配時間，時刻不忘所學，鍥而不舍之精神有如此。

顧炎武鍥而不舍之治學精神，於「鈔書」一事，最能顯示出來。鈔書係過去學者經常之工作，尤以雕板印刷術未發明之前為然。宋代之後，雖已出現印刷術，然重視鈔書之風尚盛。顧氏秉承傳統學者之治學方法，最重鈔書，以充實學問。他接受其嗣祖紹芾「著書不如鈔書」〔註58〕之訓，一生隨讀隨錄，其游四方，「有賢主人以書相示者則留，或手鈔，或募人鈔之。」〔註59〕以鈔錄所得，編纂成書。顧氏所著《天下郡國利病書》、《肇域志》等，皆為鈔書之成果。他序《天下郡國利病書》說：

> 崇禎己卯，秋闈被擯，退而讀書。感四國之多虞，恥經生之寡術，於是歷覽二十一史以及天下郡縣志書，一代名公文集及章奏文冊之類，有得即錄，共成四十餘帙。一為輿地之記，一為利病之書。
> 〔註60〕

又序《肇域志》說：

> 此書自崇禎己卯起，先取一統志，後取各省府州縣志，後取二十一史參互書之。凡閱志書一千餘部，本行不盡，則注之旁；旁又不盡，則別為一集曰備錄。〔註61〕

以上所述二書，僅為顧氏著作之長編，而非定稿。吾人細考顧氏之鈔書，實欲將平日讀書所得歸納成說，如《日知錄》一書，各條或考經論史，或述博聞，皆賴顧氏始終不懈之鈔書，「有所得，輒記之。其有不合，時復改定。……積三十餘年，乃成一編。」〔註62〕加上顧氏「早夜誦讀，反復尋究」，〔註63〕

〔註56〕見王昶，《春融堂文集》卷三十二，〈與汪容甫書〉。
〔註57〕見全祖望，《鮚埼亭集》卷十二，〈顧亭林先生神道表〉。
〔註58〕見《亭林文集》卷二，〈鈔書自序〉，頁32。
〔註59〕同前書，頁33。
〔註60〕見《亭林文集》卷六，〈天下郡國利病書序〉，頁137。
〔註61〕同前書卷六，〈肇域志序〉，頁137。
〔註62〕見顧炎武，〈日知錄自序〉。
〔註63〕見《亭林文集》卷四，〈與人書十〉，頁98。

不斷地思考的工夫而成。可見《日知錄》一書之完成，實賴顧氏鍥而不舍之治學精神。

其次，顧炎武「實地考證」之治學方法，亦充分表現其不畏困難之治學精神。顧氏治學，喜就書中之記載與實地相對勘，而不以文獻之記載為滿足。因此，顧氏足跡半天下，各地風俗、民生疾苦利病等，皆瞭如指掌，其能成就通儒之學，實非案牘舉手者流可比。顧氏之著作，不乏經實地調查、考證、搜集而成者。如《金石文字記》一書，即為顧氏歷經二十餘年，「所至名山、巨鎮、祠廟、伽藍之跡，無不尋求，登危峯，探窈壑，捫落石，履荒榛，伐頹垣，畚朽壤，其可讀者，必手自鈔錄。」〔註64〕故能蒐集歐陽、趙氏《集古錄》所未具者。又如《山東考古錄》、《京東考古錄》、《營平二州地名記》諸書，亦悉因顧氏不畏困難之治學精神，旁搜博討，夜以繼日，始克完成。

再就治學態度而言，顧炎武治學態度之忠實謙虛、審慎嚴謹，實亦為其在學術上獲得大成就的重要關鍵。尊重前人的成就，原為學者治學的基本態度。顧氏之治學，即充分表示其尊重前人成果的態度，他不願以「前人之書改竄為自作」。〔註65〕他一再闡釋引述他人之說的原則說：

> 凡述古人之言，必當引其立言之人；古人又述古人之言，則兩引之，不可襲以為己說也。詩曰，自古在昔，先民有作。程正叔傳易未濟三陽皆失位，而曰斯義也，聞之成都隱者。是則時人之言，而亦不敢沒其人。君子之謙也，然後可與進於學。〔註66〕

由上述可見，顧氏不但不襲前人成說，以為己有，即聞之同時代之學者，亦不敢沒其人，而一一標舉之，此為其治學態度之值得稱道處之一。至於其《日知錄》一書之作，所謂「或古人先我而有者，則削之。」〔註67〕放棄己說，推崇古人之說的態度，則已非「忠實」所可範圍。

顧炎武認為盜竊他人之作以為己書，必不如元本。因此他對「竊書」者，曾再三致其期期不可之意，而痛斥之為「鈍賊」說：「晉以下人，則有以他人之書而竊為己作者，郭象《莊子註》、何法盛《晉中興書》之類是也。若有明一代之人，其所著書，無非竊盜而已。……今代之人，但有薄行而無俊才，

〔註64〕同前書卷二，〈金石文字序〉，頁31。
〔註65〕同前書卷二，〈鈔書自序〉，頁32。
〔註66〕見《原抄本顧亭林日知錄》卷二十一，「述古」條，頁589～590。
〔註67〕見顧炎武，〈日知錄自序〉。

不能通作者之意。其盜竊所成之書，必不如元本，名爲鈍賊何辭？」〔註68〕
顧氏反對「竊書」之言論，實如張舜徽所謂的「對當時學術界投下了有效的
針砭，對後世著述家們提出了有力的警告」。〔註69〕

顧炎武治學極爲謙虛，絕非如李光地所謂的「孤僻負氣，譏訶古今人必
刺切」的評語。〔註70〕他不但稱道古人，即同時代之人，學有專精者，亦極
力推崇他們，致其悃悃之忱。如稱許張稷若所作《儀禮鄭注句讀》一書說：

> 弟少習舉業，多用力於四經，而三禮未之考究。年過五十，乃知不
> 學禮無以立之旨，方欲討論，而多歷憂患，又迫衰晚，兼以北方難
> 購書籍，遂於此經未有所得。而所見有濟陽張君稷若名爾岐者，作
> 儀禮鄭注句讀一書，根本先儒，立言簡當，以其人不求聞達，故無
> 當世之名，而其書實似可傳。使朱子見之，必不僅謝監獄之稱許也。
> 〔註71〕

又如推許陸桴亭的《思辨錄》說：

> 廿年以來，東西南北，率彼曠野，未獲一覿清光。而昨歲於薊門得
> 讀思辨錄，乃知當吾世而有眞儒如先生者。孟子所謂「窮則獨善其
> 身，達則兼善天下」，具內聖外王之事者也。〔註72〕

由此可見，顧氏對其朋友之推崇與其胸懷之謙虛。

顧炎武胸懷之謙虛如此，故易得朋友切磋之益，如康熙十一年，顧氏由
河南至山西，與閻若璩相遇於太原，顧氏以《日知錄》請教若璩，得閻若璩
改訂數條。〔註73〕又如康熙六年，顧氏開雕《音學五書》於淮上，請張力臣
任校寫之役，張力臣爲之考說文、采玉篇，倣字樣，考正一二百處。〔註74〕
老子說：「窪則盈」，顧氏之成就其廣博學問，得其謙虛的治學態度實多。

顧炎武因胸懷謙虛，故在治學上，亦處處表現出審愼嚴謹的態度。他

〔註68〕見《原抄本顧亭林日知錄》卷二十，「竊書」條，頁542。
〔註69〕見張舜徽，《顧亭林學記》，頁23。
〔註70〕見杜維運，〈顧亭林的謙虛胸懷〉，《食貨月刊復刊》第一卷第十期，台北，民
　　　　國61年1月出版，頁1。
〔註71〕見《亭林文集》卷三，〈答汪苕文書〉，頁63。
〔註72〕見《亭林餘集》，〈與陸桴亭札〉，頁177。
〔註73〕見張穆，《顧亭林先生年譜》卷三，頁64～65。張譜係引自《潛研堂集》，〈閻
　　　　先生傳〉。
〔註74〕見《亭林文集》卷二，〈音學五書後序〉，頁28。又參見張穆，《顧亭林先生年
　　　　譜》卷二，頁50。

說：「讀書不多，輕言著述，必誤後學。」〔註75〕又說：「著述之家，最不利乎以未定之書，傳之於人。」〔註76〕顧氏治學態度審慎如此，故其門人潘耒請刻《日知錄》，顧氏告以「日知錄再待十年，如不及年，則以臨終絕筆為定，彼時自有受之者，而非可豫期也。詩云：『如切如磋，如琢如磨。』此之謂也。」〔註77〕其撰寫《音學五書》，則「所過山川亭鄣，無日不以自隨，凡五易稿而手書者三矣。……已登版而刊改者猶至數四。」〔註78〕二書之作，皆費時三十餘年，以畢生之精力為之，故能合乎其「采山之銅」〔註79〕之要求，而為後來學者立一堅實之典範。

　　他如《金石文字記》、《營平二州史事》等書之作，亦皆本其科學的治學方法，始終不懈的治學精神，加上審慎嚴謹的治學態度而完成者，雖不若《日知錄》與《音學五書》二書耗時之久，費力之多，然亦不失為精詳博辨之作，而值得後世取法者。

第四節　顧炎武與清初考據學風的形成

　　明清之際，在政治上固為一變動之時代，在學術上亦為一轉變之時期。殘明遺老鑒於明末王學之無補時艱，士人高談性命，而乏經世濟民之術，終於導致明朝之滅亡與清人之入主中國，因之群起講求經世致用之學，而學風為之一變。

　　其後，因滿清統治權之趨於穩固，文字獄的屢興，士大夫緘口不敢談現實問題，而埋首於故紙堆中；加以「理學爭論的戰火蔓延到文獻研究方面」，〔註80〕反陸、王與反程、朱之學者，皆企圖藉辨偽的方式，以尋求推翻敵對派理學的經典根據，〔註81〕因此，清康熙中葉之後，考據之學代之大

〔註75〕見《亭林餘集》，〈與潘次耕札〉，頁176。
〔註76〕見《亭林文集》卷四，〈與潘次耕書〉，頁79。
〔註77〕同前書，頁80。
〔註78〕見《亭林文集》卷二，〈音學五書後序〉，頁28。
〔註79〕同前書卷四，〈與人書十〉，頁98。
〔註80〕見余英時，〈清代思想史的一個新解釋〉，《中華文化復興月刊》第九卷第一期，頁25。
〔註81〕根據余英時的說法，清初閻若璩的《古文尚書疏證》一書之作，除受純學術興趣的吸引外，尚有一層哲學的動機，即有意識地藉辨偽的方式，來推翻陸、王心學的經典根據——「人心惟危，道心惟微，唯精唯一，允執厥中。」閻若璩的基本哲學立場為尊程、朱而黜陸、王，故《疏證》中時有攻擊陸、王

起，「一時聰明才智之士，咸趨此途。」〔註82〕考據之學乃成爲有清學術的
代表。

顧炎武爲一講求經世之學的大儒，他極力排斥晚明王學末流的空疏浮
僞，提倡「博學於文」，教人學自一身以至於天下國家之事，原爲經世之目
的，而無意以考據名家。然因其學之博大精深，其治學方法之合乎科學方
法，其治學精神與態度之值得後人學習，因此世人群推爲清學——考據之學
的開山大師，誠如梁啓超所謂的：「論清學開山之祖，舍亭林沒有第二個
人。」〔註83〕

顧炎武治學範圍極爲廣博，他在經學、史學、音韻訓詁學、地理學、金
石文字學等，皆有極大之成就，而爲清初考據學開闢新的途徑。顧氏研究經
學，探求先民制作之原意，而一以致用爲歸。他對周易、尙書、詩經、禮
經、春秋、春秋三傳等之研究，散見於其《日知錄》上篇（〈經術〉）各卷，
以及《左傳杜解補正》等專著之中。清人阮元編《皇清經解》，且列顧氏之
《左傳杜解補正》於全書之首，以顧氏長於經史，雖未足以盡顧氏學問之全
貌，而顧氏開有清漢學之先河，則爲至論。又顧氏「不惟爲清代經學之建設
者，亦爲清代史學之建設者」，〔註84〕其論史事，每能發覆前人記載之疏漏與
謬誤，有補於完整史學觀念的建立，其說以《日知錄》中篇〈治道〉、下篇
〈博聞〉各卷爲多。他如顧氏的《天下郡國利病書》與《肇域志》二書，
願力宏偉，規模博大，後來治掌故地理學者，多感受他的精神；其《音學
五書》，係顧氏自認「深有所得」〔註85〕之作，其古音古韻之研究，激起後來
學者深入研究之興趣，清儒之嗜音韻學，實由顧氏發其端緒；其《金石文
字記》一書，搜輯碑版，寫其文字，議論金石文例，亦爲清代金石學之嚆
矢。〔註86〕

的議論，並於〈十六字心傳〉爲僞作一點鄭重致意。閻著引起毛西河的反響，
毛氏係反對朱子者，不但致書閻氏，謂爲節外生枝，並著《古文尚書冤詞》
反駁閻著，強調〈十六字心傳〉不是後世僞造者。此則爲清初考證學與宋、
明理學之間的內在關聯之一例。參見前註，頁25。

〔註82〕見杜維運，〈清盛世的學術工作與考據學的發展〉，《學術與世變》，台北：環
宇出版社，民國60年5月台初版，頁117。

〔註83〕見梁啓超，《中國近三百年學術史》，頁53。

〔註84〕見杜維運，〈顧炎武與清代歷史考據學派之形成〉（下），《故宮文獻》第四卷
第一期，頁11～12。

〔註85〕見《亭林文集》卷四，〈與人書二十五〉，頁103。

〔註86〕見梁啓超，《中國近三百年學術史》，頁64。

　　顧炎武之治學，極合於科學精神。他最爲注重證據，以證據之普遍歸納、反覆批評、確切提出、審愼組合、蒐尋與應用，〔註87〕爲其經史考證之主要方法。其法流傳既廣，效法者多，遂啓開清初之考據學。〔註88〕如顧氏一生勤於鈔書，鈔書、作箚記即今之製作卡片，是蒐尋證據之工夫，其《日知錄》一書之完成，即得力於鈔書。乾嘉時代考據學派之史學家，如王鳴盛之《十七史商榷》、錢大昕之《十駕齋養新錄》、《廿二史考異》等書之作，皆賴鈔書，爲作箚記之結晶品。顧氏治學，先求其廣博，然後繼之以精研深入，此法亦爲清初考據學家所師法。馴至乾嘉時代之考據學家，皆重博雅，廣泛地利用輔助科學，以考史治經。如錢大昕之以經學、小學、輿地、金石、板本、音韻諸門之學，以助考史，兼通數藝，而不專主一家，故能成就史學名家，此則受顧氏「博學」之教之啓示，有以致之。他如顧氏主張「創造發明」、「探求本源」、「實地考證」等治學方法，亦皆爲當時與後世所取法。梁啓超說：「亭林所以能在清代學術界占重要位置，第一在他做學問的方法，給後人許多模範；第二在他所做學問的種類，替後人開出路來。」〔註89〕梁氏之論，頗稱中肯。顧氏治學範圍的廣博與治學方法的富於科學精神，實爲啓開清初考據學風之濫觴。

　　就治學精神而言，清初以下之考據學家治學最勤且專，每以一生之精力，以完成一、二著作，如趙翼之《陔餘叢考》、《廿二史箚記》，錢大昕之《十駕齋養新錄》、《廿二史考異》等皆是如此。其爲學問而學問，「治一業終身以之，銖積寸累，先難後獲。」〔註90〕之專業精神，實皆紹承顧氏「君子之學，死而後已」〔註91〕始終不懈之治學精神。如汪容甫之自稱：「少日問學，實私淑顧亭林處士。」〔註92〕即可作如此解釋。

　　至於治學態度，清初以下之考據學家，其治學態度力求謙和，人皆保持祥和之氣，殊少暴戾之氣，如王鳴盛所說：「大凡人學問精實者必謙退，虛僞

〔註87〕見杜維運，〈顧炎武與清代歷史考據學派之形成〉（上），《故宮文獻》第三卷第四期，頁29～37。

〔註88〕顧炎武北游之後，與北方博古之士交遊，彼此互相影響，互相砥礪，考據學之風氣，於是普遍傳播，以致有乾嘉時代之盛。見杜維運，〈顧炎武與清代歷史考據學派之形成〉（下），《故宮文獻》第四卷第一期，頁11。

〔註89〕見梁啓超，《中國近三百年學術史》，頁60。

〔註90〕見梁啓超，《清代學術概論》，頁36。

〔註91〕見《亭林文集》卷四，〈與人書六〉，頁96。

〔註92〕見汪中，《述學別錄》，〈與畢侍郎書〉。

者必驕矜，生古人後，但當為古人考誤訂疑。若鑿空翻案，動思掩蓋古人，以自為功，其情最為可惡。」〔註93〕又如錢大昕所說的：「學問乃千秋事，訂譌規過，非以訾毀前人，實以嘉惠後學。但議論須平允，詞氣須謙和，一事之失，無妨全體之善。不可效宋儒所云，一有差失，則餘無足觀耳。」〔註94〕其態度之與宋儒大相逕庭者，皆應溯自顧氏的謙虛胸懷敘起。〔註95〕而其引用舊說，必注明出處之忠實態度，如王鳴盛：「不特注所出，並鑿指第幾卷某篇某條。且必目睹原書，佚者不列。」〔註96〕其審慎嚴謹之治學態度，不輕言著書、出書，一書之成，必至數年，乃至數十年，或以臨終絕筆而定者，實皆受顧氏之影響激蕩，有以致之。清人張穆說：「本朝學業之盛，亭林先生實牖啓之。」〔註97〕洵為至論。

〔註93〕見王鳴盛，《十七史商榷》，「通鑑與十七史不可偏廢」條。

〔註94〕見錢大昕，《潛研堂文集》，〈答王西莊書〉。

〔註95〕見杜維運，〈顧亭林的謙虛胸懷〉，《食貨月刊復刊》第一卷第十期，頁1。

〔註96〕見王鳴盛，《十七史商榷》，「十國春秋」條。

〔註97〕見張穆，〈顧亭林先生年譜序〉。

第五章　顧炎武的「有恥」之訓與
清初的民族思想

第一節　顧炎武的「行己有恥」說

　　「行己有恥」一語，是顧炎武經世的兩大基礎之一。該語本爲孔子答門人之語，是士人的修己工夫，而非孔子理想中的完全人格──君子、聖人。〔註1〕顧炎武所以在明亡之後，提出此語以教世人，其原因當如錢穆所說的：「國已亡，不再是各人專講如何做聖人的時代。做人能知恥即已足。」〔註2〕

　　然吾人細考顧炎武提出「行己有恥」一語的最後宗旨，實亦未放棄做一個聖人。只不過他所指的聖人，乃是孔子心目中的聖人──修己以安人，以安百姓；而非宋明理學家以講學論道代替從政問俗的「聖人」罷了。故顧氏提出「行己有恥」一語，實包括消極的修己工夫與積極的安人，安百姓兩層意義。

　　就消極的意義說，修己工夫的完成，心存「恥」字，能辨別是非善惡，即可成爲一砥行立節者。顧氏的修己工夫，所以特別強調「恥」字，乃鑒於晚明社會風氣的敗壞，道德淪喪，鮮廉寡恥之輩，所在都是之故。他說：「禮義，治人之大法；廉恥，立人之大節。蓋不廉則無所不取，不恥則無所不爲。

〔註 1〕見吳康，〈孔子教育思想之完全人格──君子、聖人〉，《師大教育研究所集刊》
　　　　第四輯，台北，民國 50 年 12 月出版，頁 1。
〔註 2〕見錢穆，〈晚明諸儒之學風與學術〉（上），《人文論著》第二二二期，香港，
　　　　民國 49 年 2 月出版，頁 2。

人而如此，則禍敗亂亡，亦無所不至。況爲大臣而無所不爲，則天下其有不亂，國家其有不亡者乎？然而四者之中，恥尤爲要。故夫子之論士曰：『行己有恥』，孟子曰：『人不可以無恥，無恥之恥，無恥矣。』又曰：『恥之於人大矣，爲機變之巧者，無所用恥焉。』所以然者，人之不廉而至於悖禮犯義，其原皆生於無恥也。故士大夫之無恥是謂國恥」。〔註3〕顧氏以士大夫之無恥爲國恥之論，乃有感而發的，「這是他對當時一些民族敗類、漢奸貳臣如洪承疇、吳三桂之類的嚴正的斥責和憤怒的鞭撻。」〔註4〕顧氏強調「國恥」之局的形成，將造成「仁義充塞，而至於率獸食人，人將相食。」的「亡天下」的浩劫。〔註5〕而保天下者，雖是匹夫之賤，亦與有責的。

顧炎武認爲有恥之事，施之至廣。他曾指出說：「自子臣弟友，以至出入、往來、辭受、取與之間，皆有恥之事也。」〔註6〕因此，他所謂的「恥」，實泛指傳統社會的一切品德而言。顧氏不但痛斥無羞恥觀念的士大夫，而且深惡阿諛取容，隨俗俯仰的「夸毗」份子。他斥罵「夸毗」說：「天之方懠，無爲夸毗。釋訓曰：『夸毗，體柔也。』天下惟體柔之人，常足以遺民憂而召天禍。夏侯湛有云：『居位者以善身爲靜，以寡交爲愼，以弱斷爲重，以怯言爲信。』白居易有云：『以拱默保位者爲明智，以柔愼安身者爲賢能，以直言危行者爲狂愚，以中立守道者爲凝滯。』羅點有云：『無所可否，則曰得體；與世浮沉，則曰有重；眾皆默，己獨言，則曰沽名；眾皆濁，己獨清，則曰立異。』觀三子之言，其於末俗之弊，可謂懇切而詳盡矣。至於佞諂日熾，剛克消亡，朝多沓沓之流，士保庸庸之福。苟由其道，無變其俗，必將使一國之人皆化爲巧言令色，孔壬而後已。然則喪亂之所從生，豈不階於夸毗之輩乎？」〔註7〕顧氏痛斥「夸毗」份子——庸臣碌吏，將明末「喪亂之所從生」，全歸罪於「夸毗」之輩，自不免誇大「道德問題」的嚴重性，然明朝的滅亡，「夸毗」份子應負重要責任，卻是不容置疑的。

顧炎武因斥責「夸毗」之輩，連帶「跅弛」、「鄉愿」、「輕浮」者流，亦

〔註3〕見《原抄本顧亭林日知錄》卷十七，「廉恥」條，頁387。

〔註4〕見華山、王賡唐，〈論顧炎武思想〉（上），《中國近三百年學術史》參考資料《中國近三百年學術思想論集》三編，存萃學社編集，香港：崇文書局印行，1972年3月，頁3。

〔註5〕見《原抄本顧亭林日知錄》卷十七，「正始」條，頁379。

〔註6〕見《亭林文集》卷三，〈與友人論學書〉，頁44。

〔註7〕見《原抄本顧亭林日知錄》卷三，「夸毗」條，頁74～75。

為貶斥對象。〔註8〕他認為彼輩皆不知心存「恥」字，未能正視「修己」工夫，故主張「存清議於州里」，藉清議之力量來制裁無「恥」之輩，使之「存恥格之風」。〔註9〕他又提倡「重厚」、「節義」、「耿介」等，〔註10〕以教人取法乎上，人人以「修己」工夫為實踐聖人之道的第一步。

　　就積極的意義言，修己之後，要能安人，安百姓；否則，亦應引以為「恥」。他說：「恥之於人大矣！不恥惡衣惡食，而恥匹夫匹婦之不被其澤。」〔註11〕顧氏此種關切生民休戚的態度，即為他強烈的經世心志之表現。顧氏的建議薊門地方官于公，在陝甘地區設置官倉，儲藏糧食，為千百萬百姓請命者，亦表現其強烈的安人，安百姓的心志。他說：「天生豪傑，必有所任，如人主於其臣，授之官而與以職。今日者拯斯人於塗炭，為萬世開太平，此吾輩之任也。仁以為己任，死而後已，故一病垂危，神思不亂。使遂溘焉長逝，而於此任已不可謂無尺寸之功。今既得生，是天以為稍能任事，而不遽放歸者也。又敢怠於其職乎？」又說：「今有一言而可以活千百萬人之命，而尤莫切於秦、隴者，苟能行之，則陰德萬萬於于公矣。請舉秦民之夏麥秋米及豆草，一切徵其本色，貯之官倉，至來年青黃不接之時而賣之，則司農之金固在也，而民間省倍蓰之出。且一歲計之不足，十歲計之有餘，始行之於秦中，繼可推之於天下。然謂秦人尤急者，何也？目見鳳翔之民舉債於權要，每銀一兩，償米四石，此尚能支持歲月乎？……救民水火，莫先於此。」〔註12〕顧氏所以不厭其煩，再三向于公解釋田賦的徵收，應「徵其本色」等便民措施，為急不可緩之事，實因其救民心切之故。

　　顧炎武因救民心切，故其治學，皆以實用為主。他強調的「經世致用」之學，實即是安人，安百姓之學。他所謂的經世之「世」，自係指當世；所謂致用，即是求用於當今。他的考古，目的在求知今；明古，在求解今；據古，在求論今。惟其如此，才能達到經世致用的目的。〔註13〕以《日知錄》為例，此書是顧氏平生志業所在，考據精詳，方面多，氣象規模大，為清代各門學

〔註8〕同前書卷十七，「兩漢風俗」、「鄉原」各條。

〔註9〕同前書卷十七，「清議」條，頁383。

〔註10〕同前書卷十七，「重厚」、「兩漢風俗」、「耿介」各條。

〔註11〕見《亭林文集》卷三，〈與友人論學書〉，頁44。

〔註12〕同前書卷三，〈病起與薊門當事書〉，頁52。

〔註13〕見牟潤孫，〈論顧亭林學術與儒學之真精神〉，《新亞生活雙周刊》，香港：新亞書院出版，民國50年12月。

問的發軔。〔註14〕然顧氏寫作是書的目的，絕非爲單純的考據，而是求用於今。即治經學，亦以活用於當世爲鵠，絕非乾嘉時代死守訓詁、音韻、考據，鑽到「故紙堆中」的學者可比。由此可見，顧氏所謂的「行己有恥」，其積極一面的意義，即是以天下生民安危休戚爲己任。顧氏標出「博學於文」與「行己有恥」二說，同爲聖人之道，亦足以說明其「行己有恥」之訓，實非以「修己」工夫爲已足。

顧炎武一生，持守方嚴，行己嚴峻，其出處、進退、辭受、取與，均無愧其「有恥」之訓。他嘗自述其志行說：「某雖學問淺陋，而胸中磊落，絕無闒然媚世之習。」〔註15〕其生平自處爲「硜硜踽踽之人」，〔註16〕而不願徇眾人之好，枉道以從人：「『大匠不爲拙工改廢繩墨，羿不爲拙射變其彀率』，若徇眾人之好，而自貶其學，以來天下之人，而廣其名譽，則是枉道以從人，而我亦將有所不暇。……夫道之隆污，各以其時，若爲己而不求名，則無不可以自勉，鄙哉硜硜所以異於今之先生者如此。」〔註17〕顧氏因自守如此之卓，故雖在危急之時，亦不肯屈節求人。如明桂王永曆九年（清順治十二年），顧氏爲仇家葉氏所陷，被囚繫於葉氏奴家，危在旦夕，摯友歸莊急爲求救於錢謙益，謙益欲顧氏自稱門下，始許爲援救。歸莊知顧氏素鄙謙益降清，志節可議，必不肯屈己，又恐失去謙益之援，因此代顧氏修書一刺上謙益。顧氏聞之，急索刺還，索之不得，遂列揭文於通衢以自白。〔註18〕他如清康熙十年，以「非死則逃」堅拒大學士熊賜履束招明史館職；〔註19〕康熙十七年，以「刀繩具在，勿速我死」，固辭學士葉方藹和韓菼博學鴻詞科之薦；〔註20〕康熙十八年，以「身殉」其嗣母王氏「無仕異代」遺命，力卻葉方藹纂修明史之招等，〔註21〕雖皆源於顧氏民族思想之濃厚，誓不仕清，要

〔註14〕 見梁啓超，《中國近三百年學術史》，頁63。

〔註15〕 見《亭林文集》卷四，〈與人書十一〉，頁96。

〔註16〕 同前書卷六，〈與友人辭往教書〉，頁142。

〔註17〕 同前書卷二，〈與友人論門人書〉，頁51。

〔註18〕 見《亭林詩集》卷二，〈贈路光祿太平〉，頁319。又見江藩《國朝漢學師承記》卷八，台北：台灣中華書局，民國58年12月台二版，頁5。

〔註19〕 見《亭林文集》卷四，〈答次耕書〉，頁81。

〔註20〕 見張穆，《顧亭林先生年譜》卷三，頁78。

〔註21〕 見《亭林文集》卷三，〈與葉訒菴書〉，頁56。又顧氏以「身殉」其嗣母王氏「無仕異代」遺命，力卻葉氏之招，可見他之不仕清，「孝」實爲重要原因。故石錦推論顧氏誓死不仕清的最主要原因是：「爲了對母親盡孝，而不是對明朝盡忠。」此說或可成立。見石錦，〈顧炎武經世思想的界限〉，《史原雜誌》

亦爲其「行己有恥」之訓的具體表現。錢穆認爲，顧氏雖不談身心性命，而其「行己有恥」之精神，足爲一輩高談身心性命者，樹一至堅實之模範，〔註22〕實非過譽之論。

第二節　顧炎武的民族觀——夷夏之防

在中國歷史上，每當外族入侵之時，漢民族基於民族文化的存亡絕續，皆曾起而作激烈的保衛之戰，如南宋末年的抵抗蒙古人即然。然亦多有賣國求榮、認賊作父的漢奸之徒，使得民族氣節面臨考驗。例如當清人揮戈南下時，江南各地志士固起而作激烈的抵抗，遺民相率投入此一民族保衛戰爭，然爲虎作倀，爲清軍前驅，屠戮同胞者，亦不乏漢民族將士兵卒，此實爲一極可嘆之事。在民族思想若晦若現之際，幸有遺老王夫之等，極力闡揚民族思想，恥事異族，以維繫民族文化自任，中華民族之正氣因之綿綿不絕。

顧炎武「是一位具有深度種族中心主義色彩的儒家學者」，〔註23〕早年曾參加抗清運動，已如本書第二章第三節所述。事敗之後，毅然束裝北遊，與殘明遺老相過從，以民族氣節相砥礪。他對夷夏之防，具有極深刻的認識，他認爲在滿人征服中國，頒佈一連串的薙髮，改衣冠的命令之際，中華文化已面臨威脅，故當時最急迫的工作，莫過於中華文化的保衛和延續。他說：

> 君臣之分所關者在一身，夷夏之防所繫者在天下。故夫子之於管仲，略其不死子糾之罪，而取其一匡九合之功。蓋權衡於大小間，而以天下爲心也。夫以君臣之分，猶不敵夷夏之防，春秋之志可知矣。……論至於尊周室攘夷狄之大功，則公子與其臣區區一身之名分小矣。雖然，其君臣之分故在也，遂謂之無罪，非也。〔註24〕

由上述可以明顯看出，顧炎武對於君臣之分與夷夏之防的見解，他是同意孔子略去管仲不死子糾之罪，而取其一匡九合之功的。故顧氏雖不排斥忠君的重要性，但他認爲忠君與民族文化的存亡相比，乃屬次要，在二者不可得兼

　　　　第三期，頁126。
〔註22〕見錢穆，《中國近三百年學術史》（上），頁127。
〔註23〕見石錦，〈顧炎武經世思想的界限〉，《史原雜誌》第三期，頁125。
〔註24〕見《原抄本顧亭林日知錄》卷九，〈管仲不死子糾〉，頁201。

之時，顧氏似乎主張應以夷夏之防為重。〔註25〕惟沈嘉榮就另一觀點立論，認為顧氏的君臣之分不敵夷夏之防的觀點，乃是針對清人已經入主中國，朱明王朝已經傾覆，君臣關係已不復存在，攘夷問題已成當務之急的特定歷史條件之下而提出的，故以君臣關係與夷夏之防，並視為顧氏所強調的「春秋大義」，〔註26〕其說亦有可採之處。

對於當時盛行的「素夷狄行乎夷狄」之說，顧氏提出他的看法。顧氏認為所謂「素夷狄行乎夷狄」，並非盡去中國之倫常，以「奉其令，行其俗，甚者導之以為虐於中國」；處於「夷狄」滿人的統治之下，中國人應採「處夷狄之邦，而不失吾中國之道」的方式，方才足以保全中華文化於不墜。他強調，六經所載，「帝舜滑夏之咨，殷宗有截之頌，禮記明室之位，春秋朝會之書，凡聖人所以為內夏外夷之防也，如此其嚴也！」故不可如文中子之抱持「天地有奉，生民有庇，即吾君也。……毀吾道以殉之。」的態度，而把滿人當作中國合法的統治者；否則，即淪為民族的罪人。顧氏呼籲當時的中國人，要把眼光放遠一點，在被滿人征服期間，要堅守儒家的傳統，等待恢復一日的來臨。他說：

> 夫興亡有迭代之時，而中華無不復之日，若之何以萬古之心胸而區區於旦暮乎！〔註27〕

根據顧氏在上述「素夷狄行乎夷狄」一條所論，與其生平事蹟相對照，顧氏之考求山川風俗疾苦利病，綜論歷代政教經濟風俗之得失，而提出的一套經世主張，顯然是期待在漢人推翻滿清政權之後，用以付諸實施的。因此，顧氏所期待的「王者」、「撫世宰物者」，當係指領導漢人推翻滿清政權，重建漢民族政府的革命英雄。

顧炎武的迫切期待有「王者」起而推翻滿清政權，明顯地表示，他認為明朝的滅亡和滿人的入主中國，不僅是一個易姓改號的「亡國」問題，而是漢民族遭到奴戮，中華文化瀕臨「亡天下」的浩劫。他明確地提出「亡國」和「亡天下」的區別。他說：「有亡國，有亡天下。亡國與亡天下奚辨？曰：『易姓改號，謂之亡國；仁義充塞，而至於率獸食人，人將相食，謂之亡天

〔註25〕見華山、王賡唐，〈論顧炎武思想〉（上），《中國近三百年學術思想論集》三編，存萃學社編集，香港：崇文書局印行，1972年3月，頁2。

〔註26〕見沈嘉榮，〈論顧炎武的愛國思想〉，《中國近三百年學術史》參考資料《中國近三百年學術思想論集》三篇，頁15。

〔註27〕見《原抄本顧亭林日知錄》卷九，「素夷狄行乎夷狄」條，頁186。

下。』」〔註28〕顧氏進一步地說明，易姓改號，只算「亡國」，「保國者，其君其臣肉食者謀之」，一般不得其位，不食其祿的人民是不必與聞的；至於「仁義充塞」的「亡天下」，則作爲民族的一個成員，是有其義不容辭的責任的，即顧氏所謂的：「保天下者，匹夫之賤，與有責焉耳矣。」〔註29〕因此，顧氏的矢志不事二主，以及他一生的恢復明室的活動，即不僅是忠於明室的行爲，抑且是保衛漢族文化的表現。〔註30〕

　　顧炎武反對夷狄的漢化，他對中國傳統含有濃厚文化意義的民族觀念——「諸侯用夷禮則夷之，夷而進於中國則中國之」，持不同的意見。顧氏根據歷代胡漢接觸的史實而得到結論，認爲一旦夷狄「明習漢法，睹衣冠之儀；目覽朝章，知經國之要；窺成敗於圖史，察安危於古今，識邊塞之盈虛，知山川之險易。」學得中國的一套縱橫之術後，一定會造成中國的邊害，如歷史上的五胡之亂與土木之變，即爲夷狄遷徙內地，甚至入居近畿，讓夷狄學得中華文化的結果。基於歷史的教訓，顧氏主張遵循古代聖人的馭夷辦法，將夷狄視同「禽獸」一般地隔開：「以禽獸畜之，其來也，懲而禦之，不使之久處。其去也，守而備之，不誘其復來。」縱使帝德廣被，有時接受夷狄的朝謁，向化之誠，「請納梯山之禮」，亦宜於貢事完畢之後，導夷狄以指南之車，使其歸父母之國，不使襲服衣冠，築室京師，滯留不歸，以避免滋生事端。顧氏分析冒頓單于無窺中國之心與五胡亂華的原因強調，秦漢之際，中國因楚漢的相爭，累載用兵，人戶彫盡，而北邊的匈奴曠世雄主冒頓單于，東滅烏桓，西擊烏孫，其國力空前強大，且曾圍困漢高祖於平城，但冒頓單于終不入中國者，其原因爲冒頓「不習中土之風，不安中國之美。生長磧漠之北，以穹廬勝於城邑，以氈罽美於章紱。既安其所習而樂其所生，……爲生不習漢故也。」至於五胡亂華的發生，則導源於東漢桓帝以後，「遷五部匈奴於汾晉」，漢胡雜居；晉武帝時，復授其酋長以都尉之官職，使匈奴習中國之兵法，因萌叛逆之志，遂乘八王之亂起而爲禍中原；鮮卑等部，尤而效之，終於造成五胡亂華的大動亂。〔註31〕

　　至於漢人的胡化，顧炎武尤其反對。他認爲中國的禮法制度，以至於日常生活的衣冠、器物等，皆極完美，斷無中國之人「反效戎虜之俗」的道理。

〔註28〕同前書卷十七，「正始」條，頁379。

〔註29〕同前註。

〔註30〕見華山、王賡唐，〈論顧炎武思想〉（上），頁2。

〔註31〕見《原抄本顧亭林日知錄》卷二十九，「徙戎」條，頁850～854。

他強調「以中國之人，效犬戎之服，忘貴從賤。」不但是「良為可恥」之事，而且根據歷史事實證明，每當中國仿效、崇尚胡服胡俗之時，必予國家帶來災難。例如東漢靈帝好胡服、胡帳、胡牀、胡坐、胡飯、胡箜篌、胡笛、胡舞，京都貴戚亦競相效之，結果導致「董卓多擁胡兵，填塞街衢，虜掠宮掖，發掘園陵。」的空前胡禍。又如唐玄宗開元天寶年間，因士大夫及其妻女公開採用胡服胡帽，唐玄宗又好羯鼓，故有安祿山的反叛。再如明英宗以後，中外官舍軍民，「戴帽穿衣，習尚胡俗，語言跪拜，習學胡俗，垂纓插翎，尖頂禿袖。」結果有「遼東之難」的發生。〔註32〕

由上述兩段敘述可知，顧炎武不但反對夷狄的漢化，抑且反對漢人的胡化。吾人就文化的觀點看，兩個不同文化類型民族的融合，每能產生新生的力量。中國歷史上的五胡之亂，固為漢民族的悲劇，然未嘗不是中華文化擴大綿延的契機。自五胡之亂後，南人染有胡人剛強純樸之風，逐漸去其儒柔之習；胡人亦深受中原文化的薰陶，不復蠻悍是尚，終於胡漢不分，共熔於中華民族的大洪爐，啓開隋唐的盛世和輝煌燦爛的高度文化。中華文化之能歷久彌新，中華民族之不斷擴大與發展，乃拜融合四邊民族與文化之賜，故吾人實無取於顧氏狹隘的民族觀念，未盡同意他嚴夷夏之防的主張。不過，吾人如進一步觀察，顧氏在明亡之後，誓不仕清，提出「知恥」之說和狹隘的民族觀念，教人要嚴夷夏之防，實有其苦心的。吾人由顧氏強調「夫興亡有迭代之時，而中華無不復之日」，即可理解顧氏時刻都在等待恢復中華之日的來臨，他固不希望滿人漢化，以加強統治中國的能力；更不願漢人滿化，忘身事讎，愧辱「有恥」之訓，「失吾中國之道」。〔註33〕

顧炎武為一身體力行的學者，其基於滿漢民族之觀點，嚴夷夏之防，已如上述。故終其一生，雖有清廷的屢次徵召，顧氏皆本夷夏之防，遵母遺命，以「死」拒之，其誓不仕清，絕非沽名釣譽者可比。〔註34〕吾人於顧氏原抄

〔註32〕同前書卷二十九，「胡服」條，頁824～826。關於顧氏對於夷狄漢化及漢人胡化的意見，請參見石錦，〈顧炎武經世思想的界限〉，頁125～126。

〔註33〕見《原抄本顧亭林日知錄》卷九，「素夷狄行乎夷狄」條，頁186。

〔註34〕顧炎武之拒出任明史館職，應博學鴻詞科，纂修明史之招等，皆以「死」拒之，得免。有人因謂顧氏說：「先生盍亦聽人一薦？薦而不出，其名愈高矣！」顧氏回答說：「此所謂釣名者也。今夫婦人之失所，天也。從一而終，之死靡慝，其心豈欲見之於人？若曰：『盍亦令人強委禽焉，而力拒之，以明吾節。』則吾未之聞矣。」可見顧氏之死拒清廷之徵召，絕非沽名釣譽者可比。見江藩，《國朝漢學師承記》卷八，頁6（下）。

本《日知錄》、《亭林詩集》諸籍與其北游的種種活動顯示，得知顧氏夷夏之防之嚴，民族氣節之堅，與故國情懷之深，雖至暮年，亦未少衰。

顧炎武原抄本《日知錄》一書，除注意民生，爲正德利用厚生外，尚有極強烈之節操，極豐富之民族精神，流露於字裏行間。或本民族立場，嚴夷夏之防；或引古證今，口誅而筆伐。正名定分，褒貶善惡，雖一字無所苟。雖身陷夷狄而心存漢室，撥亂反正，期之後人。〔註35〕惟潘次耕初刻本「懲於史禍」，〔註36〕剷定改竄，面目不可全睹，黃汝成集釋的通行本亦然，致有明遺臣一變而爲有清順民。民國二十二年，張繼在北平購得《日知錄原抄本》，持與清刻本對勘，眞相乃見。

原抄本《日知錄》與通行本不同者，多在明清之順逆，內諸夏而外夷狄，以及對明朝明帝稱謂各端。舉其要旨，如稱明必曰本朝，稱明太祖必曰我太祖，崇禎必曰先帝，明初稱國初等。凡此皆顯示，顧氏只知身爲明人，不知有清帝。一字之差，敵我之分，順逆之辨，全在於是。清人必爲竄改，本朝改爲明朝，我太祖改爲明太祖，先帝改爲崇禎；又如內侵之夷狄稱胡、稱虜，清人則改爲邊、爲塞、爲敵、爲外國，五胡改爲劉石，中原左衽改爲中原塗炭等；甚至有全文或全節遭改刪除者，如「胡服」、「納公孫寧儀行父于陳」、「素夷狄行乎夷狄」、「心學」各條。凡此種種，輕重褒貶，毫釐千里，皆有不容假借者。〔註37〕

至於《亭林詩集》，顧炎武亦本其夷夏之防，用春秋筆法，斥滿人爲東胡、爲東夷、爲夷孽、爲建州，用「隆武」、「永曆」年號，稱監國爲「上」等，不一而足。然亦悉經潘次耕及清人竄改，如東胡改爲多虞，東夷改爲東支，建州改爲願州，隆武改爲東武，永曆改爲梗錫；甚至有全句竄改者，如恥污東夷刀改爲恥爲南冠囚，匈奴出塞時改爲中原望捷時，天下想中興改爲灑掃及多黍，恭惟上中興改爲國步方艱危，金陵自入胡改爲陪京板蕩餘，王氣開洪武江山改爲王氣開江甸山河，神州既陸沈改爲微誠抱區區等，不勝枚舉，以致顧氏《亭林詩集》的眞精神，無法彰顯，經近人的研究發覆，〔註38〕

〔註35〕見《原抄本顧亭林日知錄・敍例一》，徐文珊撰。

〔註36〕同前書附錄一，〈日知錄校記〉序一，章炳麟撰，頁957。

〔註37〕同前書附敍例十，徐文珊撰；又參見同書附錄一，〈日知錄校記〉，黃侃撰，頁967～990；附錄二，〈日知錄校記補〉，徐文珊撰，頁993～998。

〔註38〕如孫毓修，〈蔣山傭詩殘稿後補〉；潘重規，〈亭林詩發微〉、〈亭林詩鈎沉〉、〈亭林隱語詩叢論〉；饒宗頤，〈顧亭林詩論〉等。其中以潘重規著〈亭林隱語詩

真相始告大白。

顧炎武的民族觀——夷夏之防，如此其嚴，故雖處於「夷狄」滿人統治之下，而心存漢室，矢切匡復。其北游之後，所至皆形勢險要之地，所結交多爲殘明遺老，已如本書第二章第四節所述。顧氏晚年的定居華陰，實以「百拜丹心今未死，胡虜從來無百年」，〔註39〕時思時機重光大明河山之故。他稱讚華陰的形勢說：

> 華陰綰轂關河之口，雖足不出戶，而能見天下之人，聞天下之事。
> 一旦有警，入山守險，不十里之遙。若志在四方，一出關門，亦有
> 建瓴之便。〔註40〕

又自述其墾田華下的用意說：

> ……而東西開墾所入，別貯之，以備有事。〔註41〕

可見顧氏雖在晚年，亦未嘗一日忘卻光復之大計。

顧炎武在唐王遇害後，所作詩文尚採用「隆武」年號，始終不承認唐王已死。在唐王死後十九年，「仍丹心耿耿，等待唐王從遠方回來，收復大明的山河。」〔註42〕此皆源於「有恥」之訓與夷夏之防，不承認滿人是中國合法的統治者之故。

第三節　顧炎武與清初民族思想的闡揚

滿清的入主中國，是中國歷史上的大變局之一。「在中國歷史上，天下大亂時，學者每遁隱世外，如嚴光、管寧、陳搏、林逋等皆是，此皆近於老莊一派。」〔註43〕然晚明諸儒則不然，其人雖隱淪不出，但仍在講治國、平天

蕘論〉一文，考證最精，最能顯示《亭林詩集》的眞面目。見《新亞書院學術年刊》第三期，香港，民國50年9月，頁1～15。
〔註39〕見《原抄本亭林詩集》卷五，〈井中心史歌〉，頁416～417。潘刻本「胡虜從來無百年」一句作：「厄運應知無百年」，此處從原抄本。
〔註40〕見《亭林文集》卷四，〈與三姪書〉，頁90～91。顧氏之定居華陰，除形勢險要外，華陰係僻遠之地，清人勢力尚未能顧及，故明末宗室，以及二三遺老尚得盤遊其間，遁影無涯，如屈大均等皆不遠千里而來。諸老倡社結和，外似吟詩爲名，內寓有起義之意。見謝國楨，《顧寧人學譜》，〈學侶考〉，頁145。
〔註41〕見全祖望，《鮚埼亭集》卷十二，〈顧亭林先生神道表〉。
〔註42〕見潘重規，〈顧亭林元日詩之研究〉，《新亞生活雙周刊》第四卷第十九期，香港，民國51年5月，頁1112。
〔註43〕見錢穆，〈晚明諸儒之學風與學術〉（上），《人文論著》第二二二期，頁2。

下，經綸世業之學，其學極端積極。其所以如此，乃源於濃厚的經世思想，而其經世思想之濃厚，又源於其強烈之民族思想。〔註44〕

晚明諸儒在明亡之後，既抱亡國之痛，又見大事之無可爲，乃隱居山林從事著作，寓經世思想於著作之中，並藉以發揮其民族思想。如黃宗羲一面搜集明代學者生平與思想，以及南明經營恢復之事蹟，寫成明儒學案與行朝錄九種，以寄託故國之思；一面撰述《明夷待訪錄》，發揮孟子之民貴主張與〈禮運大同篇〉之天下爲公原理，闡明立君所以爲民與君臣乃人民公僕之二義等，〔註45〕以寓其反對清廷專制之思想。又如王夫之除於讀通鑑論中，極力排斥夷狄，強調「即使桓溫輩功成而篡，尤賢於戴異族以爲中國主。」著有《黃書》，斷定黃帝爲漢族之祖說：「可禪，可繼，可革，而不可使異類間之。」又於〈詩廣傳〉中，論禦夷狄之法爲「時戰則戰，時守則守。」謹謹於種姓夷夏之防。〔註46〕再如朱之瑜避居日本，民族思想極爲亢烈，其反抗滿清之精神，始終不衰。著有〈陽九述略〉一篇，內分致虜之由、虜禍、滅虜之策等，強調中國之有逆虜——滿清之難，係貽羞萬世之事，然逆虜之負恩，實亦中國士大夫自取其禍。崇禎末年，「流賊至而內外響應，逆虜入而迎刃破竹」，實因縉紳罪惡貫滿之故，因造成「累世之患」。朱氏撰述該篇，雖旨在抨擊晚明士大夫之誤國，致釀「逆虜」之禍，然其夷夏之防之嚴，亦於此可見。其於篇末題「明孤臣朱之瑜泣血稽顙謹述」，抵死不肯薙髮，恥爲清臣，正足以表現其民族義烈情感之堅貞。〔註47〕

此外，如閻古古所著《帝統樂章》，亦多鼓吹民族思想之言論，其詩集中亦多有之，如北直隸集詩句：「掃除胡種落，光復漢威儀。」「禍自中原召，功爲外戚成。久之天意厭，蹠蹠聖人生。瓦剌三犁後，王藩改帝京。」等皆足以喚起民族意識之普遍覺醒，〔註48〕對於清初民族思想的闡揚，有很大的影響。

然對於清初民族思想之闡揚，影響最大者，則世推顧炎武。顧氏因鑒於

〔註44〕見杜維運，〈顧炎武與清代歷史考據學派之形成〉（上），《故宮文獻》第三卷第四期，頁29。

〔註45〕見蕭公權，《中國政治思想史》（五），第三編第十八章，頁598。

〔註46〕見張西堂，《王船山學譜》，頁117～121。參見錢穆，《中國近三百年學術史》（上冊），第三章，頁120。

〔註47〕見梁啓超，《中國近三百年學術史》，頁1～84。

〔註48〕見楊幼烱，《中國政治思想史》第十章，《中國文化史叢書》，台北：台灣商務印書館，民國53年11月台一版，頁275。

晚明士大夫之廉恥淪喪，忘身事讎，甘作有清順臣，因此提出「行己有恥」一說，以教國人，強調士大夫之無恥是謂國恥，以廉頑立懦，使之樹立高尚的人格。

　　本著「有恥」之訓，顧氏進一步闡揚其強烈的民族觀——夷夏之防。他指出在異族——清人統治之下，改衣冠，行薙髮，中華文化面臨存亡之際，凡有血性之中國人，皆應以保衛、延續中華文化自任，「內諸夏而外夷狄」。對於當時盛行之「素夷狄行乎夷狄」之說，顧氏亦強調應採「處夷狄之邦，而不失吾中國之道」之方式，始可免於中華文代之淪亡。顧氏呼籲國人，不可把滿人當作中國合法的統治者，「興亡有迭代之時，而中華無不復之日」，要堅守儒家傳統，等待恢復一日的來臨。〔註49〕顧氏不僅反對漢人胡化，亦反對夷狄的漢化，他認為「夷狄無信，易動難安，……人面獸心，貪而好利，乍臣乍叛，荒忽無常。彼來降者，非心悅而誠服也，實慕中國之利也。」故馭夷之策當如古聖人所主張的：「以禽獸畜之，其來也，懲而禦之，不使之久處；其去也，守而備之，不誘其復來。」〔註50〕其夷夏之防之嚴，於此可見。而其民族思想之濃厚，實因其夷夏之防之嚴，有以致之。

　　綜上所述，可知顧炎武民族思想之濃厚，實遠過於黃宗羲、朱之瑜、閻古古諸儒，亦不下於王夫之「可禪，可繼，可革，而不可使異類間之。」之極端民族本位之思想。〔註51〕然王夫之竄身猺洞，絕跡人間，聲影不出林莽，故其極端民族本位之思想，雖「給晚清青年的刺激極大」，〔註52〕但在當時，則無大影響。而顧氏因「處身於儒學傳統的樞紐地位」，〔註53〕且係一最堅卓，倡導最力者，故其影響亦最大。顧氏除刊刻《日知錄》、《亭林詩集》諸書，本民族立場，嚴夷夏之防，「只知身為明人，不知有清帝」〔註54〕外；且為陳梅作墓誌銘，述陳氏告其孫芳績之言：「士不幸而際此，當長為農夫以沒世。一經之外，或習醫卜，慎無仕宦。」〔註55〕撰述〈吳同初行狀〉，述吳其

〔註49〕見《原抄本顧亭林日知錄》卷九，「素夷狄行乎夷狄」條，頁186～187。

〔註50〕同前書卷二十九，「徙戎」條，頁853。

〔註51〕見杜維運，〈顧炎武與清代歷史考據學派之形成〉（上），《故宮文獻》第三卷第四期，頁28。

〔註52〕見梁啓超，《中國近三百年學術史》，頁80。

〔註53〕見余英時，〈清代思想史的一個新解釋〉，《中華文化復興月刊》第九卷第一期，頁23。

〔註54〕見《原抄本顧亭林日知錄·敘例十》，徐文珊撰。

〔註55〕見《亭林餘集》，〈常熟陳君墓誌銘〉，頁167。

沆抗清死難事蹟，〔註56〕作〈書吳潘二子事〉，傳吳炎、潘檉章二子撰述有明史事罹禍之事，〔註57〕以闡揚民族思想。復於北游期間，結交晚明遺老逸民，以民族氣節相砥礪，如傅青主、王山史、屈大均、李因篤等，皆爲一時之隱君子，而顧氏皆與之遊，故能存中華民族正氣於綿綿不絕。至於顧氏一生，持守方嚴，行己嚴峻，拒作清臣，更予清初士子以「有恥」之訓的典範，對於清初民族思想之勃興，尤有潛移默化之效。

〔註56〕見《亭林文集》卷五，〈吳同初行狀〉，頁119～120。
〔註57〕同前書卷五，〈書吳潘二子事〉，頁120～122。

第六章　結　論

　　學術思想的發展，與時世的盛衰，息息相通。〔註1〕春秋戰國時代，王室式微，列國競爭劇烈，經濟社會組織皆發生空前之變動，因之諸子百家各引一端，崇其所善，紛然並起，各謀社會秩序之重建，思實現其政治理想。儒、墨、道、法諸家，皆爲當時學術思想的重要派別。

　　明清之際，政治、經濟與社會等亦發生劇變，因此學術思想隨之轉變。學者鑒於王學之無補時艱，士人高談性命之理，乏經世之術，而導致明朝之滅亡與清人之入主中國，故群起講求經世之學，特富經世思想與民族思想，如黃宗羲、王夫之、顏元、朱之瑜等皆然。其中，崑山顧炎武不但處身儒學傳統的樞紐地位，倡導最力，而且有示範性的著作——《日知錄》諸書，〔註2〕尤被推爲彼時經世思潮的代表人物。

　　考顧炎武之經世思想，其特點有二：一爲復古思想濃厚；〔註3〕二爲特重風俗教化與世道治亂之關係。〔註4〕其所以如此，當係因顧氏爲一儒家學者，

〔註1〕見杜維運，〈學術與世變〉，《學術與世變》，台北：環宇出版社，民國60年5月初版，頁1。

〔註2〕見余英時，〈清代思想史的一個新解釋〉，《中華文化復興月刊》第九卷第一期，頁23～24。

〔註3〕顧炎武濃厚的復古思想，散見其著作中，例如他自敍完成《音學五書》一書的目的，即在等待聖人復起，「舉今之音而還之淳古者」。見《亭林文集》卷二，〈音學五書序〉，頁28。

〔註4〕顧炎武特重風俗教化與世道治亂之關係，乃秉承儒家重視道德、精神價值的結果，因此他強調「目擊世趨，方知治亂之關必在人心風俗，而所以轉移人心，整頓風俗，則教化紀綱爲不可闕矣。」見《亭林文集》卷四，〈與人書九〉，頁97。

深受儒家「法先王」思想的影響，且對儒家倫理教化之主張，深信不疑之故。因復古思想之濃厚，故顧氏提出其經世主張，每從歷史上尋求範例，懸以爲鵠，以資討論。如論政治，上則慕周之封建，下則晞唐之氏族；其論國計民生，則推崇後魏墾田、均田之制；其論風俗，則以東漢光武之尊崇節義，敦勵名實爲取法之標準；其論教育，則極推崇明洪武初年學校與科舉並重之制等。可見顧氏所認爲的「治古之隆」，乃是綜合各朝各代之「隆」，而非專復某朝某代之「古」。顧氏因懷古之情深，故不免昧於世運之不可及，流爲錢穆所謂的「終爲書生之見」，〔註5〕然頗得當時人們的贊同，而有「當今第一有用儒者」〔註6〕之譽。又因特重風俗教化與世道治亂之關係，故顧氏論政，每從儒家經典尋求「經世」之術，再三致意於倫理道德的實踐問題，對於儒家以外派別的「經世」之術，如法家、道家等，則甚少論及。他高標「行己有恥」爲聖人之道，即在強調治國之要，務在透過教化，使得全國人民個個皆知修養己身，以「恥」爲衡量是非之標準，以建立一四維伸張之社會。

顧炎武之經世主張，乃針對晚明的諸種弊端，而謀爲解決，此可由其《日知錄》中篇〈治道〉各卷看出。因顧氏提出其經世主張之時，明室已亡，因此他只有等待「王者」之起，而付諸實施。然顧氏既抱亡國之痛，不仕清朝，故他所期待的「王者」，自非指有清皇帝，而係指領導漢人推翻滿清政權，重建漢人政府的革命英雄。顧氏晚年，正值清之盛世，而斯時學風亦漸轉變，因此顧氏歿後，其經世思想遂少有誦習者。直至有清道光二十三年，何紹基、張穆創建顧亭林祠於北京廣寧門內之慈仁寺，歲舉祀事，〔註7〕顧氏經世之絕學，乃漸爲世所重，學風士習因之一變，而形成晚清的經世學派，成爲中國近百年世運的關鍵所在。〔註8〕

顧炎武認爲要達到經世致用的目的，首須具有廣博的學問以爲基礎，因此他提出「博學於文」一說，以研求經世致用之學。其研求經世之學所運用

〔註5〕見錢穆，《中國近三百年學術史》，頁149。
〔註6〕見湯斌，《湯子遺書》，〈答寧人先生書〉。
〔註7〕見《中和月刊》第二卷第一期，頁3，〈道光學術〉。
〔註8〕根據吳相湘的說法，曾國藩嘗讀書於顧氏祠側，對於顧氏極盡嚮往之誠。「創立湘軍又以天下興亡匹夫有責作號召，用儒生爲統將，募農夫充行伍，士人匹夫均因此毅然有守先待後、捨我其誰之壯志，湖南全省之義聲震天下，遂使舉國之人咸知引國事爲己任，民權之得伸，自此始也；……今人謂近百年世運之關鍵有在也。」見吳相湘，《宋教仁──中國民主憲政的先驅》，台北：傳記文學出版社印行，民國60年5月初版，頁3～4。

之方法，如注重證據、精研深入，創造發明，探求本源與實地考證等，皆極富科學精神，而爲當時學者所仿行；其不畏困難、始終不懈的治學精神，其謙虛忠實、審慎嚴謹的治學態度，以及其治學範圍的廣博，亦皆爲清初學者所效法學習，因此乃形成清初的考據學風。

顧炎武之治學方法、精神與態度，皆俟諸百世而不移，清代考據學之最可稱道者，即在於此。然顧氏之治學範圍，雖稱廣博，實則僅限於經史諸籍、民生疾苦利病與社會群體關係之探討，對於草木蟲鳥等自然現象的研究，顧氏則以「末矣」視之，〔註9〕認爲非當務之急。因此，顧氏提倡「博學於文」一說，在當時固有其進步之意義，實亦有其時代之局限性。

顧炎武爲清代考據學的開山宗師，其治學範圍與興趣，既有「時代的局限性」，因此清代考據學者的治學範圍，遂脫離不了「書」，而對自然界現象的研求，漠不關心。近人蔣方震稱「清學之精神，與歐洲文藝復興，實有同調者焉。」〔註10〕然三個世紀的歐洲文藝復興，使歐洲由黑暗的中古進入文明的近代，而三百年的清代考據學，卻無補於中國近代的衰亂，其關鍵原因當係歐洲的文藝復興，不獨注重人文學術的研究，抑且激發對自然界研究的興趣，而清代的考據學只在故紙堆中做學問，自始至終，皆忽視自然現象的研求之故。

顧炎武強調經世之才，必須輔以高尚的人格，因此他又提出「行己有恥」一說，以爲立身行事的準則。「行己有恥」本爲孔子答門人問士之語，是士人的修己工夫，而非孔子理想中的完全人格——君子、聖人。然則顧氏尚且提出，以之爲聖人之道，與「博學於文」共爲其經世的兩大基礎，其原因當如錢穆所說的「國已亡，不再是各人專講如何做聖人的時代。做人能知恥即已足。」〔註11〕顧氏在明亡之後，誓不事異族，且極力呼籲世人要心存「恥」字，嚴夷夏之防，不可忘身事讎，在民族精神教育上，實具深厚意義。吾人進一步觀察，顧氏倡導的「行己有恥」，並非僅限於一己的修養，不事異族而已，而有其廣義的一面，即「恥其匹夫匹婦之不被其澤」。因此，個人身修之後，尚須懷救民水火之心志，以「拯斯人於塗炭，爲萬世開太平」〔註12〕

〔註 9〕見《原抄本顧亭林日知錄》卷九，「致知」條，頁 183。
〔註10〕見蔣方震，〈清代學術概論序〉。
〔註11〕見錢穆，〈晚明諸儒之學風與學術〉（上），《人文論著》第二二二期，香港：民國 49 年 2 月出版，頁 2。
〔註12〕見《亭林文集》卷三，〈病起與蘄門當事書〉，頁 52。

自任。

　由上述可見，顧炎武的「博學於文」與「行己有恥」二說，雖分就爲學與做人立論，其實相輔相成，缺一不可，必也二者兼備，始足以當經世之任。

　顧炎武死後，其「有恥」之訓，因時異境遷，而不復爲當時人們所誦行。直至晚清，顧氏所極力闡揚的「有恥」之訓與夷夏之防，乃凝聚爲強烈的民族思想，而成爲驅逐滿清之動力，肇建民國之助力。「興亡有迭代之時，而中華無不復之日」，此當爲顧氏初衷所在者。而民國肇造，國步維艱，述往思來，顧氏「博學於文」之教與「行己有恥」之訓，當具永久之意義。

附錄：顧炎武年表

明萬歷四十一年（1613），癸丑，一歲
　　五月二十八日，生於崑山縣千墩，名絳，嗣母王氏抱撫爲子。

明萬歷四十三年（1615），乙卯，三歲
　　患痘症，頗危；及脫痂，左目爲眇。是年鄉試，本生父賓瑤公，中式副
　　榜。

明萬歷四十六年（1618），戊午，六歲
　　十一月，祖母蠡源公李碩人卒。

明萬歷四十七年（1619），己未，七歲
　　始就塾

明萬歷四十八年（1620），庚申，八歲
　　七月，明神宗崩；光武立，才一月崩，熹宗立。本生母弟紓生。

明天啓元年（1621），辛酉，九歲
　　從嗣祖蠡源公讀周易。

明天啓二年（1622），壬戌，十歲
　　從蠡源公讀古兵家孫子、吳子諸書，及左傳、國語、國策、史記。

明天啓三年（1623），癸亥，十一歲
　　從蠡源公讀資治通鑑。

明天啓四年（1624），甲子，十二歲
　　始習科舉文字。

明天啓五年（1625），乙丑，十三歲

　　應納穀寄學例。

明天啓六年（1626），丙寅，十四歲

　　讀資治通鑑畢，讀詩、書、春秋；被取入本學二十二名，庠名繼紳。入復
　　社有名。本生父賓瑤公卒。

明天啓七年（1627），丁卯，十五歲

　　八月，熹宗崩，思宗立。

明崇禎元年（1628），戊辰，十六歲

　　陝西飢，流寇大起。歲試，不第。是年，蠡源公勉顧氏當求實學，凡天
　　文、地理、兵農、水土及一代興革之故，不可不熟究。

明崇禎三年（1630），庚午，十八歲

　　六月，應科試，列一等二十名。

明崇禎四年（1631），辛未，十九歲

　　二月，應歲試，列一等十一名。是年，元配太倉王孺人來歸，甥徐乾學
　　生。

明崇禎五年（1632），壬申，二十歲

　　三月，應歲試，列一等十四名。

明崇禎六年（1633）癸酉，二十一歲

　　正月，應科試，名列三等。是年秋試，本生母兄緗中試順天舉人，甥徐秉
　　義生。

明崇禎七年（1634），甲戌，二十二歲

　　是年，巡按御史祁彪佳表於貞孝之門，甥徐元文生。

明崇禎八年（1635），乙亥，二十三歲

　　六月，應歲試，卷列二等。

明崇禎九年（1636），丙子，二十四歲

　　六月，應科試，卷列二等。是年秋試，不第。巡按御史王一鶚，表奏爲王
　　氏建坊旌表。

明崇禎十一年（1638），戊寅，二十六歲

　　二月，應歲試，卷列三等。十二月，應科試，置三等。

明崇禎十二年（1639），己卯，二十七歲

　　七月，覆試科，舉遺才二等。是年秋試被擯，始撰《肇域志》，退而讀書。

明崇禎十三年（1640），庚辰，二十八歲

　　四月，與邑中歸莊等，共修葺文廟。十二月，應歲試，卷列二等。

明崇禎十四年（1641），辛巳，二十九歲

　　二月，嗣祖蠡源公卒，承制居喪。是年大旱。

明崇禎十五年（1642），壬午，三十歲

　　二月，清兵佔松山、錦州。九月，李自成決河灌開封。十一月，清兵入佔畿內山東州縣。是年，本生母兄遏篆卒。

明崇禎十六年（1643），癸未，三十一歲

　　正月，李自成陷承天。八月，張獻忠陷湖南諸郡。十一月，李自成破潼關，陷西安、延安諸郡。是年，循例入成均。

明崇禎十七年（清順治元年，1644），甲申，三十二歲

　　三月十九日，李自成陷京師，思宗自縊。四月二十九日，李自成西走。五月一日，明鳳陽總督馬士英等迎立嗣福王由崧於南都，仍稱崇禎十七年，詔以明年爲弘光元年。五月三日，清軍入北京，睿親王攝政。是年四月，顧氏率家人侍母遷居常熟唐市。十月，歸千墩。十二月，復遷居常熟之語濂涇。崑山縣令楊永言薦爲南都兵部司務。

明弘光元年（清順治二年，1645），乙酉，三十三歲

　　春，膺楊永言之薦，至京口。四月，偕從叔父穆庵赴南京。五月九日，清軍渡江；十日夜，弘光帝出走；十五日，清軍入南都。六月，顧氏歸語濂涇。同月，唐王即位福州，改元隆武；魯王以海，亦稱監國於紹興。閏六月，顧氏參與崑山守城之戰。七月六日，崑山城陷，逃脫。七月十五日，清兵陷常熟，嗣母王氏絕粒而死，遺命顧氏勿仕異代。是年，唐王遙授顧氏兵部職方主事。作軍制論、形勢論、田功論、錢法論。

明隆武元年（清順治三年，1646），丙戌，三十四歲

　　三月，唐王督師，黃道周舉兵至徽州，戰敗被執。唐王移駐延平。十月，明兩江總督丁魁楚、廣西巡撫瞿式耜等，擁立桂王於肇慶府，以明年爲永曆元年。十一月，清軍攻下延平府，唐王走汀州，被執遇害。是年，顧氏

將往閩中赴唐王職方之召，以母喪未葬，不果行。

明永曆元年（清順治四年，1647），丁亥，三十五歲

十月，葬嗣母王碩人于仲逢公之兆。十二月，復移家於語濂涇。

明永曆二年（清順治五年，1648），戊子，三十六歲

語濂涇家中被劫。秋，至湖上。冬，抵京口。

明永曆三年（清順治六年，1649），己丑，三十七歲

春，登靈巖山。秋，至吳江，過八尺；納妾韓氏。

明永曆四年（清順治七年，1650），庚寅，三十八歲

正月，韓氏生子，名曰詒穀。變衣冠，偽作商賈，游金壇，登顧龍山；再至鎮江，登北固樓，已復往嘉興。顧氏之〈鈔書自序〉，以是年為遊四方之始。

明永曆五年（清順治八年，1651），辛卯，三十九歲

至金陵，初謁孝陵。秋八月十四日，至淮安，與山陽王起田、徐州萬年少定交。抵清江浦。

明永曆六年（清順治九年，1652），壬辰，四十歲

入吳郡，至吳縣，遇路澤溥。至常熟，自唐市仍返千墩。至清江，渡河，抵王家營。是年，有世僕陸恩叛投里豪葉方恒。據〈鈔書自序〉，年四十，斐然欲有所作。

明永曆七年（清順治十年，1653），癸巳，四十一歲

三月，魯王去監國號，不知所終。春，至金陵，再謁孝陵，並謁太祖御容於靈谷寺。十月，三謁孝陵，並作圖。子詒穀殤，更納戴氏。

明永曆八年（清順治十一年，1654），甲午，四十二歲

春，遊金陵；遷居金陵、鍾山之陽；遊真州，抵太平、蕪湖。秋，遊燕子磯。是年，長甥徐乾學，以選貢入成均；三甥元文，應鄉試，中式舉人。

明永曆九年（清順治十二年，1655），乙未，四十三歲

元旦，四謁孝陵。春，自金陵還崑山。五月十三日，擒叛奴陸恩，沈之水；奴壻投里豪葉氏，訟之官，移獄松江。浩然有山東之行。

明永曆十年（清順治十三年，1656），丙申，四十四歲

春，獄解，回崑山。三月，本生母何碩人卒。閏五月，至金陵，鍾山舊居。

葉氏憾不釋，遣刺客擊顧氏於太平門外，傷首，遇救得免。

明永曆十一年（清順治十四年，1657），丁酉，四十五歲

　　元旦，六謁孝陵。自金陵還崑山；旋往山東，諸同人餞別，歸莊為之序。至萊州，與掖縣趙士完、任唐臣等交；至濟南，與處士徐東痴、張穭若交。是年，從唐臣假吳才老韻譜，讀而校之。

明永曆十二年（清順治十五年，1658），戊戌，四十六歲

　　春，至泰安，登泰山；旋赴兗州，至曲阜謁孔廟，往鄒縣謁周公廟、孟子廟；抵章邱，訪張光啓；至長安主劉孔懷家；後之濟南、萊州；入都。

明永曆十三年（清順治十六年，1659），己亥，四十七歲

　　出山海關；返至昌黎縣，作《捜梯郎君祠記》，著《營平二州史事》六卷。至昌平州、天壽山，謁十三陵；出居庸關；仍返山東，訂《鄒平縣志》。是年，甥徐元文登進士一甲一名。

明永曆十四年（清順治十七年，1660），庚子，四十八歲

　　春，經昌平，入都。六月，仍返山東。秋，回江南，至金陵。是年，甥徐乾學中式順天舉人。

明永曆十五年（清順治十八年，1661），辛丑，四十九歲

　　七月，緬酋殺桂王從官。十二月，獻桂王於吳三桂。是年，回吳門，至杭州，謁禹陵，弔宋六陵。秋，回蘇，即往金陵。閏七月，赴山東，輯《山東考古錄》成。

清康熙元年（1662），壬寅，五十歲

　　四月，桂王遇害於雲南。是年，正月，自山東入都。三月，至昌平，謁思陵。出古北口，往薊州，仍至昌平。五月二十八日，為顧氏誕辰，有致餽者，作書辭之。至眞定，抵曲陽，謁北嶽恒山。冬，至山西。

清康熙二年（1663），癸卯，五十一歲

　　至太原，訪傅青主。至代州，遊五台山，與富平李因篤訂交。由潼關遊西嶽華山，訪華陰王山史，至西安。十月，訪李顒於盩厔，遂訂交。在汾時，聞摯友吳炎、潘檉章遭難，遙寄於旅舍，作〈書吳潘二子事〉。

清康熙三年（1664），甲辰，五十二歲

　　自大同入都。至河南輝縣訪孫奇逢。至山東泰安。

清康熙四年（1665），乙巳，五十三歲

　　由泰安至德州，復回濟安，置田舍於章邱之大桑家莊。秋，至曲阜，再謁孔林，游闕里。與顏光敏訂交。

清康熙五年（1666），丙午，五十四歲

　　至太原，時秀水朱彝尊遊晉，過訪先生，遂訂交；南海屈大均亦自關中相晤。出雁門關，與李因篤等二十餘人，鳩貲墾荒於雁門之北。抵京師，復往山東。

清康熙六年（1667），丁未，五十五歲

　　南旋，至淮安，主王起田家，始刻所著《音學五書》。入都，從孫思仁得《春秋纂例》等書。

清康熙七年（1668），戊申，五十六歲

　　春，在都，適以蘇州黃培詩獄牽連，星馳赴鞫；三月，下濟南府獄；十月，獄解，得釋。

清康熙八年（1669），己酉，五十七歲

　　出都，至山東，再與謝良吉對簿，案始結。摯友王起田卒，撰文誌其墓。

清康熙九年（1670），庚戌，五十八歲

　　往德州，程先貞、李紫瀾延至家講易。初刻《日知錄》八卷。是年，甥徐乾學登進士一甲三名。

清康熙十年（1671），辛亥，五十九歲

　　入都，主甥徐乾學家。夏，熊賜履設酌相招，欲以纂修《明史》薦，力辭之。出都，至太原。

清康熙十一年（1672），壬子，六十歲

　　由山西，至京。寓書潘次耕，議撫族子衍生為子。

清康熙十二年（1673），癸丑，六十一歲

　　四月，由京往德州，訂州志。返章邱桑家莊，聞從叔顧蘭服及摯友歸莊訃，設祭於桑家莊，為叔作傳。是年，甥徐秉義登進士一甲三名。

清康熙十三年（1674），甲寅，六十二歲

　　正月，出京，由易州往汾州。四月，至德州，回濟南。度歲於桑家莊。

清康熙十四年（1675），乙卯，六十三歲

　　自章邱赴濟陽，訪張稷若。八月，至山西，寓祁縣戴廷栻家。納妾於靜樂。撰〈陳鼎和墓志〉。

清康熙十五年（1676），丙辰，六十四歲

　　正月，自山西至山東。二月，入都。秋，至薊州，仍入都。是年，從子洪善舉進士，作初刻〈日知錄自序〉。

清康熙十六年（1677），丁巳，六十五歲

　　四月，至德州，訪李霖瞻、李星來；抵曲周，主路安卿家。九月，入陝，主王山史家。訪李顒於富平，遂寓居其地。

清康熙十七年（1678），戊午，六十六歲

　　春，由太原入關中。朝議以纂修明史，特開博學鴻詞科，征舉海內名儒，官為資送。同邑葉方靄和長洲韓炎薦之，已而知志不可屈，乃止。自此杜絕招聘，不復入都。

清康熙十八年（1679），己未，六十七歲

　　正月，抵華陰，主王山史家。同邑葉方靄充任明史館總裁官，欲招入館，以身殉嗣母「無仕異代」遺命，力卻之。

清康熙十九年（1680），庚申，六十八歲

　　元配王碩人卒。十一月，與華陰令謀建朱子祠堂。

清康熙二十年（1681），辛酉，六十九歲

　　二月，由汾州曲沃至解州，鹽運使黃荈園迎入署；四月，出署，至華陰，訪山史，以荈園饟為朱子祠費。八月，自華陰抵曲沃，縣令迎入城。十一日，寢疾嘔瀉。十月，移寓韓進士宣園亭。望後，病勢稍減，為嗣子衍生議婚靳氏。

清康熙二十一年（1682），壬戌，七十歲

　　正月四日，寓主人韓宣設燕會親。八日早，答賀熊令，上馬失足墮地，疾作，竟日夜嘔瀉，至九日丑刻，遂卒。（山西曲沃）

參考書目

一、基本史料

1. 《顧亭林遺書》十種：蓬瀛閣校刊，台北：進學書局出版，民國58年8月影印初版。
   (1) 《左傳杜解補正》三卷。
   (2) 《九經誤字》一卷。
   (3) 《石經考》一卷。
   (4) 《金石文字記》六卷。
   (5) 《韻補正》一卷。
   (6) 《昌平山水記》二卷。
   (7) 《謫觚十事》一卷。
   (8) 《顧氏譜系考》一卷。
   (9) 《亭林文集》六卷。
   (10)《亭林詩集》五卷。

2. 《顧亭林遺書》彙輯：光緒十四年朱記榮校刊，台北：中華文獻出版社出版，民國58年2月影印初版。
   (1) 《左傳杜解補正》三卷。
   (2) 《營平二州地名記》一卷。
   (3) 《昌平山水記》二卷。
   (4) 《五經同異》三卷。
   (5) 《歷代帝王宅京記》二十卷。
   (6) 《金石文字記》六卷。
   (7) 《石詩考》一卷。
   (8) 《亭林詩集》五卷。
   (9) 《亭林軼詩》一卷。
   (10)《救文格論》一卷。

(11)《亭林文集》六卷。

(12)《亭林餘集》一卷。

(13)《亭林雜錄》一卷。

(14)《明季實錄》一卷。

(15)《求石錄》一卷。

(16)《京東考古錄》一卷。

(17)《山東考古錄》一卷。

(18)《菰中隨筆》一卷。

(19)《譎觚十事》一卷。

(20)《年譜》一卷。（吳映奎輯）

(21)《神道表》一卷。（全祖望撰）

(22)《同志贈言》。（李因篤等撰）

3. 《清學案小識》卷三,《翼道學案》,台灣商務印書館人人文庫,民國 58 年 12 月台一版。

4. 李桓,《國朝耆獻類徵‧初編》,湘陰李氏版。

5. 徐世昌,《清儒學案》卷六,《亭林學案》第一冊,台北:世界書局。

6. 錢儀吉,《碑傳集》,江蘇書局校刊,光緒十九年（1893）。

7. 顧炎武著,張繼、黃侃、徐文珊等校記,《原抄本顧亭林日知錄》,台北:平平出版社,民國 63 年 9 月再版。

8. 顧炎武著、黃汝成集釋,《日知錄集釋》,楊家駱主編,增訂《中國學術名著》第一輯,增補《中國思想名著》第三十七、三十八冊,台北:世界書局,民國 61 年 12 月。

9. 顧炎武著、楊家駱主編,《景孤本蔣山傭殘稿、新校顧亭林詩文集》（內附《亭林餘集》一卷,《亭林佚文輯補》一卷,張穆著《顧亭林先生年譜》四卷,《國史儒林傳》一卷,全祖望著《顧亭林先生神道表》,何紹基著《顧先生祠詩》,何崇曜撰、張穆著《顧亭林先生年譜跋》）,台北:世界書局,民國 52 年 1 月初版。

10. 黃宗羲,《明儒學案》,楊家駱主編,《中國學術名著》第三輯,《歷代學案》第一期第四冊,台北:世界書局,民國 54 年 4 月再版。

11. 唐敬杲選注,《顧炎武文》,台灣商務印書館人人文庫,民國 58 年 4 月台一版。

二、專書與論文集

1. 王鳳喈,《中國教育史》,台北:國立編譯館,民國 47 年 12 月。

2. 皮錫瑞,《經學歷史》,台灣商務印書館人人文庫,民國 57 年 9 月台一版。

3. 任時光,《中國教育思想史》,《中國文化史叢書》,台灣商務印書館,民

國 53 年 11 月台一版。

4. 江藩,《國朝漢學師承記》,台北:中華書局,民國 58 年 12 月。

5. 余書麟,《中國教育史》(下),台北:師大出版組,民國 55 年 10 月。

6. 何貽焜,《亭林學術述評》,台北:正中書局,民國 60 年 12 月台四版。

7. 杜維運,《學術與世變》,《長春藤文庫》第十七本,環宇出版社,民國 60 年 5 月。

8. 林葱,《亭林思想述要》,台北:樂天出版社,民國 58 年 3 月初版。

9. 柳詒徵,《中國文化史》,台北:正中書局,民國 57 年 4 月台八版。

10. 胡適,《戴東原的哲學》,台灣商務印書館人人文庫,民國 60 年 3 月台三版。

11. 容肇祖,《明代思想史》,台灣開明書局,民國 61 年 6 月台三版。

12. 秦汝炎,《顧亭林教育思想之研究》,《師大教育研究所集刊》第四輯,台北,民國 50 年 12 月。

13. 馬宗霍,《中國經學史》,《中國文化史叢書》,台灣商務印書館,民國 61 年 12 月台四版。

14. 高準,《黃梨洲政治思想研究》,台北:聯合出版中心,民國 56 年 4 月。

15. 張西堂,《王船山學譜》,台灣商務印書館人人文庫,民國 61 年 4 月台二版。

16. 張舜徽,《顧亭林學記》,香港:崇文書局,1971 年 5 月。

17. 梁啟超,《中國近三百年學術史》,台北:中華書局,民國 55 年 3 月台四版。

18. 梁啟超,《中國學術思想變遷之大勢》,台北:中華書局,民國 60 年 10 月台五版。

19. 梁啟超,《清代學術概論》,台北:中華書局,民國 59 年 3 月台五版。

20. 葉恭綽編,《清代學者象傳》,葉氏刊本,民國 17 年(1928)。

21. 陳安仁,《中國政治思想史》,台灣商務印書館,民國 51 年 5 月台一版。

22. 彭國棟纂修,《清史文讞志》,台灣商務印書館人人文庫,民國 58 年初版。

23. 楊幼烔,《中國政治思想史》,《中國文化史叢書》,台灣商務印書館,民國 53 年 11 月台一版。

24. 蕭公權,《中國政治思想史》,《現代國民基本知識叢書》第二輯,台北:中華文化出版事業委員會,民國 43 年 10 月再版。

25. 錢穆,《國史大綱》,台灣商務印書館,民國 56 年 10 月台二版。

26. 錢穆,《中國近三百年學術史》(上、下),台灣商務印書館,民國 61 年

10 月台五版。

27. 戴望，《顏氏學記》，台灣商務印書館人人文庫，民國 59 年 4 月台一版。

28. 繆全吉，《明代胥史》，嘉新文化基金會研究論文第一四八種，台北：嘉新文化基金會，民國 58 年 10 月。

29. 謝國楨，《明清之際黨社運動考》，台灣商務印書館人人文庫，民國 57 年 6 月台二版。

30. 謝國楨，《顧寧人學譜》，台灣商務印書館人人文庫，民國 56 年 9 月台一版。

三、期刊（學報）論文

1. 不著撰人，〈論人才與風俗之關繫〉，《東方雜誌》第十期，上海，光緒三十四年五月。

2. 不著撰人，〈顧亭林日知錄之地方自治說〉，《東方雜誌》第五期，上海，光緒三十二年閏四月。

3. 不著撰人，〈顧亭林以士大夫無恥爲國恥論〉，《清史論》，台北，文海出版社，民國 61 年 1 月。

4. 甲凱，〈日知錄與顧炎武〉，《中央月刊》第三卷第十期，台北，民國 60 年 8 月。

5. 甲凱，〈思問錄與王船山〉，《中央月刊》第六卷第十期，台北，民國 60 年 8 月。

6. 石錦，〈略論明代中晚期經世思想的特質〉，《中國歷史學會史學集刊》第四期，台北，民國 61 年 5 月。

7. 石錦，〈顧炎武經世思想的界限〉，《史原雜誌》第三期，台大歷史研究所，民國 61 年 9 月。

8. 牟潤孫，〈顧寧人學術之淵源〉，《民主評論》第四卷第四期，香港，民國 43 年 2 月。

9. 牟潤孫，〈論顧亭林學術與儒學之眞精神〉，《新亞生活雙週刊》，香港，民國 50 年 12 月。

10. 余英時，〈清代思想史的一個新解釋〉，《中華文化復興月刊》第九卷第一期，台北，民國 65 年 1 月。

11. 呂實強，〈馮桂芬的政治思想〉，《中華文化復興月刊》第四卷第二期，台北，民國 60 年 2 月。

12. 李國祁、周天生，〈清代基層地方官人事嬗遞現象之量化分析〉，《師大歷史學報》第二期，台北，民國 63 年 2 月。

13. 杜維運，〈顧炎武與清代歷史考據學派之形成〉（上、下），《故宮文獻》

第三卷第四期、第四卷第一期，台北，民國 60 年 9 月、12 月出版。

14. 杜維運，〈顧亭林的謙虛胸懷〉，《食貨月刊復刊》第一卷第十期，台北，民國 61 年 1 月。

15. 忱農，〈晚明的社會風氣〉，《民主評論》第六卷第十七、十八期，台北，民國 44 年 9 月。

16. 沈嘉榮，〈論顧炎武的愛國思想〉，中國近三百年學術史參考資料中國近三百年學術思想論集三編。

17. 林尹，〈顧炎武的學術思想〉，《師大學報》第一期，台北，民國 45 年 6 月。

18. 林尹，〈清代學術思想史引言〉，《師大學報》第七期，台北，民國 51 年 6 月。

19. 施唐格（德人），〈中德在文化學術上的交流〉，《大陸雜誌》第十二卷第十二期，台北，民國 45 年 6 月。

20. 柳詒徵，〈顧氏學述〉，《學衡》第五期，上海，民國 11 年 5 月。

21. 胡秋原，〈顧亭林之生平及其思想〉，《中華雜誌》第五卷七期，台北，民國 56 年 7 月。

22. 張大東，〈顧亭林的詩〉，《國聞週報》第四卷第四十六、四十七期，天津，民國 16 年 11、12 月。

23. 梁啟超，〈明清之交中國思想界及其代表人物〉，《東方雜誌》第二十一卷第三期，上海，民國 13 年 2 月。

24. 章炳麟，〈書顧亭林軼事〉，《華國月刊》第一卷第六期，上海，民國 13 年 2 月。

25. 許壽裳編著，〈章炳麟〉，《中國歷代名賢故事集》第三輯學術先進，台北，民國 35 年 5 月。

26. 許德珩，〈晚明的經濟與社會研究導論〉，《東方雜誌》第三十九卷十八號，重慶，民國 32 年 11 月。

27. 陳香，〈讀史方輿紀要與顧祖禹〉，《中央月刊》第六卷第六期，民國 63 年 4 月。

28. 陸寶千，〈論清代經學〉，《師大歷史學報》第三期，台北，民國 64 年 2 月。

29. 華山、王賡唐，〈論顧炎武思想〉（上、下），中國近三百年學術史參考資料中國近三百年學術思想論集三編，存萃學社論集，香港，崇文書局印行，1972 年 3 月。

30. 黃秀政，〈評介狄別瑞「晚明的個人主義與博愛主義思潮」〉，《食貨月刊復刊》第四卷第十一期，台北，民國 64 年 2 月。

31. 黃秀政，〈淑人救世顧炎武〉，《明道文藝》第一期，台灣台中，民國 65 年 3 月。

32. 黃秀政，〈顧炎武的「行己有恥」說〉，《孔孟月刊》第十五卷第七期，台北，民國 66 年 3 月。

33. 黃秀政，〈顧炎武的經世思想〉，《思與言》第十四卷第六期，台北，民國 66 年 3 月。

34. 黃秀政，〈顧炎武的「博學於文」說與清代考據學風的形成〉，《中國歷史學會史學集刊》第九期，民國 66 年 4 月。

35. 黃秀政，〈顧炎武與清初民族思想的勃興〉，《興大文史學報》第八期，民國 67 年 6 月。

36. 黃逸民，〈顧亭林的生平事蹟與學術思想〉，《暢流半月刊》第二十二卷第二期，台北，民國 49 年 9 月。

37. 葉煥彬，〈顧亭林先生年譜序〉，《制言半月刊》第三十期，蘇州，民國 25 年 12 月。

38. 熊德元，〈顧亭林之經濟思想〉，《史學年報》第二卷第五期，成都：燕京大學歷史學會，民國 27 年 12 月。

39. 劉德美，〈簡介傅吾康：「中國科舉制度革廢考」〉，《師大歷史學報》第三期，台北，民國 64 年 2 月。

40. 潘重規，〈亭林隱語詩覈論〉，《新亞書院學術季刊》第三期，香港，民國 50 年 9 月。

41. 潘重規，〈顧亭林元日詩之研究〉，《新亞生活雙週刊》，香港，民國 51 年 5 月。

42. 鄭行巽，〈顧亭林之經濟思想研究〉，《國聞週報》第七卷第三十二、三十三期，天津，民國 19 年 8、9 月。

43. 駱雪倫，〈李漁戲劇小說中所反映的思想與時代〉，《大陸雜誌》第五十卷第二期，台北，民國 64 年 2 月。

44. 羅聯絡，〈危微精一與四海困窮〉，《孔孟月刊》第二卷第五期，台北，民國 53 年 1 月。

四、報刊文章

1. 黃秀政，〈博文知恥〉，《中央日報副刊》，台北，民國 64 年 5 月 28 日。

五、英文論文

1. Willard J. Peterson, *The Life of Ku Yen-Wu* (1613~1682) Harvard Journal of Asiatic Studies Volume 28~29, 1968~1969.

2. Frederic Wakeman, Jr., *The Price of Autonomy: Intellectuals in Ming and*

Ching Politics, DAEDALUS, Spring 1972: Intellectual and Tradition.

3. Wolfgang Franke, *The Reform and Abolition of the Traditional Chinese Examination System*, Harvard East Asian Monographs 10, Fourth Printing, 1972.

4. Wm. Theodore de Bary, *Individualism and Humanitarianism in Late Ming Thought in Self and Society in Ming Thought*, p.145~255, New York and London: Columbia University, 1970.

5. Jen Yu-wen, *Ch'en Hsien-chang's Philosophy of the Natural in Self and Society in Ming Thought*, p.53~92, New York and London: Columbia Uni., 1970.

6. Arthur W. Hummel, *Eminent Chinese of the Ch'ing Period* (1644~1912) Volume I, p.421~427, Unite States, Government Printing Office, Washington, 1944.